北京航空航天大学人文社会科学文库

# 东亚自由贸易区(EAFTA)路径选择研究

胡庆江/著

北京大学出版社
PEKING UNIVERSITY PRESS

### 图书在版编目(CIP)数据

东亚自由贸易区(EAFTA)的路径选择研究/胡庆江著. —北京:北京大学出版社,2013.1
 (北京航空航天大学人文社会科学文库)
 ISBN 978-7-301-21564-7

Ⅰ.①东… Ⅱ.①胡… Ⅲ.①自由贸易区-区域经济发展-研究-东亚 Ⅳ.①F753.1

中国版本图书馆 CIP 数据核字(2012)第 273831 号

| | |
|---|---|
| 书　　　名: | 东亚自由贸易区(EAFTA)的路径选择研究 |
| 著作责任者: | 胡庆江　著 |
| 责 任 编 辑: | 符　丹 |
| 标 准 书 号: | ISBN 978-7-301-21564-7/F·3401 |
| 出 版 发 行: | 北京大学出版社 |
| 地　　　址: | 北京市海淀区成府路 205 号　100871 |
| 网　　　址: | http://www.pup.cn |
| 新 浪 微 博: | @北京大学出版社 |
| 电 子 信 箱: | weidf02@sina.com |
| 电　　　话: | 邮购部 62752015　发行部 62750672　编辑部 62752824 |
| | 出版部 62754962 |
| 印　　刷　者: | 河北滦县鑫华书刊印刷厂 |
| 经　　销　者: | 新华书店 |
| | 965 毫米×1300 毫米　16 开本　16.25 印张　245 千字 |
| | 2013 年 1 月第 1 版　2013 年 1 月第 1 次印刷 |
| 定　　　价: | 36.00 元 |

未经许可,不得以任何方式复制或抄袭本书之部分或全部内容。
版权所有,侵权必究
举报电话:010-62752024　电子信箱:fd@pup.pku.edu.cn

# 目 录

导　言　001

第1章　东亚自由贸易区路径研究的理论框架　021
　1.1　区域生产分工理论　022
　1.2　区域经济一体化理论　031
　1.3　区域经济一体化政治经济学　046
　本章小结　052

第2章　东亚经济一体化的历史路径考察　054
　2.1　东亚经济一体化的形成　054
　2.2　东亚经济一体化的发展　065
　2.3　东亚经济一体化的制度化转型　089
　2.4　东亚各国的区域经济一体化战略　101
　本章小结　112

第3章　东亚自由贸易区的经济效应与约束条件　114
　3.1　东亚自由贸易区的经济基础　114
　3.2　东亚自由贸易区的经济政治效应实证分析　127
　3.3　东亚自由贸易区的约束条件　144
　本章小结　158

第4章　EU、NAFTA、APEC的约束条件与路径选择比较研究　160
　4.1　EU的约束条件与路径选择　160
　4.2　NAFTA的约束条件及路径选择　168

  4.3 APEC 自由贸易区的约束条件及其路径选择 174
  4.4 EU、NAFTA、APEC 自由贸易区的路径选择对 EAFTA 的
    启示 181
  本章小结 184

## 第 5 章 东亚自由贸易区的最优现实路径选择 186
  5.1 东亚自由贸易区路径选择中应遵循的基本原则 187
  5.2 东亚自由贸易区最优现实路径选择 194
  5.3 实现东亚自由贸易区大致的时间估计 216
  本章小结 217

## 第 6 章 我国的应对策略和参与途径探讨 219
  6.1 东亚自由贸易区对我国经济发展的意义及我国的作用 219
  6.2 我国应对东亚自由贸易区的策略 221
  6.3 我国参与东亚自由贸易区的途径 237
  本章小结 240

**参考文献** 242
**图表索引** 254

# 导 言

## 一、选题背景及意义

### (一) 问题的提出

进入20世纪90年代以来,世界经济伴随着经济全球化出现了一股区域经济一体化的热潮,合作的形式各种各样。在合作水平和层次上,既有层次较低的优惠贸易安排,也有层次很高的区域经济货币联盟(如欧盟);在合作内容上,既有就某一问题展开的功能性合作,也有合作内容非常广泛的全面综合性合作;从合作的机制来看,既有制度性合作,也有非制度性合作;从合作的形式来看,既有封闭的合作,也有开放的区域合作。这就表明,在经济全球化并行推进的过程中,区域经济一体化的趋势正在加强。据WTO统计,截止到2006年9月15日向GATT和WTO报告并已经实施的区域贸易安排(RTA,Regional Trade Agreement)有211个,如果加上正在被建议和正处于谈判中的RTA,总数大大超过了300个。在这些区域贸易安排中,其中自由贸易区(FTA,Free Trade Agreement)有130个,占所有已实施区域贸易安排总数的62%;而关税同盟只有7个,占总数的3.3%①。

尽管从全球范围来看,区域经济一体化推进的速度在加快,但区域经济一体化在各地区、各经济体间表现出很大的差异。从欧洲、北美及东亚世界三大经济中心看,欧洲的区域经济一体化最成熟、最全面,北美的区

---

① 数据来自于 www.wto.org。

域经济一体化发展最快、效率极高,相比之下,尽管东亚地区在经济上表现一直很好①,但亚太区域尤其是东亚区域经济一体化是较为滞后的,可以说是远远落后于欧洲和北美地区的区域经济一体化。东亚区域经济一体化滞后已经影响到了东亚各国的经济发展和各国在世界经济中的竞争力。从长远来看,欧盟东扩的趋势不会逆转,其区域经济一体化正向深度和广度发展,并正在寻求实现区域经济一体化的动态综合效应。美国正在致力于加快美洲自由贸易区(FTAA,Free Trade Area of America)的建设步伐②。东亚国家和地区如果不能从世界区域经济一体化的大潮中取得共识,摒弃分歧,从东亚地区经济的整体战略高度寻找推进东亚自由贸易区(EAFTA)建成的路径③,将会在未来的世界经济格局中处于劣势,被欧洲和北美的区域经济一体化抛在后面,甚至可能大大减缓东亚各经济体的经济增长速度,影响区域经济的可持续发展。

因此,如何从东亚经济一体化的现状与发展趋势出发,探讨东亚自由贸易区路径选择的经济基础和约束条件,通过对自由贸易区特别是南北型自由贸易区路径选择的国际比较研究,从时间角度提出东亚自由贸易区的具体路径以及我国应对东亚自由贸易区的策略与参与途径具有较好的理论与现实意义。

(二) 理论意义

尽管区域经济一体化理论比较成熟,对自由贸易区的案例研究也越来越多。但前人对自由贸易区的案例研究重点是其静态经济效应,较少有人从动态角度去研究自由贸易区的影响因素与实现机制。对自由贸

---

① 80年代以来,东亚地区除东亚金融危机期间外一直都是世界经济增长最有活力的地区,根据一些国际经济组织(如世界银行与国际货币基金组织)的统计与预测,东亚国家经济增长率过去要高于世界平均水平2~5个百分点。

② 尽管美洲自由贸易区谈判因拉美民族主义意识增强而暂时中止,但美国正在寻求通过与拉美开放经济体(如智利、秘鲁等)逐个签订自由贸易协定而最终实现FTAA。

③ EAFTA是East Asia Free Trade Area的英文缩写,类似的还有中国—东盟自由贸易区CAFTA(China-Asean FTA)、中国—日本自由贸易区CJFTA(China-Japan FTA)、中国—韩国自由贸易区CKFTA(China-Korea FTA)、日本—东盟自由贸易区JAFTA(Japan-Asean FTA)、韩国—东盟自由贸易区KAFTA(Korea-Asean FTA)、日本—韩国自由贸易区JKFTA(Japan-Korean FTA)、澳新自由贸易区ANZFTA(Australia-Newzaland FTA)、东盟自由贸易区AFTA(Asean FTA)。

区的路径选择进行理论研究也较少,而侧重对南北型自由贸易区路径选择问题进行理论和实证研究的则更少①。

本课题试图对南北型自由贸易区路径选择问题进行研究,因此具有较好的理论意义。

(三) 实践意义

东亚区域经济一体化是一个摆在所有东亚国家和地区面前的重大课题。东亚区域经济一体化应通过自由贸易区的形式来推进,这一点国内外学者的观点基本一致。本书主要研究内容就是要运用自由贸易区路径选择的相关理论去探究在一定约束条件下实现东亚自由贸易区的具体实现路径。因此,本课题的实践意义也是非常清楚的。

## 二、国内外研究综述

(一) 国外研究综述

1. 区域贸易安排的动力

Jo-Ann Crawford 和 Roberto V. Fiorentin 在 The Changing Landscape of Regional Trade Agreements(2005)一文中对区域贸易安排的动力进行了整理。他们发现,区域贸易安排(Regional Trade Agreements)的动力主要包括经济与政治安全两个层面。

在经济层面,随着多边贸易体系成员国贸易自由化的意愿下降,很多国家都在寻求从区域及双边层面上通过签订区域贸易安排来进入地区大市场,新一轮多边贸易谈判进程受阻实际加快了区域贸易安排的缔结,一些国家认为加入区域贸易安排为区域多边贸易自由化提供了竞争性激励(Competitive Stimulation),其他国家为应对不利因素的出现也可能被迫参与区域贸易安排。其次,一些国家想通过加入区域贸易安排来促进区域

---

① 原因可能与传统的区域经济一体化理论往往要求成员国具有"同质性"有关。笔者认为,随着经济全球化的深入发展和国际分工模式的变化,成员国之间的"异质性"不再是区域经济一体化的障碍。这里所说的成员体"同质性"与"异质性"只能根据定性标准来界定。一般来说,"同质性"是指成员国之间的经济发展水平、意识形态与政治经济体制差距较小,"异质性"则是指这些方面差异较大。根据成员体的"同质性"与"异质性",我们可以把区域经济一体化分成南南型与南北型两种。

一体化程度的加深,想要解决一些无法通过 WTO 体系来实现的议题,比如投资自由化、公平竞争、环境保护和劳工标准等问题。在服务业,很多国家想通过区域贸易安排来占尽竞争先机。另外,有些竞争力较弱的国家希望通过区域贸易安排的歧视性贸易自由化来获取贸易利益,提高它们竞争力较弱商品的竞争力。参与区域贸易安排也是一国增加外国直接投资(Foreign Direct Investment,FDI)的途径,特别是对劳动力成本低的发展中国家来说。很多发展中国家希望通过与发达国家签订贸易安排来保证其进入发达国家的市场,这种策略可以产生明显的发信号效应,从而产生对外国投资的拉动效应。

在政治层面,参与国希望通过区域贸易安排来促进地区和平与安全,或者提高区域经济体在国际多边谈判中的能力,或者向外界展示它们的良好治理能力和防止经济和政治改革倒退现象的出现。有些大国通过向其他成员国提供市场准入机会来与这些成员国形成新的地区联盟和外交关系,比如南北型自由贸易区内的南北关系盟内化。事实上,很多区域贸易安排都是从政治与安全角度考虑的,这就大大地弱化了经济因素在缔结区域贸易安排中的重要性[①]。

### 2. 东亚区域经济一体化的必要性

美国国际经济研究所(Institute of International Economics,IIE)的 C. Fred Bergsten(2000)指出,影响东亚区域经济一体化的主要原因是该地区政治上的对立和区域安全紧张局势,东亚各国把邻国看成竞争对手而非潜在的合作伙伴,对外特别是对美国高度依赖等。东亚在 21 世纪面临的新挑战是政治与经济领域的制度性合作方面的挑战,东亚经济合作应通过制度安排来推动。东亚制度性合作可能改变世界和平与繁荣现状,各国要努力引导东亚制度性合作朝着有利于世界政治与经济发展的方向进行,制度性区域经济一体化在东亚是有可能实现的。

Jong-Il Choe(2001)发现东亚区域贸易相互依赖程度的提高与东亚地区国家之间经济波动呈现出越来越明显的同步性。根据此结论,此他

---

① 政治因素在东亚自由贸易安排中表现得尤其明显,比如日本—新加坡自由贸易协定。

提出东亚各国应加强合作从而预防和应对经济危机,因为随着一体化程度的加深任何不利的经济危机的发生都将在东亚国家迅速传递开,从而使每个国家都受到影响。

3. 东亚区域经济一体化的经济效应

(1) 区域经济一体化的经济效应

在《在国际经济学手册》第 31 章,Richard E. Baldwin 和 Anthony J. Venables 对区域经济一体化的经济效应进行了系统的整理和阐述,他们主要从三个效应来展开:资源配置效应(Allocation effects)、积累效应(Accumulation effects)和区位效应(Location effects)。资源配置效应主要是区域经济一体化对资源配置静态效应的影响,需要区分完全竞争与不完全竞争两种情况。积累效应主要考察 FTA 对经济资源积累的影响以及 FTA 对成员国中长期经济增长的影响。区位效应主要考察 FTA 对经济资源的空间和地区间配置(即经济地理)的影响,比如产业集聚效应,当然这些效应能否获取以及在多大程度上实现要视具体情况而定。

(2) 东亚自由贸易区的收益

Shujiro Urata 和 Kozo Kiyota(2003)利用多部门 CGE(Computable General Equilibrium)模型研究了东亚自由贸易区对区域内贸易的影响。结果发现东亚自由贸易区对成员国的 GDP 和福利水平有正面的影响,但对非成员国的综合影响是负面的,东亚自由贸易区对东亚地区的比较优势和产业内贸易形态没有实质性影响,它将导致成员国具有比较优势甚至被保护行业的出口增加,原因是具有比较优势和被保护行业更有动力向国际市场出口。而且东亚地区的 FTA 将导致东亚的区域主义(Regionalism)但不一定导致亚洲自由贸易区的形成。

Maurice Schiff 和 L. Alan Winters(2004)指出,区域经济一体化可以产生非传统经济收益,包括利用区域经济合作安排来锁定贸易自由化或国内各项经济制度改革的机制,约束政府政策行为的时间不协调性,向外部世界发出信号来吸引外国投资,为小国提供保险,提高成员国的对外交易能力,发挥国际协调机制的功能等。同时,区域经济一体化也可能产生出非经济收益,如输出民主观念,实施大国的全球和区域战略,化解国家间纠纷等。与传统收益相比,这些非传统收益具有更多的公共产品特征。

日本经济产业研究所 RIETI(Research Institute of Economy,Trade and Industry)研究员 Kozo Kiyota 利用可计算的一般均衡模型对双边(Bilateral)、区域(Regional)及多边(Multilateral)自由贸易安排潜在的经济效果进行了分析。该分析是建立在世界生产和贸易的密歇根模型(the Michigan Model)基础上的。分析结果发现,区域 FTA 的经济效果要比双边 FTA 的效果更明显。在 FTA 成员国中,如果用 GDP 的占比来衡量,小国获取的经济利益比大国更多。全球多边自由贸易安排比双边 FTA 和区域 FTA 的经济效应要大得多。这一结果实际上对东亚自由贸易区成立的必要性作出了回答。

Motoshige Itoh 认为,东亚区域经济一体化是与东亚各国国内经济转型相伴而行的,优惠贸易安排对国内管制行业的自由化提供了机遇,也可以克服放松管制的政治阻力。东亚各国都认识到对外开放对它们经济发展的重要性,都在 WTO 机制下积极推动国内单边自由化,而多边和双边自由化对单边的自由化无疑会起到很好的补充作用。但他认为要想得到经济一体化的好处,对于东亚国家来说,要特别注意过多的错综复杂(Complicated Nexus)的优惠贸易安排造成的扭曲和官僚主义倾向,东亚地区的各种自由贸易安排要进行协调和规则标准统一。

4. 东亚区域经济一体化的影响因素

韩国学者 Dong-Chon Suh 认为,东亚地区没有产生制度性一体化(Institutional Integration)的主要原因包括政治障碍和经济因素。政治障碍体现在:第一,朝鲜半岛的紧张局势和北朝鲜的孤立使得东北亚区域经济一体化缺乏政治共识。第二,中日之间的竞争阻碍了区域经济体之间的合作。第三,地理位置的接近和文化的相似性并不能为一体化带来正面的推动效应。即使这些国家都是儒家文化,但他们在语言、宗教信仰和风俗习惯上存在很大的差别。15 世纪以来日本和中国就在朝鲜半岛问题上屡起冲突,20 世纪以来,日本对其他国家的入侵留下了痛苦的回忆和敌意。第四,美国因素。近年来美国已经成为东北亚政治安全框架的重要外部因素,美国想通过与韩国与日本形成军事联盟来牵制中国以达到该区域平衡。经济因素包括:第一,经济体制和意识形态多样化。第二,产业与贸易结构相差较大,反映了该区域经济体在生产要素禀赋和经济发展阶段方面的巨大不同。第三,除正式的贸易壁垒外,中国与朝鲜还存在大量非正式贸易壁垒,如政府指导、不透明的商业规则和基于人际关系的商业网络,消除这些障碍是扩展贸易的必要前提,但这些贸易壁垒的消除要依赖国内的政治改革,难度很大。第四,贸易转移效应较大,因为加入一体化组织国家的数量较少,区域内贸易的比重会较低。另外,由于该区域经济体对农业部门的保护使全面的自由化难以实施,因此组建一体化组织净的经济效应不会太大。考虑到该地区垄断及其他不完全竞争问题突出,一体化的动态效益会较大。

C. Fred Bergsten(2005)指出,东亚区域(Pacific Asia)经济一体化必须要注意处理好与亚太经济合作组织(APEC)的关系,要充分考虑东亚区域经济一体化对美国和多边贸易金融体系的影响,不考虑东亚区域经济一体的全球影响是一个重大失误。

5. 东亚区域经济一体化的路径

Jeffrey J. Schott(2001)认为东亚贸易自由化制度安排在短期是不可实现的,东亚的区域经济一体化应采取一种"自下而上"(Bottom-up)的方式来推动,首先各国要加速国内经济改革的步伐,各国政府要建立国内政治联盟来支持各项重要的但在政治上会遇到阻力的改革,特别是金融体系的改革,这样的行动将为区域经济增长提供动力,也有利于区域贸易与投资的一体化。另外,政府要通力合作协调海关通关程序和减少管制措施,这些措施有利于区域基础设施的改善从而促进区域内基础设施(Physical Integration)的一体化。

韩国学者 Dong-Chon Suh 认为,在东亚传统的组建自由贸易区或关税同盟的方法来实现经济一体化并不适用该区域。考虑到政治因素,该区域可行的一体化应该是进行基础设施一体化,基础设施一体化比贸易一体化更加可能达成。建立东亚地区的金融机构(如东北亚发展银行)将很有意义。由于政治和历史敌对情绪在该区域盛行,官方的援助应当通过地区金融机构来处理。同时,Dong-Chon Suh 认为,如果贸易一体化的政治约束能够消除，就可以更加富有成果地讨论包括东南亚国家在内的东亚大框架。所以，他认为在东北亚比较务实的一体化途径是"双轨"路径，政治约束没有消除前应该进行基础设施一体化，随着政治约束的消除，东北亚地区可以从基础设施一体化过度到制度性一体化。

日本学者 Kwanho Shin 和 Yunjong Wang 认为，区域主义可以采取两种形式①，一是通过自由贸易安排，二是通过货币安排。这两种形式相互促进、相互加强，他们认为货币合作是贸易一体化的前提，即使在欧洲当区域内成员国之间汇率不稳定的忧虑增加时其贸易一体化速度就放慢。所以在东亚地区，在自由贸易安排达成之前应该成立货币同盟。原因是货币同盟可以促进成员国之间的贸易，贸易增加有可能防止出现成员国之间非对称冲击从而降低货币联盟的维护成本。货币联盟还可以加快区域金融一体化的步伐。

韩国学者 Young-Han Kim 从技术差异角度对韩国这样一个中等技术水平的国家参与东亚区域经济一体化的最优路径进行了研究。作者对技术水平存在差异的国家组成三种不同形式自由贸易区的福利效应进行了对比分析，结果发现对于韩国这样一个中等技术水平国家来说最优路径是从一开始就组建轴心—辐条自由贸易区(Hub-Spoke Free Trade Area)。次优的路径是一开始就组建东亚地区的多边自由贸易区(Multilateral Asia Wide FTA)。最差的路径是先和一个发达国家组建双边自由贸易区，然后让其他次发达国家再加入进来。也就是说对韩国来说最优的路径是轴心—辐条自由贸易区而不是与日本组建双边自由贸易区。对于韩国来说，轴心——辐条自由贸易区成功的关键是韩国产业结构的调整，即让经济资源与人才资源从比较劣势产业向比较优势产业转移。Young-Han Kim 还认为亚洲模式的财政联邦体制(the Asian Type Fiscal Federalism)对亚洲真正的一体化有重大意义。

日本经济产业研究所(RIETI)教职研究员浦田秀次郎在2005年4月

---

① 很多学者把非制度性经济一体化等同于区域化，而把制度性区域经济一体化等同于区域主义。区域化是由市场力量推进的一体化，而区域主义是制度安排推进的一体化。这两个概念经常在国际关系学中提到。

曾发表过对东亚区域经济一体化的看法,他认为东亚地区在30年内是不可能建立类似欧盟的机构,东亚或许会构建一种比欧盟要灵活得多的机构。东亚地区或许能够构建亚洲自由贸易区,即不仅包括削减和取消关税、非关税壁垒,还包含在区域内实行投资与劳动力流动自由化、合作计划等在内的FTA一揽子合作协定。但是,要缔结欧盟式协定,必须有共同的经济政策,最终还必须具备共同的货币。亚洲还没有发展到这一阶段。首先应该从最低层次的合作开始,然后再逐步向高层次迈进的渐进式过程。

关于东亚自由贸易区的路径还有其他一些观点,比如韩国一些学者提出三种具体的路径。一是韩日先组建FTA,然后中国加入;二是韩日组建自由贸易区,中国与东盟达成自由贸易协定,然后把两个协定统合起来,形成东亚自由贸易区;三是中日、中韩、日韩分别组建自由贸易区,然后整合成中日韩自由贸易区。其他方案包括变"10+3"为"13",直接建立东亚经济合作组织,比如前韩国总统金大中倡议成立的东亚展望小组2001年11月正式提交的研究报告就建议召开东亚峰会,以取代"10+3"领导人会议。东盟领导人不再分批与中、日、韩领导人举行会谈,不过这一方案遭到了东盟国家领导人的反对。

本课题的主要目的是要研究东亚区域经济一体化的路径,以上学者的研究为本人的研究提供了丰富的资料。

(二)国内研究综述

就目前所掌握的资料来看,国内研究东亚区域经济一体化的学者以及其研究内容与观点如下:

1. 区域经济一体化的经济与政治效应

中国社会科学院世界经济与政治研究所李向阳研究员在《国际经济评论》2005年第5期撰文指出,传统的区域经济一体化强调对成员国的静态收益,但经验研究显示这些静态收益并不大。目前参与区域经济一体化的动因更多的是寻求动态收益和非经济收益。动态收益包括规模经济效应和促进竞争效应,非经济收益包括共同开发区域内公共产品、化解历史、外交和民族纠纷,扩大对国际经济规则(乃至整个国际事务)的影响力,服务于民族国家的全球战略等。具体就东亚来说,东亚区域经济一体化是解决东亚地区生产网络内在矛盾的必然选择,东亚各国应通过合作来提高该区域的消费率(降低储蓄率),减少对区域外经济体的依存度,同时也是决定东亚能否成为世界经济第三极的关键所在,东亚地区加强合作也能有效化解政治、历史和外交纠纷。

南开大学张伯伟教授在《东亚经贸合作安排:基于可计算一般均衡模型的比较研究》一文中,采用 CGE 方法对东亚各种可能的贸易合作安排的效果进行了模拟分析,通过对各种贸易安排效果的比较,作者认为,建立包括各主要经济体的"10 + 3"贸易安排是东亚贸易安排的最佳选择。

2. 影响东亚区域经济一体化的因素

中国国际问题研究所副研究员张斌(2004)指出,建立东亚共同体、发行东亚共同货币在政治和经济方面存在着一些障碍因素。在政治方面,一是个别国家仍有冷战思维,美国、日本对亚太形势的判断仍未摆脱冷战思维,"中国威胁论"的阴影不散;二是朝鲜半岛的和平统一问题以及朝核问题仍未解决;三是外部势力干涉中国台湾问题。在经济方面,一是东亚各国仍然处于不同的经济发展阶段,经济差距巨大,短期内不可能有重大改变,经济发展水平差距很大不利于自由贸易区的形成和各国宏观经济政策的协调;二是各国在国际市场上存在不同程度的竞争关系,如在商品出口和吸引外资方面;另外,东亚各国在政治体制、文化、宗教和历史背景等方面也存在巨大差异,与欧洲和北美的情况大不相同。

中国社会科学院亚洲太平洋研究所副研究员李文认为,欧洲国家能够顺利让渡部分国家主权,不断将区域合作推向深入的一个重要原因是欧洲长期存在区域意识和欧洲观念。与欧洲意识相比,东亚的区域意识不够成熟,整合程度较弱,但东亚区域意识对东亚区域经济一体化的成功至关重要。影响东亚区域意识形成的主要因素有区域经济一体化水平不高,由于美国因素导致东亚缺乏共同的政治和安全利益,东亚各国在安全领域缺乏信任以及无法形成集体安全观念,东亚主要国家至今民族主义意识还十分强烈。二战后,日本的民族优越感油然而生,认为东亚的经济文化中心再次转移到日本,一方面自愿在政治经济上服从以欧美西方国家为主的国际管理,另一方面又企图作为西方的一员来对东亚其他国家行使领导和支配权。

中国外交学院国际经济学系主任江瑞平教授指出,东亚共同体建设的积极因素主要来自经济层面,包括区域内经济开放度与内聚力的增强、现有合作机制的进展与不足、主要经济体对外战略的转变、来自区外一体化加快的压力以及多边贸易体制困境和东亚金融危机的教训等;消极因素主要来自政治层面,包括目标定位的模糊、社会制度的差异、主导力量的错位、美国因素的干扰以及政治关系的滞后等。

北京大学经济学院叶静怡教授认为,在东亚区域经济一体化的约束条件中东亚经济整合度和贸易开放约束较小,主导国和主导力量约束次之,政治和文化约束最大。与欧盟和北美区域经济一体化不同,东亚文化背景殊异;百年殖民历史伤痛犹新;放弃国家主权疑虑重重,还没有形成能够协调各方利益和促进区域经济一体化的稳定机制。在内部和外部条件限制下,东亚经济一体化只能通过三个相互割裂的"东盟10+1"机制"迂回"推进,而且在相当长时期合作采取的是自由贸易区形式。

浙江大学宋玉华和浙江工业大学杜群阳(2005)用实证的方法对1970—2004年东亚经济周期进行了相关性检验和聚类分析。得出东亚经济周期存在,NIEs、ASEANs等次区域经济周期存在,区域性大国经济周期独立性较明显,中国与东亚经济周期关联度逐渐加强等结论,分析结果为东亚经济合作进程中出现的诸多现实问题的解答提供了理论基础。

中国社会科学院世界经济与政治研究所沈骥如研究员认为只有在政治互信基础上,才能建立起平等互利的区域经济一体化,东亚区域经济一体化的成败取决于中日能否实现心灵和解。他认为可能会出现两种前景:一是如果日本的执政党和执政的政治家不能正确对待历史,不能"以史为鉴,面向未来",不能与周边国家的人民特别是中国人民实现心灵和解,那么,中日韩三国间的紧密经济合作将难以顺利展开,整个东亚地区的自由贸易区将难以实现,更不用说共同市场了。二是如果日本的执政党与执政的政治家能够正确对待历史,能够"以史为鉴,面向未来",言必信,行必果,与周边国家人民实现心灵上的和解,得到周边国家人民真正的信任,那么中日韩三国的紧密经济合作,整个东亚的自由贸易区乃至东亚共同市场,都是完全有可能实现的。

中国社会科学院研究员冯昭奎认为,中日应坚持"多边或区域高于双边"的外交原则,不把双边的分歧带入多边或区域的对话中。中日应支持让中小国家(集团)在推动区域合作中发挥"牵头作用",应认识到"一国主导型"的东亚合作模式是行不通的。中日韩三国应首先建立东北亚能源环境共同体。日本应注意使《日美安保条约》不具有任何直接、间接针对中国的成分。中日等国需要推动各自国内体制与结构改革以适应区域经济一体化的要求。应坚持"以人为本",大力发展东亚各国之间的文化交流与人员交往,真正把可持续发展问题提到东亚各国政治日程上来。

南京大学商学院于津平教授在 2003 年第 5 期《世界经济》上撰文指出,中国与日本之间的贸易无论是在出口还是在进口上均具有互补性,对日经济关系的加强有利于中日两国更好地发挥现有的比较优势。

山东大学经济学院范爱军教授指出,非经济因素是约束东亚自由贸易区建立的关键问题,非经济因素包括主权与制度约束、历史文化与其他约束。

3. 东亚区域经济一体化的领导者和"轴心"国家

关于区域经济一体化制度建设中的"领导"问题,中国社会科学院地区安全中心副主任唐世平根据制度主义理论提出,在区域经济一体化过程中居于领导地位的国家应发挥领导作用,通过提供公共产品将小国联系起来,如果没有领导国家的结构型领导,就不可能成功实现区域经济一体化。考虑到东亚的现状,在目前可以让东盟和韩国领导东亚的一体化进程[①],但最终"10+3"的成功还有赖于中日两国更为紧密的合作。

朱乃新(2004)认为,在制度导向型((Institution-led)的区域经济一体化中,"轴心"国家的意义重大。战后地缘政治在欧洲促成了"法德轴心"的形成,在亚洲则未能形成"轴心",以至于欧亚经济区域化的路径和水平差异很大。

---

[①] 区域经济一体化的推动者应该有两类:领导者和主导者。在笔者看来,东亚区域经济一体化的领导者只能由中国或者日本或者两国合作承担,而中国、日本与东盟小国集团都有能力成为东亚区域经济一体化的主导者。

上海社科院世界经济研究所伍贻康教授认为,东亚一体化致命瓶颈在于轴心的缺失,"中日和解"与"法德和解"不能类比,时代条件和国际环境已发生根本变化,经济相互依存和政治博弈并存,美国因素日趋加重,东亚一体化缺乏明确政治目标和统一区域认同,其架构及其松散并很不稳定。

青岛海洋大学的何一鸣甚至直接指出日本难以成为东亚区域经济一体化的主导力量。这是因为:第一,日本严重缺乏亚洲认同;第二,日美联盟的存在使日本不会真正"返亚";第三,日本的农业保护政策束缚了日本的手脚;第四,日本的"中国威胁论"使日本对东亚经济合作抱有戒心。

4. 欧盟的区域经济一体化路径

吉林大学池元吉教授在《世界经济概论》中谈到,欧盟走向统一与联合的最初动因是政治因素,但欧盟是从经济合作着手走向政治联合和统一的。欧洲煤钢共同体的成立,是西欧走向经济联合和实现国家主权转移的一次具体实践和重要一步。欧洲共同体(EC)的主要内容是建立工业品关税同盟和实施共同农业政策。欧共体工业品关税同盟反映了欧共体各个国家想从关税同盟入手,进而实现欧洲经济上甚至政治上统一的意图。从国家主权来说,成员国让渡的仅是关税自主权,因此容易为各国所接受。共同农业政策的实施,使农业部门成为欧共体一体化程度较高的一个部门,共同农业政策成为欧洲经济一体化的一大基石。后来的《单一欧洲法案》通过立法的形式消除阻碍货物、人员、劳务、资本自由流动的边界限制、技术壁垒和财政壁垒。内部市场于1993年1月1日起正式运转。20世纪90年代初,国际形势发生了很大的变化,欧洲共同体于1991年12月通过了《马斯特里赫特条约》(简称马约),《马约》成为欧洲一体化道路上一个新的里程碑。1990年10月欧共体12国与欧洲自由贸易联盟(European Free Trade Area, EFTA)7国签署了建立欧洲经济区(EEA)协议,计划于1993年在上述19国实现货物、人员、资金和服务的自由流动。

5. 东亚区域经济一体化的路径模式

吉林大学经济学院丁一兵(2004)认为,在现阶段,东北亚经济合作的现实途径是:首先发展功能性的、市场力量主导的经济合作举措;同时,以次区域合作和问题导向型合作培育区域内部的互信关系。就制度建设而言,双边自由贸易协定将成为东北亚经济联合的主要内容和基本形式。在多边层次上,逐步发展以中日韩为主体的核心国家多边区域合作机制,再逐步发展核心集团和区域内其他国家的双边合作关系,最终形成涵盖整个区域的制度化合作机制。

中国社会科学院亚太所所长张蕴岭研究员认为,在东亚地区,次区域与双边自由贸易区的多层次合作框架作为规则建立和良好治理的一种能力建设对于未来的全区域自由贸易区的建设至关重要,目前各种不同类型的安排为未来自由贸易协定下的区域整合谈判提供丰富的经验。实现东亚自由贸易区的最优途径是三个"10+1"的组合,东亚自由贸易区实际上就是将三个自由贸易区的安排整合为一个一体化的自由贸易区安排。同时,中国—东盟自由贸易区或许是未来东亚自由贸易区的一个可行模型,它具有渐近性的特征:首先是货物贸易的自由化,然后是服务和投资的自由化;相对发达的经济体在自由化的进程上要快一些,相对落后的经济体自由化的速度要慢些;竞争性部门首先自由化,敏感性部门的自由化放后些。

李罗力先生认为东亚区域经济一体化的路线图和时间表应该如下:东盟自由贸易区在2007年建立,2010年建成中国—东盟自由贸易区(CAFTA),日本、印度、韩国分别与东盟在2010至2020年之间建成自由贸易区,中日韩自由贸易区在2020至2030年之间形成,东亚自由贸易区于2040年之前形成。

山东大学经济学院范爱军教授认为东亚整体建立自由贸易区存在以下两种可供选择的路径:一是三个"10+1"合一,建立东亚自由贸易区。二是东北亚自由贸易区与东盟自由贸易区合二为一,建立东亚自由贸易区。这两种途径是相互促进的关系,在第一种途径中,随着中日韩与东盟建立自由贸易区经验的逐渐累积,能为它们之间的融合提供借鉴意义,在第二种途径中,中日韩和东盟内部合作的加强也会对前者的谈判产生有益的影响。

上海金融学院陈霜华教授认为,东亚区域经济一体化的近期目标是

3个自由贸易区及中日韩自由贸易区,中期目标是建立"10+3"自由贸易区,远期目标是建立东亚共同体。而且她还指出了建立10+3自由贸易区的三个阶段:一是在2005年前,各个成员国通过谈判达成共识,形成具体规划和实施方案,选定各国可以开放的行业。二是在2015年前,通过协定或条约,实现各成员国之间的贸易、投资自由化。三是2018年10+3自由贸易区正式形成,实现亚洲区域的贸易、投资自由化,实现零关税的目标,使各国的经济发展从中受益,实现亚洲经济的繁荣和发展。

(三)对国内外研究的简要评述

从国内外学者对东亚区域经济一体化问题的研究现状来看,存在以下几个问题值得我们进一步去思考:

1. 从理论角度看,对区域经济一体化的一般性理论研究比较全面,但目前还没有针对某一具体形式的自由贸易安排(如南北型自由贸易区)的路径选择问题进行系统的理论研究。

2. 理论研究侧重静态分析,动态分析较少。对自由贸易区的效应分析侧重经济效应分析,对其可能产生的非经济效应分析较少,比如对南北型自由贸易区的综合政治经济效应分析不够,因此对东亚自由贸易区建立的必要性与可能性缺乏充分的估计。

3. 研究角度上出现比较明显的学科独立化趋向,真正从政治经济学和国际政治经济学(International Political Economics,IPE)学科交叉角度去研究它的文献相对较少。

鉴于该课题研究存在以上不足,本课题拟对东亚自由贸易区路径选择的理论与实践进行深入系统的研究。在方法上,除了传统的数理方法外,还将运用政治经济学与国际政治经济学方法。在研究视角上,将从经济学、政治学和国际关系学跨学科角度展开。

### 三、研究方案

(一)研究范畴

1. 东亚

本课题所指东亚(East Asia)是指东盟10国及中国、日本、韩国,即

"10+3"机制中的成员国。按地理位置和经济、政治和文化纽带进行细分,把东亚分成东北亚与东南亚两部分,东北亚是指中日韩三国,东南亚是指东盟十国,东北亚是东亚的经济重心。

2. 区域经济一体化与区域经济合作

对区域经济一体化(Regional Economic Integration)的理解和定义,目前学术界分歧很大①。有的把它看成是一种制度性的区域经济融合,有人认为区域经济一体化也包括由市场力量形成的区域经济融合体。本课题的定义是以美国经济学家 Balassa(1962)的定义为准,认为区域经济一体化既是一个过程,又是一种状态②。就过程而言,一体化意味着旨在消除各国经济单位之间的歧视;就状态而言,一体化意味着国家之间不存在各种经济歧视。根据 Balassa 的定义,实际上可以把区域经济一体化分为市场驱动型(简称市场型)区域经济一体化和制度驱动型(简称制度性)区域经济一体化。市场型一体化是指在没有正式的合作框架下,区域内贸易、区域内投资、生产技术和劳动力自发流动所导致的成员国相互间经济依赖程度的加深,东亚在整个 20 世纪的经济一体化都属于市场型区域经济一体化。而制度性一体化是指有正式的经济合作制度安排,它是指各国通过贸易投资自由化协定实现经济增长的过程,它是一个超国家层面的制度建设。本课题主要研究对象是制度性区域经济一体化。

本书有些地方还提到了区域经济合作(Regional Economic Cooperation),区域经济合作与区域经济一体化的相同之处是都具有制度性的特征,但它所涉及的范畴要比区域经济一体化的范围更大一些,比如它还包括以寻求共同利益为目标的功能性合作。

3. 路径(Path)与路径选择(Path Selection)

路径是指事物发展的轨迹及实现的途径。本书所研究的路径选择主要是指东亚经济体如何从目前的现状出发,借鉴国际上南北型自由贸易

---

① 关于区域经济一体化的定义,学术界主要有以下几种代表性观点:一是 Balassa 的"过程状态论",二是 Peter Robson 的"手段论",三是 Paul Streeten 的"目的论",四是 Tinbergen 的"作用论"等,目前学术界比较认可的定义是 Balassa 的"过程状态论"。

② Balassa. Bela, *The Theory of Economic Integration*, London:Allen & Unwin Ltd,1962,p.1.

区路径选择的成功经验,从而实现东亚自由贸易区的路径设计过程。

4. 自由贸易区(Free Trade Area)

自由贸易区是指由签订自由贸易协定的国家组成贸易区,在商品交换领域各成员国之间相互免征商品贸易关税,但每个成员国保持各自独立的关税结构,如欧洲自由贸易联盟(EFTA)、拉丁美洲自由贸易协会(LAFTA)等。自由贸易区是经济一体化中较松散的经济联合形式,其特点是区域内商品可以自由流动,但成员国仍保持对非成员国各自的贸易壁垒。根据所涉及商品范围大小,自由贸易区可分为不完全自由贸易区和完全自由贸易区,区别在于是否所有货物贸易都是零关税。本书认为只要90%以上的商品实现了零关税就可以称为自由贸易区。

5. 南北型自由贸易区(South-North FTA)

本书所指南北型自由贸易区主要是从经济发展水平方面和生产关系两方面进行界定,它是相对于南南型和北北型自由贸易区来说的。本书认为只要自由贸易区成员国的经济发展水平相差较大(比如一部分成员是发达国家,另一部分成员是发展中国家),且成员国在生产关系方面存在一定差异就可认定为是南北型自由贸易区。按照这一标准,本课题把第五次东扩后的欧盟(EU)、北美自由贸易区(North America Free Trade Area,NAFTA)、亚太经济合作组织(Asia-Pacific Economic Cooperation,APEC)、东亚自由贸易区(EAFTA)都认定为南北型自由贸易区。

(二) 研究思路及方法

本课题以东亚自由贸易区路径选择作为研究对象。按照提出问题,探讨东亚自由贸易区的经济基础和约束条件,进行国际比较研究,提出东亚自由贸易区的最优现实路径,最后提供政策建议的思路来构建本论文的研究框架。本课题综合运用经验及实证研究方法,重点对路径选择问题进行研究,以突出本课题的研究特色。本课题的逻辑关系图如下:

本课题的研究方法包括:

第一,政治经济学和国际政治经济学方法,这是本课题的主要分析方法。

第二,静态与动态分析融合的方法,在分析东亚自由贸易区的政治经

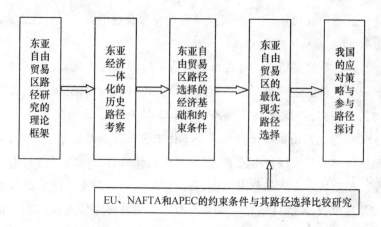

济效应时采用了这种方法。

第三,定量定性相结合方法。在定性分析的基础上,着力进行必要的定量化研究,本课题用了大量的最新数据来说明问题、增强说服力。

第四,理论与实证分析相结合。文中的实证分析往往以相关的理论为依据展开,而对于实证分析得到的事实,又往往通过理论进行详尽的解析,希望能够使得理论和实证分析相得益彰,做到实证分析有理,理论分析有据。

第五,国际比较研究方法,在分析欧盟、北美自由贸易协定和亚太经合组织的约束条件与路径选择时采用了这种方法。

(三) 主要研究内容

根据本课题的研究思路和方法,本课题的主要研究内容安排如下:

1. 导言。主要介绍选题的背景及意义,国内外研究现状综述,研究方案(包括研究范畴界定、研究思路与方法、研究内容),论文的创新点与不足之处。

2. 第一章是东亚自由贸易区路径研究的理论框架。这是本课题的理论基础,主要包括国际生产分工理论、区域经济一体化理论(关税同盟与自由贸易区理论)、贸易与区域经济一体化政治经济学理论。其中国际生产分工理论与区域经济一体化理论是研究东亚自由贸易区经济基础和经济效应的理论基础,而贸易与区域经济一体化政治经济学理论是分析东亚自由贸易区路径选择的理论框架。

3. 第二章是对东亚经济一体化的历史路径考察。本章主要从市场化角度定性地分析东亚区域经济一体化形成的原因、发展与制度化转型，以期为研究东亚自由贸易区的路径选择提供初始条件和背景。

4. 第三章是东亚自由贸易区路径选择的经济基础和约束条件。为了对东亚自由贸易区的经济基础和综合效应作出准确的判断，本课题利用一些测度指标对东亚国家经济一体化程度进行实证检验，此外还通过引力模型和CGE模型来定量分析东亚自由贸易区建成后的经济政治效应。最后要对东亚自由贸易区的约束条件进行深入研究，这些约束条件是将来影响东亚自由贸易区路径选择的关键要素。

5. 第四章是EU、NAFTA和APEC的约束条件与其路径选择比较研究。本章对世界经济中三个有代表性的南北型自由贸易区的约束条件与其路径选择之间的关系进行比较，从而找到影响南北型自由贸易区路径选择的关键因素以及其路径选择的规律，为分析东亚自由贸易区路径选择问题提供经验依据。

6. 第五章是东亚自由贸易区的最优现实路径选择。本章是从时间角度并考虑东亚地区自身的经济基础和约束条件提出东亚自由贸易区的具体路径，包括路径选择中应注意的基本原则和具体的最优现实路径。

7. 第六章是我国的应对策略与参与路径探讨。即从国家利益和东亚地区利益的立场出发，探讨我国与东亚自由贸易区的互动关系，以及如何从非经济层面、贸易安排层面应对它，如何从产业层面嵌入参与东亚自由贸易区。

## 四、课题的创新点与不足之处

### （一）创新点

由于国内对东亚自由贸易区路径选择问题进行系统研究的课题较少，世界经济中也缺乏类似东亚特点的南北型区域经济一体化实践。通过对该课题进行研究，本课题实现了如下创新：

第一，理论创新。本课题把南北型自由贸易区路径选择问题看成一个理论问题，通过对自由贸易区的约束条件与路径选择关系的国际比较研究,对南北型自由贸易区的路径选择特点与规律进行了初步研究,实现了部分理论创新。另外文中提到的区域经济一体化政治经济学理论也具有一定的创新意义。

第二,研究角度的创新。突破了以往纯经济学或纯政治学方法,克服了学科独立化倾向,从交叉学科角度进行研究,实现了研究视角的创新,使研究结论更具有现实指导性。

第三,研究方法的创新。本课题以政治经济学研究方法为主,综合采用实证研究方法、动态研究方法和比较研究方法等多种方法,实现了研究方法的创新。

第四,内容与观点的创新。本课题对东亚自由贸易区经济基础的测度是利用最新的可得数据以及多个不同指标来进行,真正做到了用事实与数据说话,属于研究内容的创新。另外,本课题提出的东亚自由贸易区建设的关键在于防止出现轮轴—辐条式自由贸易区,东亚自由贸易区建设的突破点是尽快启动中韩自由贸易区谈判,东亚自由贸易区最可能在双边自由贸易协定基础上通过"10+3"机制最后实现,我国选择自由贸易区的谈判对象应按照"亚太互补性大国"原则来确定等观点在国内该课题研究中尚属领先,实现了部分观点创新。

(二) 不足之处

本课题的不足之处主要包括:第一,第4章对 EU、NAFTA 和 APEC 的约束条件和路径选择分析深度不够,对南北型自由贸易区路径演进的规律只作了初步探讨,需要以后再深入下去。第二,因为本人所学专业是国际经济学而不是国际政治,因此从政治经济学和国际政治经济学(IPE)角度分析东亚自由贸易区的影响因素时学科规范性不够,有待以后再加强。第三,引用的其他学者对东亚有关自由贸易安排所作的模拟分析结果时效性较差,期待以后利用最新数据和模型来完成。

# 第1章
# 东亚自由贸易区路径研究的理论框架

二战后区域经济一体化实践催生了区域经济一体化相关理论。最早系统地对区域经济一体化进行理论研究的是 J. 瓦尔纳（Jacob Viner）1950年在其经典著作《关税同盟问题》中对关税同盟所做的局部均衡分析（Partial Equilibrium Analysis）。在这之后，西方学者进一步从一般均衡角度（General Equilibrium）对关税同盟的福利效应进行了分析，在研究角度上，也从早期的静态分析向动态分析转变。最近二十多年，随着贸易政策政治经济学理论的流行，从政治经济学（Political Economics）和国际政治经济学（International Political Economics，IPE）视角来研究区域经济一体化的影响因素及路径选择的相关理论也越来越多。

本章主要目的是要为分析东亚自由贸易区路径选择问题奠定理论基础。本章共分三个部分。第一部分是介绍区域生产分工理论，包括传统的生产分工理论和新型的全球（区域）生产分工理论。由于区域经济一体化本质上属于成员体之间的贸易自由化问题，所以其理论根源依然是国际生产分工和国际交换理论，特别是在分析自由贸易安排对成员国经济福利的影响时需要基于这些理论而展开。第二部分是介绍具有代表性的区域经济一体化理论，重点是关税同盟理论及自由贸易区理论。目的是为区域经济一体化经济效应分析提供理论基础，同时在理论上论证了东亚区域经济一体化选择自由贸易区形式的合理性。第三部分是主要介绍贸易政策政治经济学和区域经济一体化政治经济学相关理论，目的是为利用政治经济学方法分析东亚自由贸易区路径选择问题提供理论支持。东亚自由贸易区路径选择既触及国内特定利益部门,同时也要涉及国家间合作博弈。它既是个经济问题,也是个政治问题,因此不能单纯从经济角度去谈如何推进东亚自由贸易区建设,更应从经济与政治交叉角度去研究。所以这部分理论对东亚自由贸易区路径选择研究是不可或缺的。

## 1.1 区域生产分工理论

### 1.1.1 传统的区域生产分工理论

国际贸易中的生产分工理论是研究经济体资源配置问题必然要涉及的重要理论,也是研究经济全球化与区域经济一体化问题最基本的理论基础之一。

生产分工理论最早是由古典经济学家亚当·斯密(Adam Smith)与大卫·李嘉图(David Ricardo)提出的。古典经济学家们认为在完全竞争的市场结构、不存在规模经济和产品具有同质性的两个国家中,两国生产分工确定的基本原则是依照劳动生产率的高低或机会成本的大小。古典经济学家们是从生产技术角度来研究生产分工问题的,认为两国进行生产专业化分工,可以提高两国总产出,只要贸易的交换价格在两国封闭状态下各自的相对价格(Relative Commodity Price)之间,相互间的贸易对两国都是有利的,两国都可以从贸易中获取利益。以亚当·斯密为代表的古典经济学家的生产分工理论认为生产分工是经济社会进步的标志,同时也是经济进步的结果。

后来,以赫克歇尔(Hecsher)与俄林(Ohlin)为代表的新古典经济学家们则是从经济体要素禀赋结构角度来研究国际生产分工的,认为资本充裕的国家应该集中生产资本密集型产品而劳动力充裕的国家应集中生产劳动密集型产品。古典与新古典经济学家的生产分工理论有异曲同工之处,他们认为由劳动生产率与要素禀赋结构所决定的比较优势是生产分工的依据,他们的理论主要是针对国际贸易中的产业间分工现象,还没有涉及到产业内分工现象以及近年来出现的产品内分工现象。

新古典贸易理论在解释产业间贸易现象时具有较好的说服力。但二战后大量的贸易是发生在生产要素禀赋结构、技术水平及消费需求偏好相似的国家之间,贸易形态属于产业内贸易,因此需要新的贸易理论对它作出解释,从而促成了新贸易理论的形成。新贸易理论打破了传统贸易理论三个关键的假设前提,探讨的是在不完全竞争市场结构中,基于规模经济和差异化产品的生产分工和国际贸易问题。新贸易理论认为当存在规模经济和差异化产品时,各国应分工生产其中一种或几种产品,充分发挥规模经济效应,在规模生产基础上通过交换来增进各自的福利。新贸易理论主要是用来解释国际贸易中出现的新现象——产业内贸易。新贸易理论已经涉及到产业内分工的问题,它认为两国分工生产的产品是有差异的,包括水平差异、垂直差异和技术差异[①]。

20世纪80年代以来,以澳大利亚华人经济学家杨小凯为代表的一批经济学家用非线性规划(即所谓的超边际分析法)和其他非古典数学规划方法,将被新古典经济学家们遗弃的古典经济学中,关于分工和专业化的高深经济思想形式化,并发展出新兴古典经济学。新兴古典经济学关于专业化分工和报酬递增的核心思想是:制度变迁和组织创新对分工的深化起到决定性的影响,而能否实现高水平分工则与交易效率有关;分工和专业化水平决定着专业知识的积累速度和人类获得技术性知识的能力,决定报酬递增。分工的深化取决于交易费用与分工收益的相对比较,呈现出一个自发演进的过程。因此,通过大量的关于分工组织的试错实验,人们可以获得更多关于分工组织的制度性知识,从而选择更有效的分工结构,改进交易效率,提高分工水平,使他们获得技术性知识的能力提高,形成内生技术进步和经济发展。

国家之间的生产分工产生的经济利益可以分为直接经济性利益和间接经济性利益。生产分工的直接经济性利益大致有以下几个方面:首先,生产分工使得生产者越来越将其生产活动集中于较少的操作环节上,能够较快地提高其生产的熟练程度。其次,生产分工能节约或减少因经常

---

① 水平差异是指商品相同属性的不同组合而产生的差异性,主要是由于规格、型号和款式的不同而造成的;而垂直差异是指产品质量方面存在的差异;技术差异是因技术动态转移造成的,比如处于不同产品生命周期的同类产品。

变换工作或变换生产活动中的不同操作而损失的时间。第三,生产分工的发展,使得劳动生产者可以节约生产时所使用的物质生产资料。最后,生产分工使人们的工作在既定的技术水平条件下变得较为简单。生产分工的间接经济性利益包括:生产分工促进了技术进步,推动了迂回生产方式的发展并促进了投资方式的出现和发展。同时,生产分工也可以使产品更加多样化,并推动了区域生产专业化程度(产业集聚)。产品多样化满足了人们需求的丰富性,提高了消费的效用水平,或者节约了人们在消费中所支付的资源。而区域专业化形成的产业集聚可以使企业便利的使用具有比较优势的自然资源、地理资源、人力资源,共享社会生产条件,形成高效率的地方劳动力市场,可以共享辅助行业提供的专门服务,同时有利于专业技术的传播和扩散。

### 1.1.2 现代区域生产分工理论——区域生产网络理论

全球(区域)生产网络的初步形成与发展是20世纪70年代以后经济全球化演进中的一个极为突出的特点。伴随经济全球化在广度与深度上的持续拓展和深化,企业之间的竞争变得越来越激烈,企业为了使自己在竞争中能够获胜,必须要寻求低成本战略与差异化战略,尤其是要通过低成本战略的实施来降低企业价值创造活动的成本,以质优价廉的产品来满足日益精细和成熟的国际市场中消费者的需求。各个国家的跨国公司为了实现这样一个低成本战略目标,开始在全球(区域)范围内通过将自己的核心竞争要素与东道国低成本生产要素相互结合,实现区位经济效应,来建立自己的区域(全球)生产网络,从而获取并保持自己的竞争优势。在具体实现方式上,有些跨国公司是通过对外直接投资(FDI)实现公司内纵向一体化(Vertical Integration)的方式来建立自己的全球(区域)生产网络。有的跨国公司是通过战略联盟(Strategic Alliance)和虚拟化(Virtualization)[①]来建立自己的全球生产网络。但更多的跨国公司则是

---

① 虚拟化是企业对外部资源进行有效整合的一种运作手段,合作化是虚拟企业运行的根本特点,合作的形式可以是多种多样的,信息网络是虚拟企业运行的一种平台。除此之外,物流网络、知识技能网络、合同契约网络也可以作为虚拟企业的主要运行平台。

综合运用各种方式来实现建立自己的全球(区域)生产网络体系的目标,比如对外直接投资与对外间接投资、公司内部纵向一体化与外部战略联盟相结合的方式。跨国公司在全球激烈竞争的压力下实施低成本战略是导致全球(区域)生产网络产生的最根本原因。

目前国内外学术界关于全球(区域)生产网络的含义有不同的理解。比如国外学者理普赛(Lipsey)认为,全球生产网络(Global Production Networks, GPN)指的是跨国公司控制的除本国以外的全球范围内的生产系统。国内学者柴瑜认为全球生产网络是指几个国家参与一个特定产品的不同生产阶段的制造过程,从而形成的一种以跨国公司为中心的国际化生产网络。柴瑜的观点和迈克尔·波特的观点有相似之处,都强调生产地点选择要注重效率与成本优势。刘春生(2006)综合其他学者的观点给全球生产网络下的定义是:全球生产网络就是将领导厂商(跨国公司)原有的独资公司、合资公司等与外部的独立供应商、独立承包商、独立分销商及战略联盟伙伴等联系在一起,通过分工和有机结合,使分布于不同国家和地区的生产过程之间建立以价值链为纽带的高度依存的关系。

尽管关于全球生产网络的定义及所强调的重点不同,但我们可以通过总结全球生产网络体系的一些主要特征来深刻理解它的含义。一般说来,全球(区域)生产网络具有以下重要特征:

第一,全球(区域)生产布局。跨国公司的全球生产网络并不是单纯地着眼于"国内"、"国外"两个角度,而是体现一种区位选择上的全球性。在全球的范围内考虑价值链的分布,无论国内还是国外,只要是在技术、成本、资源、市场等环节上有优势的区域,就会被跨国公司纳入其全球生产体系的版图之中。例如,Intel 仅生产环节,在全球就分布于 7 个国家;BP 公司则在全球的 75 个国家有分支机构;GM 分布在全球 48 个国家。这种全球范围内的区位布局,成为跨国公司全球生产体系的重要特征之一。

第二,多种职能活动。全球生产网络与单纯的全球生产不同,它不但涵盖了价值链上的生产环节,还囊括了技术研发、物流配送、市场销售、品牌管理等价值链的所有环节,包含的职能活动是相当全面的。例如 NIKE

不但是在生产层面的全球化合作,在物流、设计、品牌管理上也都予以全球化的融合;WalMart等企业在各个职能活动上与NIKE公司构建全球生产网络。美国前劳工部长罗伯特·赖克在《国家的任务》一书中提到这样一个例子:当美国人用1万美元从通用汽车公司购买一辆庞帝亚克莱曼斯汽车时,其中3000美元是支付给韩国装配工人的,1750美元付给日本零件制造商,700美元是西德设计师的报酬,400美元是用来购买台湾、新加坡的零部件,250美元付给英国的广告商,余下不到4000美元供底特律的通用汽车公司以及纽约的银行、保险公司分享。这个例子很好地说明了跨国公司全球生产体系,涵盖了价值链中各个环节的分工。

第三,多样化合作。全球生产网络的参与主体之间呈现出的是一种多样化的合作。由于全球化的区位选择和价值链环节上的全面纳入,跨国公司全球生产体系中的参与各方需要通过自身的特点和优势,为彼此服务,互惠互利。这就使得他们之间的合作不可能一成不变,从股权合作到合同合作,从垂直联系到水平联系,全球生产体系关注的并不是建立联系的方式本身,而是最终是否能够在整体上彼此获益。

第四,网络成员不对称性。典型的全球生产网络通常包括各种级别不尽相同的层次,从拥有系统整合能力而控制整个网络的领导厂商(旗舰企业)到通常规模较小的各种本地专业化网络供应商。领导企业位于网络的中心位置,可以直接加以管理和控制资源。全球生产网络的运作往往是由领导企业做出战略决策和进行组织管理。因此,领导企业的战略往往直接影响专业化供应商和转包商等网络低端参与者的成长和战略方向。至于后者,反过来对于领导企业的战略也会产生或多或少的影响。领导企业通过对重要资源的控制,具备便利的技术创新条件以及拥有协调不同网络结点之间知识交易和交流的能力等诸多有利因素,从而可以更进一步地增强自己的实力。

领导企业通常将自己具有一定战略优势的业务留在企业内部进行,而将那些没有战略优势的业务通过外包的方式完成。外包可能使一些领导企业致力于设计、产品开发和市场营销,而将大规模制造和相关的配套服务向外发包;外包也可能使一些领导企业向外发包一系列高端的、知识密集型的支持性服务。

全球性的领导企业大体可以分为两类:一类是原始设备制造商,主要是指那些通过销售全球性品牌而获得市场地位的企业,它们并不在意产品的设计和生产是在企业内部进行还是通过外包方式来完成;另一类是全球性合同制造商,它们建立了自己的全球生产网络,以便为 OEM 提供一体化的制造服务和全球性的供应链服务(通常也包括了产品的设计),如香港利丰集团。

在全球(区域)生产网络形成与发展过程中,全球(区域)内的国际分工格局也呈现出一些新的特点,参见表1-1:

表1-1　当代国际分工格局

| 国际分工<br>基本类型 | 产业间<br>分工 | 产业内分工 | 产品内分工 | |
|---|---|---|---|---|
| | | | 垂直产品内分工 | 水平产品内分工 |
| 基于价值链视角的界定 | 不同产业价值链的分工 | 同一产业中不同产品价值链的分工 | 同一产品价值链中上下游价值环节的国际分工 | 同一产品价值链中技术水平和密集度相似环节国际分工 |
| 基本分工结构 | 垂直型 | 水平型 | 垂直型 | 水平型 |
| 分工的国别区位结构 | 发达国家与众多发展中国家之间 | 1. 发达国家之间<br>2. 发达国家和新兴工业化国家(或区域)之间<br>3. 发达国家与部分发展中国家之间 | 1. 发达国家和新兴工业化国家(或区域)之间<br>2. 发达国家与部分发展中国家之间 | 1. 发达国家之间<br>2. 发达国家和新兴工业化国家(或区域)之间<br>3. 发达国家与部分发展中国家之间 |
| 分工的主要方式和手段 | 产业间一般国际贸易 | 1. 产业内一般国际贸易<br>2. 公司内贸易<br>3. 国际直接投资等 | 1. 一般国际贸易<br>2. 加工贸易<br>3. 全球外包<br>4. OEM<br>5. ODM<br>6. 国际直接投资<br>7. 公司内贸易 | 1. 一般国际贸易<br>2. 全球合同外包<br>3. 国际直接投资<br>4. 公司内贸易<br>5. 战略联盟等 |
| 分工的基本理论依据 | 比较优势理论;资源禀赋理论 | 规模经济理论;竞争优势理论 | 比较优势理论;规模经济理论;竞争优势理论;交易成本理论;内部化理论等 | |
| 分工的演进趋势 | → | | | |

来源:刘春生博士论文,"全球生产网络构建的理论与实证研究",中国人民大学,2006年。

第一,传统的垂直型分工正在向混合型分工转变。国际分工按照古典及新古典经济学的要素禀赋理论,应该是垂直型国际分工,即发达国家生产资本技术密集型产品而发展中国家生产劳动密集型产品。随着经济全球化的发展,国际分工开始出现了产业内国际分工,即国际分工格局按照同一产业内部不同的价值链活动来进行,最基本的就是把研发环节、生产环节以及销售环节安排在不同地区来进行。如果用微笑曲线来表示(见图1-1),发达国家专注于微笑曲线的两头,而发展中国家则停留于微笑曲线的中间环节(组装制造环节)①。

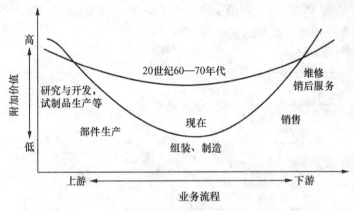

图1-1 微笑曲线图示

现在的国际分工甚至细化到按产品的不同工序或零部件的不同技术含量来分工产品的生产。生产技术及关键零部件由发达国家或新兴工业化国家来完成,发展中国家主要负责产品的加工装配,关键零部件要依赖国外进口。这种同一产业及产品内的国际分工格局表现得越来越清楚。比如东亚地区20世纪90年代的国际分工格局可以用东亚走廊(East Asia Corridor)来概括②,日本提供技术和资本,由韩国等新兴工业化经济体(NIEs)提供关键的零部件,而由中国等发展中国家来完成生产制造及组

---

① 微笑曲线描述的是世界各国在产品价值链环节中的位置,20世纪60年代至90年代初期,制造组装环节由日本与"亚洲四小"来轮流承担,但从20世纪90年代中后期开始,我国因为要素禀赋优势在产品制造组装环节占有优势。

② 东亚走廊是对东亚地区制造中心的描述,90年代初中期东亚走廊是"亚洲四小",90年代中后期东亚走廊西进到中国沿海一带,中国则成为世界工业的制造中心。

装活动。

第二,产品分工向要素分工方向发展。由于跨国公司是按价值链职能活动来布局其生产网络,而不是按整体产品概念来选择生产地点,要素成本是决定价值链环节配置的关键。要素禀赋与要素质量决定一个国家(区域)在国际分工中的位置。在所有要素中,知识(科学与技术)正在成为影响国际分工最关键的因素。

第三,公司内部国际分工体系的建立。跨国公司在建立全球生产网络的过程中逐步建立了公司内部国际分工体系,形成了相对封闭的公司内国际市场。公司内国际分工是指同一个跨国公司内部不同国家的子公司或分公司之间的专业化分工。跨国公司为了避免不同国家的子公司之间进行自我竞争,形成一个功能互补的国际企业集团,必然要求处于不同国家的子公司之间在生产销售上进行专业化分工。公司内国际分工的具体做法有:按市场区域分工,按产业部门分工,按产品规格型号分工,按零部件或加工工序分工。可以说,公司内国际分工体系的建立为公司内部贸易的发展创造了条件,而公司内国际贸易正是子公司之间功能互补的表现,同时还可以利用转移定价手段套取不同国家经济政策差别的收益。

第四,知识(科学和技术)成为影响国际分工的关键因素。在工业经济时代,一个国家在国际分工中的主导地位,取决于这个国家拥有的资本以及机器数量的多少,而不取决于其他要素如劳动力和自然资源(能源、气候、土质等)数量的多少。随着知识经济的到来,知识成为生产力要素中最重要的组成部分,成为生产力发展的决定性因素,从而也成为国际分工的决定性因素。一个国家在国际分工中的主导地位,从根本上来说,就取决于这个国家在知识方面的优势。谁拥有较多的知识,谁就拥有了经济增长的主动权,谁就会在国际分工体系中处于中心支配地位。于是,国际分工体系由工业经济时代的以机器和资本为中心的分工体系转为知识经济时代的以知识和技术为中心的分工体系,一种新的分工体系开始形成。

知识、技术进步扩大了社会生产的范围,使原来一些非生产领域变成了生产部门或间接生产部门,如 R&D 部门、信息部门实际上已从研究领域独立成为生产部门。R&D 部门、信息部门与其他部门形成的分工相比带有新的特点,这种分工既不是部门间垂直型分工,也不是部门内水平型分工,因为 R&D、信息处理虽然服务于生产的各个环节,但又不能归入任何一个传统概念上的具体生产环节,其本身已超出了传统的纯粹生产分工框架,所以是一种具有新的内涵的分工形式。如一些跨国公司将研究 R&D 和信息部门留在国内,而将整个生产和销售部门转移到国外。

第五,国家之间的分工向区域性分工体系的演化。随着国家经济集团的发展,成员国之间相互开放市场,实行贸易自由化,导致区域性国家集团内部产业结构的优化重组,促成了相对封闭的区域性国际市场的出现和区域内国际分工体系的确立。区域性国际统一大市场的出现和区域性国际分工体系的建立将国家之间的专业化分工格局推向了极端化,每一个成员国丧失了国际经济体系的独立性和完整性,使成员国之间许多产业部门有可能实现完全的专业化分工,但是,国家集团整体上实现了经济结构的完整性和互补性,从而在更大的国际市场空间内实现资源的优化配置和生产效率的提高。

第六,自发型国际分工向协议型国际分工的发展。自发型国际分工是指完全依靠各国企业之间的自由竞争机制和经济活动内在规律的自发调节而形成的国际分工。协议型国际分工是指国家政府之间通过签订双边条约或多边条约的方式来引导相互之间进出口商品的流量、流向和结构,由此而形成的国际分工格局即协议型国际分工,这是当代国际市场上非常普遍的现象。随着国际经济一体化程度的加深,国家之间经济依赖程度越来越大,国家之间经济政策的协调就成为必然,通过国际协议来安排本国的分工格局和贸易格局以及国内市场开放进程的做法越来越普遍,各种各样的国际条约和协定对于国际分工和国际贸易的影响也越来越大。

第七,价值链模块化与国际分工格局的深化。价值链模块化是水平型产品内国际分工的一种典型形态,分布于各国,而且掌握一个或若干个价值模块的合同制造商与设计模块并掌握部分核心模块(如电脑和通讯设备的芯片、冰箱的压缩机、微波炉的磁控管等)的主导厂商构成了参与分工的主体,它们之间的关系已经成为国际分工的高级化形态。

模块化国际分工的"高级化"在于它把合同制造商与主导厂商之间长期以来的附属型关系转化为互补型,甚至对等型关系,从而削弱了主导厂商的产业控制,使合同制造商成为产业发展的重要角色。目前,在模块化的价值链中,发达国家以及部分新兴工业化国家的合同制造商通过专业化、规模化经营,其能力范围包含了低端的加工、制造以及中高端的设计、开发以及物流等综合服务,并进行全球经营、全球供应,能力得到了大大强化,甚至控制了某些价值模块很大的市场份额,直接对主导厂商产生了逆向控制,在产业价值链的分配中处于更有利位置。例如,虽然品牌商仍然控制着产品最终价值的形成,但品牌商不仅在模块制造环节需要合同制造商的稳定及时供应,在技术标准确立和升级上也需要取得更多合同制造商的支持和配合。这样,合同制造商与品牌商之间在能力上就呈现出互补式关系结构,从而给合同制造商以及所在国(或区域)提升国际分工地位创造了有利条件。

## 1.2 区域经济一体化理论

### 1.2.1 关税同盟理论

区域商品自由贸易理论主要包括关税同盟(Custom Union)理论与自由贸易区(Free Trade Area)理论。尽管自由贸易区与关税同盟具体的含义不一样,但自由贸易区和关税同盟这两种区域经济一体化形式都只涉及到区域内商品的自由贸易,所不同的是关税同盟成员国都统一了对非成员国的关税税率,而自由贸易区成员国都保持各自对非成员国的关税体系。正是由于这两种一体化形式的共同特点,我们在研究自由贸易区相关问题时有必要把关税同盟理论作为理论分析基础。当然也有必要对关税同盟与自由贸易区理论的区别进行界定。

#### 1.2.1.1 关税同盟的静态效应

关税同盟静态效应包括贸易创造(Trade Creation)效应与贸易转移

(Trade Diversion)效应。所谓贸易创造是指关税同盟中的某一个成员国的国内产品被来自同盟内另一成员国较低成本的进口产品所替代的一种现象。关税同盟的贸易创造效应会增加成员国的福利水平,因为它表示生产要素在比较优势的基础上重新配置而使资源配置效率得以提高。贸易创造关税同盟的基本含义可利用传统的3国1产品模型进行说明(见图1-2)。

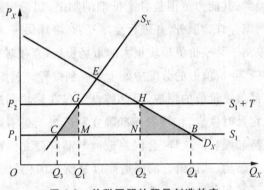

图1-2 关税同盟的贸易创造效应

在图1-2中,$D_x$和$S_x$分别代表$A$国$X$商品的国内需求曲线和供给曲线,$E$点所对应的价格代表$A$国国内均衡价格。$P_1$代表$B$国的价格,假设其供给具有充分弹性。在组成关税同盟之前,$A$国以包括关税在内的价格$P_2 = P_1 + T$从$B$国进口,进口数量为$Q_1Q_2$。两国结成关税同盟后,由于$A$国对来自$B$国的产品不再征收关税,所以$A$国可以$P_1$的价格从$B$国来进口,进口数量也由过去的$Q_1Q_2$增加到$Q_3Q_4$。关税同盟成立后$A$国的福利水平变化情况如下:消费者剩余的增加量为$P_1P_2HB$梯形的面积,生产者剩余的减少量为$P_1P_2GC$梯形的面积,政府的关税收入减少$MNHG$,$A$国全部静态净福利收入是由△$CGM$和△$NHB$两个三角形面积所表示的净增加量,其中△$CGM$为生产效应,△$NHB$为消费效应。这就表明关税同盟成立后$A$国的整体福利水平是在提高,因此贸易创造关税同盟是成员国期望的一种比较理想的关税同盟形式。

而贸易转移是指原先来自非成员国的低成本商品因为关税同盟的组建而被关税同盟内其他成员国成本高的进口商品所替代,贸易转移会使成员国福利水平降低。贸易转移效应的图形分析见图1-3。在该图中，假设世界上有 $A$、$B$、$C$ 三个国家都生产某一相同产品 $X$，但三国的生产成本不相同。现以 $A$ 国作为我们分析的对象，在图1-3中，$S_x$ 表示 $A$ 国的供给曲线，$D_x$ 表示 $A$ 国的需求曲线，$A$ 国在封闭状态下的均衡价格是 $E$ 点所对应的价格。假设 $B$、$C$ 两国的生产成本是固定的，$S_B P_B$、$S_C P_C$ 两条直线分别表示 $B$、$C$ 两国有无限弹性的供给曲线，其中 $C$ 国的供给成本低于 $B$ 国。在组成关税同盟之前，$A$ 国对从 $B$ 国、$C$ 国进口的产品征收同样的一个关税 $T$，同时假设关税全部转移到产品价格中去，组成关税同盟之前 $A$ 国一定会从 $C$ 国来进口，进口的数量为 $Q_1 Q_2$。如果 $A$ 国与 $B$ 国组成关税同盟，两国对 $C$ 国产品征收同样的关税 $T$。由于对 $B$ 国产品是免税的，而 $P_C + T > P_B$，所以 $A$ 国会转向从 $B$ 国来进口。但由于 $B$ 国生产成本实际上高于 $C$ 国，因此关税同盟成立后由于贸易方向发生改变会引起 $A$ 国的福利损失，损失量为图1-3中的矩形阴影面积表示，它代表关税同盟内成本较高的生产替代了原来来自关税同盟外成本低的生产。

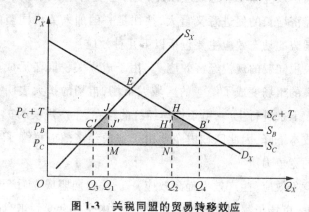

图1-3 关税同盟的贸易转移效应

组成关税同盟后，$A$ 国消费者福利改善，而生产者福利降低，进口的关税收入（为矩形 $JHMN$ 的面积）因为关税同盟成立而失去。因此，$A$ 国的净福利水平实际为两个阴影三角形面积（$\triangle C'JJ'$ 和 $\triangle B'HH'$，为贸易创造效应）减去阴影矩形面积（$MNH'J'$，为贸易转移效应）。如果贸易创造效应大于贸易转移效应，那么 $A$ 国加入关税同盟是有利的，如果情况相反，那么 $A$ 国加入关税同盟是不利的。

从以上分析我们可以看到,要判断一国加入贸易转移型关税同盟的净福利效应是比较困难的,因为影响净福利效应的因素有很多,各个关税同盟的情况都不一样。而应该针对特定的对象,以透彻的经济分析为基础,考虑各种不同情况及其影响程度,对各种有理有据的预测加以合理的判断。但关税同盟经济效应存在以下一般性的结论:1. 关税同盟的经济区域越大,而且成员国数量越多,则相对于贸易转向来说,贸易创造的规模也越大。2. 经济效应的大小与成立关税同盟前 $A$ 国的关税水平有关,$A$ 国关税水平越高,则组成同盟之后贸易创造效应会越大,贸易转移效应越小。3. $A$ 国的净福利还受到其供给与需求弹性的影响,弹性越大,贸易创造的福利效应会越明显。因为两个三角形面积就越大。4. 如果结成关税同盟前 $B$ 与 $C$ 国之间的成本差距越小,组成关税同盟之后贸易转移的可能性也比较小。

#### 1.2.1.2 关税同盟的动态效应

关税同盟效应除了静态效应以外,实际上更为重要的是其动态效应,它对一国经济增长的促进意义重大,往往是一国加入关税同盟的主要目的。关税同盟的动态效应主要包括以下几种效应:

一是关税同盟的规模经济效应[①]。由于成立关税同盟后成员国之间被关税隔离的市场变成了统一的区域大市场,市场的扩大表明企业可以在更大规模上来进行生产,由于规模经济的存在,生产规模的扩大意味着企业生产成本下降,因此区域内企业由于规模经济效应增强了它相对区域外企业的竞争力。

二是竞争效应(生产效率提高效应)[②]。关税同盟成立后企业面临的市场会扩大,市场份额的争夺会更加激烈,国内企业会受到来自其他成员国企业的挑战。企业要争取胜利和获取更多的市场份额就必须不断改善自己的生产,加大研究与开发的力度,采取更先进的技术,不断降低生产成本,因此同盟内企业间竞争程度提高了,竞争效应充分展现出来。

---

① Corden W. M., 1972, "Economies of Scale and Custom Union Theory", *Journal of Political Economy* 80, pp. 456—475.

② Balassa Bela, 1962, *The Theory of Economic Integration*, London: Allen & Unwin, p. 60.

市场一体化使成员国企业之间的竞争越益激烈,可能使垄断力量得到削弱,因此可以带来以下三种类型的收益:第一种收益就是竞争程度增加所带来的。它会使企业降低成本,扩大销售,消费者能从中受益,因为垄断带来的扭曲得到控制。第二种收益就是消费者可以面临更多的选择。第三种收益是企业内部非效率现象的减少。竞争激烈程度的提高会促使企业消除其内部的非效率,提高生产率水平。因为竞争增加了破产的可能性,从而也增大了失业的可能,这就产生了更强有力的激励促使工人提高生产效率,同时也增加了劳动力的流动。

三是关税同盟的吸引外资效应。关税同盟形成会影响投资者有关的投资决策,从而对一国吸引外资产生影响。首先关税同盟成立后可能导致非成员国资金进入。这是由于关税同盟对非成员国的产品还征收关税,非成员国企业面临不利的竞争条件,为了应对关税同盟给自己带来的不利影响,非成员国企业会考虑输出资本,到关税同盟某一成员国内进行对外直接投资,以便绕过贸易壁垒进入关税同盟内部市场。另外,关税同盟成立后对发展中国家吸收外资有促进作用。很多非成员发达国家的企业可能通过在关税同盟内发展中国家投资,建立起它们的出口平台。因为建立在发展中国家的企业可以利用廉价的要素投入,对于南北型自由贸易区来说还可以自由进入发达国家的大市场。比如说 NAFTA 形成后,日本将其在美国和加拿大的部分投资转向了墨西哥。还有就是关税同盟成立后地区内部壁垒的去除可以使企业更有效率地跨国经营。这一点在南北型区域经济一体化组织中表现得更加明显。Ethier 经过研究发现,由于确保可以享受优惠条件进入北部国家的市场①,南部国家变成了劳动密集型产业投资活动的黄金地带。

关于区域经济一体化的吸引外资效应的实证研究表明这一观点的正确。例如说欧共体(EEC)成立后其成员国的跨国公司在其他成员国的子公司数目增加了 6 倍以上。NAFTA 成立后,墨西哥的 FDI 从 1993 年的 43 亿美元增长到 1994 年的 110 亿美元。1991 年签订《亚松森条约》形成

---

① 北部国家是指区域组织中的发达成员国,南部国家是指发展中成员国。

南方共同市场(the Southern Common Market,MERCOSUR)之后,其成员方吸收的 FDI 从 1991 年的 35 亿美元增加到 1996 年的 180 亿美元。1996 年巴西的 FDI 达到近 110 亿美元(1991 年为 11 亿美元),从而超过了墨西哥成为拉丁美洲最大的 FDI 流入国。

四是关税同盟的贸易条件效应。Mundell 曾经对关税同盟影响世界市场价格,进而造成贸易条件发生变化的机制进行了研究。结果发现如果关税同盟建立会影响成员国从世界其他国家的进口需求,关税同盟与世界其他国家之间的贸易条件将出现改进的趋势[1]。

应该指出的是,区域经济一体化的经济收益除了我们在上面所提到的这些传统收益外还包括一些非传统经济收益和非经济收益。非传统经济收益包括 Ethier(1998,2001)指出的经济改革效应[2],Fernandez 和 Porters(1998)所提到的保证对外开放政策的连贯性、发信号、提供保险、增强讨价还价能力、协调一致行动等多种经济收益[3]。非经济收益包括化解成员国之间的紧张关系,改进双边与多边政治外交关系;提高成员国互信程度,实现南北关系的盟内化;培育和增强区域意识,为经济发展提供良好的地区和国际环境等。

### 1.2.2 自由贸易区理论

前面我们分析了关税同盟对某一成员国产生的经济效应,由于本课题的研究对象是自由贸易区,所以有必要对自由贸易区与关税同盟的经济效应作一对比分析,从而深刻把握这两者之间的区别。

实际上对自由贸易区的经济效应分析也完全可以采纳与关税同盟相类似的处理办法,只不过在分析过程中要注意把握自由贸易区的特定含

---

[1] Mundell,R. A. ,1964,"Tariff Preferences and the Terms of Trade",*Manchester School of Economics and Social Studies* 32,pp. 1—14.
[2] Ethier, W. J. (1998), The New Regionalism, *Economic Journal*, 108(449), pp. 1149—1161. ;Ethier, W. J. (2001), The New Regionalism in the America: A Theoretical Framework, *North American Journal of Economics and Fiance* 12(2001) pp. 159—172.
[3] Fernandez,R. , Porters, J. (1998), Returns to Regionalism: An Analysis of Non-Traditional Gains from Regional Trade Agreements, *The World Bank Economic Review*, Vol. 8. No. 2, pp. 197—220.

义,即保留对非成员国的关税选择权和享受进口商品零关税的原产地资格。由于存在这两个特点自由贸易区成立后容易出现所谓的"贸易偏转"[①]。尽管自由贸易区与关税同盟一样,也可能出现贸易创造和贸易转移效应,但这两种不同形式的一体化还是存在明显的差异。在下面的内容中,首先从成员国的角度讨论自由贸易区对其福利水平的影响,分别探讨自由贸易区对单一国家和两个成员国的影响。然后比较一下自由贸易区与关税同盟对成员国经济效应方面的差异以及在资源配置方面的相对优势。为了分析问题的方便假设关税同盟建立后共同对外关税是两国关税平均化,即 $CET=\frac{1}{2}(T_H+T_P))$,其中 $T_H$ 表示某一成员国的关税水平,$T_P$ 表示另一成员国的关税水平。

#### 1.2.2.1 从单一国家看自由贸易区的影响

假设有两个国家 $H$ 和 $P$,两个国家在成立自由贸易区之前对来自第三国的某一产品实施不同的关税,$P$ 国实施较低的关税 $P_w T_P$(其中 $P_w$ 代表世界的供给价格),$H$ 国实行较高的关税 $P_w T_H$。两国成立自由贸易区后启动原产地规则防止区域外国家利用两国关税税率差异进行转口贸易,只有原产于区域内的产品才能享受免税待遇。

为了分析方便,假设成立自由贸易区前 $H$ 国的关税是禁止性关税,也就是它排除了任何从国外进口的可能。$H$ 国供给曲线是 $S_H$,关税水平为 $P_w T_H$,价格水平为 $T_H$ 时产量为 $L$。$P$ 国关税为 $P_w T_P$,其供给曲线水平相加于 $H$ 国的供给曲线上,得到曲线 $S_{H+P}$。

如果建成自由贸易区,只要整个自由贸易区还是净进口方,那么在 $H$ 国原产于区内的产品价格只能大于 $T_P$ 小于 $T_H$,$T_H=OP_w+P_w T_H$,$P_w T_H$ 是 $H$ 国的禁止性关税。从 $H$ 国来看,包括区内和区外产品的有效供给曲线是 $T_P BFGK$。自由贸易区内 $P$ 国愿意供给的产品数量将取决于价格水平,而价格水平又可以由 $H$ 国的需求曲线决定。

图1-4考虑了两种可能的需求情况,分别是 $D_H$ 和 $D_{H'}$,前者比后者缺

---

① 所谓贸易偏转是指利用自由贸易区内不同国家的关税税率差异,从低关税国家进口而向其他国家出售。

乏弹性。如果 $H$ 国的产品需求曲线是 $D_H$，$H$ 国价格将是 $T_P$，在这一水平上 $P$ 国供给 $L'R$ 数量的商品。此例中，三角形 $a$ 表示贸易创造，三角形 $c$ 表示自由贸易区带来的 $H$ 国产品价格下降所形成的消费效应。

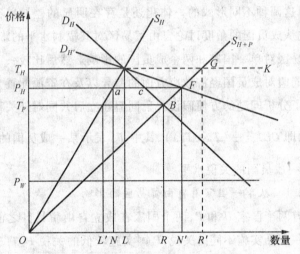

**图 1-4　自由贸易区对单一成员国的影响**

相反，如果 $H$ 国的需求曲线是 $D_{H'}$，$H$ 国的价格 $P_H$ 将更接近于上限 $T_H$，后者高于由 $P$ 国出口产品的价格水平。此时，$H$ 国对本国市场的供给为 $ON$，而 $P$ 国将用 $NN'$ 的数量供给 $H$ 国。贸易创造则以在 $D_{H'}$ 和 $S_H$ 下方、$P_H$ 上方所围成的一块较小的三角形面积来表示。总体来说，在自由贸易区中，$P$ 国可以高于 $T_P$ 的价格供给 $H$ 国市场，直至达到其全部供给能力为止，而 $P$ 国国内市场随之发生的供求缺口，则用从世界其余地区的进口来弥补。这种情况下，无论 $H$ 国产品 $X$ 最终价格是多少，$P$ 国市场价格将保持在 $T_P$ 以下。贸易流动的这种变化，称为间接贸易偏转（Indirect Trade Deflection），即 $P$ 国用区外产品来替代区内产品。这种偏转也不可能通过自由贸易区的原产地原则来加以消除或减少。

#### 1.2.2.2　自由贸易区的两国模型

图 1-5 和图 1-6 给出了某一产品在 $H$ 国与 $P$ 国的供求曲线。$P_W$ 还是表示世界供给价格。成立自由贸易区之前，$P$ 国关税水平为相对较低的 $P_W T_P$，包括关税在内的价格为 $T_P$。图 1-5 中，三角形 $a$ 表示贸易创造（生

产效应);矩形 $b$ 表示以伙伴国产品替代原先的进口(贸易转向)所构成的额外费用;三角形 $c$ 表示 $H$ 国正的消费效应;三角形 $d$ 是 $P$ 国负的消费效应;三角形 $e$ 表示 $P$ 国的生产效应,可能为零,也可能为负,并且主要是针对关税同盟而言。下面我们将分析两种情况,而且将它与关税平均化关税同盟进行比较。

1. 第一种情况(图1-5)假设 $H$ 国和 $P$ 国的需求曲线情况相似,但是 $H$ 国生产效率相对低下,而 $P$ 国供给曲线相对具有弹性和竞争力,当产出超过 $L''$ 时,其价格要高于世界市场价格 $P_W$。

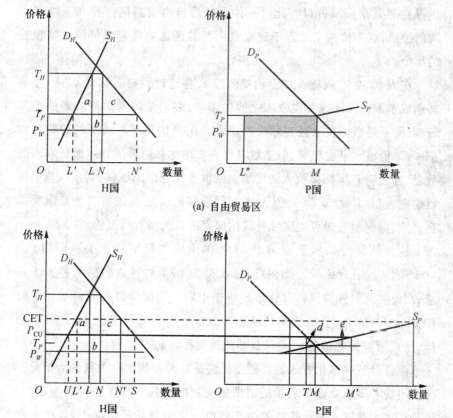

图 1-5 自由贸易区(a)与关税同盟(b)的比较—1

自由贸易区建成之前,$P$ 国在 $T_P$ 价格水平下产出并消费数量为 $OM$

的商品,该国关税排除了所有的进口。$H$ 国生产量为 $OL$ 而消费量为 $ON$,其差额 $LN$ 则以价格 $P_W$ 从成本最低的来源进口,也就是从世界其余国家进口。$H$ 国的关税收入为 $LN \times P_W T_H$。

如果 $H$ 国与 $P$ 国组成自由贸易区(图 1-5a),价格为 $T_P$ 时区内的供给($OM + OL'$)显然小于该价格水平下的区内需求($OM + ON'$),但是其差额 $L'N'$ 却小于该价格水平下 $P$ 国的供给能力。在排除了成本最低供给来源的自由贸易区内,$P$ 国将以价格 $T_P$ 供给 $H$ 国市场 $L'N'(= L''M)$ 数量的产品,剩下相当于 $OL''$ 数量的产品留给国内市场,$P$ 国的过剩需求则以价格 $P_W$ 从世界其余国家进口。此时一体化之后自由贸易区内存在一个单一均衡价格,这一价格水平等于建立自由贸易区之前两个成员国价格较低的那个。

在 $H$ 国,生产效应 $a$ 加上消费效应 $c$,将超过贸易转移成本 $b$。贸易转移成本 $b$ 和原来的关税收入之间的差额,表示从国库向消费者的内部转移,而不是自由贸易区实际收入损失。在 $P$ 国生产和消费的数量和以前一样,价格水平也相等,但是政府收入将增加如阴影部分矩形所表示的数量,这表明 $P$ 国国民收入的增加。就世界其他国家而言,其出口显然比以前更大($L''M$ 大于 $LN$),因为 $P$ 国供给转向满足 $H$ 国需求。自由贸易区显示,两国而且很可能区域外其他国家的状况都有所改善。

这种结果可以和下面 $H$ 国与 $P$ 国组成关税平均化关税同盟(图 1-5b)的情况进行比较。此例可见,价格为 CET 时同盟的供给将大于需求,因此共同对外关税将仅仅形成价格上限。均衡价格将是供求相等时($TM' = US$)的 $P_{CU}$。虽然其贸易创造效应小于自由贸易区,但是贸易创造(生产效应 $a$ 和消费效应 $c$)显然超过贸易转向 $b$。

两种经济一体化方式的首要差异将是针对 $P$ 国的。关税同盟情况下该国消费者将承受以 $d$ 表示的消费损失。尽管其生产者会得到净收益,但是仍将出现以 $e$ 表示的负的生产效应。自由贸易区情况下,该国不存在任何生产和消费效应的损失,而政府收益却比关税同盟使 $P$ 国增加的净收益还多。而且,关税同盟排除了与世界其余地区的贸易,然而自由贸易区却使之增加。

考虑到这些因素,如果单纯着眼于静态效益分析,可以说关税同盟与自由贸易区相比是一种次优方案。二者之间的区别主要在于自由贸易区的原产地规则(Rule Of Origin,ROO)无法阻止的间接贸易转移。在狭义的案例中,这可以使自由贸易区的效果与以成立关税同盟前最低关税作为共同对外关税的关税同盟的效应相同。另外,如果考虑运输成本,则自由贸易区成员国地理位置越分散,间接贸易偏转的可能性也就越小。

2. 第二种情况考虑自由贸易区内产品价格的差异,仍然假设 $P$ 国供给具有相对较强竞争力和弹性,但 $P$ 国无力满足 $H$ 国的需求。

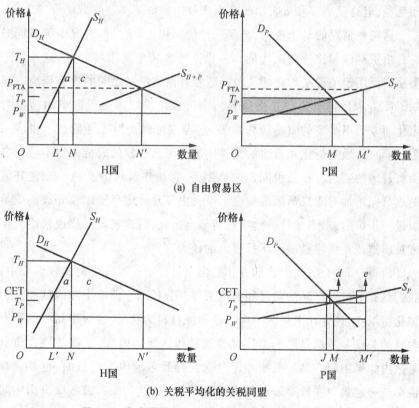

图 1-6 自由贸易区(a)与关税同盟(b)的比较—2

在自由贸易区成立之前,假设两国都实施排他性关税。$P$ 国生产和消费 $OM$,$H$ 国生产和消费 $ON$。如果 $H$ 国与 $P$ 国建立自由贸易区(图1-6a),$P$ 国无法在价格水平 $T_P$ 上满足来自 $H$ 国的额外需求,因此自由贸

易区内 $H$ 国均衡价格将为 $P_{FTA}(L'N' = OM')$。同时，$P$ 国价格不可能超过从世界其余地区进口商品的价格水平 $T_P$，因此自由贸易区内存在两个均衡价格。

在这个案例中，$H$ 国将获得贸易创造效应（$a+c$）。$P$ 国不会出现消费或生产的任何额外成本，但是该国能得到相当于阴影部分的政府收益。

如果 $H$ 国和 $P$ 国组成关税同盟（图 1-6b），那么共同对外关税将发挥作用，供给和需求将在同盟内大体平衡，关税同盟内价格比自由贸易区略高，$H$ 国则存在贸易创造。相应地，$P$ 国则因为以较高的价格向 $H$ 国出口而受益，但这是以 $d$ 和 $e$ 表示的负生产效应和负消费效应为代价。

这两种情况的对比说明，与第一种情况相比，第二种情况中关税同盟与自由贸易区相比也是次优的。假设不考虑特定的市场情况，这一结论似乎广泛用于关税平均化的关税同盟和自由贸易区之间的比较研究。正如 IMF 专家所指出的："自由贸易协定可以使进口国避免因单边贸易自由化而蒙受不必要的贸易转移损失，这样就可以获得区外低成本供应来源。同时已经实行比较自由的贸易体制或愿意开放的成员国将不再受自由贸易区的制约。在关税同盟的体制下，保护主义压力会迫使比较开放的成员国增加对非成员国的壁垒。而自由贸易协定可使比较开放的成员国进一步单边地、不加歧视地进行贸易自由化，而这又可以反过来给其他成员国造成一种积极的而不是强迫的压力"。

值得注意的是，以上我们在作自由贸易区与关税同盟的比较研究中，我们是针对最终产品的贸易和关税来展开分析的。但由于在区域经济一体化组织中，还存在大量的中间产品和原材料的贸易，这些中间产品和原材料的关税差异也是影响生产区位选择很重要的因素，也就是说自由贸易区内如果中间产品的关税差距悬殊将导致区域内生产扭曲，也就很难说生产一定集中在效率最高的成员国进行。因此如果考虑各成员国中间投入品的关税税率差异产生的生产扭曲，自由贸易区相对关税同盟的比较优势将可能被削弱。

3. 第三种情况。与前两种情况考虑对最终产品的贸易和关税所不同的是，这里将考虑进口原材料、中间产品等投入品和贸易与关税情况，另外在方法上采用代数的方法。这里要揭示的一个重要思想是,如果在自由贸易区中,投入品的关税税率不同,那么在自由贸易区中将可能发生生产偏移。对于在成立自由贸易区之前生产同一产品的 $A$、$B$ 两国,假设 $A$ 国在成立关税同盟之前没有 $B$ 国的生产有效率,而 $A$ 国对 $B$ 国的产品征收禁止性关税,即:

$$P_A > P_B \qquad (1.1)$$

$$P_A \leq P_B(1 + t_A) \qquad (1.2)$$

其中,$P_A$、$P_B$ 分别为 $A$、$B$ 两国的产品价格,$t_A$ 为 $A$ 国对 $B$ 国产品征收的关税税率。假设 $A$、$B$ 两国各自为完全竞争的市场结构,$A$、$B$ 两国的生产成本包括国内生产要素成本和从外部世界进口原材料或中间产品的成本,那么

$$P_A = Q_A P_A^* + Q_A^* P_C^* (1 + t_A^*) \qquad (1.3)$$

$$P_B = Q_B P_B^* + Q_B^* P_C^* (1 + t_B^*) \qquad (1.4)$$

其中,$Q_A$ 为生产中所用的 $A$ 国生产要素的数量,$P_A^*$ 为本国生产要素的价格,$Q_A^*$ 为生产所用的从外部世界进口的原材料或中间投入品的数量,$P_C^*$ 表示外部世界的原材料或中间投入品的价格,$t_A^*$ 为 $A$ 国对从外部世界进口的原材料与中间投入品所征收的关税税率,$B$ 国的变量含义与 $A$ 国对称。现在假定 $A$、$B$ 成立自由贸易区,那么 $A$、$B$ 内部自由贸易,其产品生产将由价格较低的 $B$ 国生产,将(1.3)和(1.4)两式代入(1.1)式有:

$$Q_A P_A^* + Q_A^* P_C^* (1 + t_A^*) > Q_B P_B^* + Q_B^* P_C^* (1 + t_B^*) \qquad (1.5)$$

由于自由贸易区的关税可以不同,那么这里强调的就是在(1.5)中,可以调整 $A$ 国从外部世界进口投入品与中间品的关税税率 $t_A^*$,让它的降低足以使不等式(1.5)的左边小于右边,也就是让 $P_A$ 小于 $P_B$,这样就有可能使得产品的生产从 $B$ 国转移到 $A$ 国,即发生自由贸易中所存在的生产偏移现象。

#### 1.2.2.3 关税同盟、自由贸易区与单边关税削减的比较

前面我们通过分析知道在一般条件下自由贸易协定要优于关税同盟。接下来我们要比较一下关税同盟和自由贸易区与单边关税削减之间的优劣。

关税同盟成立后的静态效应主要是贸易创造效应,单边关税削减也同样可以获得关税同盟所带来的国内生产和消费收益,它实际上相当于在两国间建立一个关税同盟。而单边关税削减属于非歧视性关税削减,减税国家可以进口来自世界其余地区的商品,这将给单边关税削减国家带来净福利,其数额相当于从两个不同来源地进口商品所需成本的差。并且,该国的净收益也相当于其接受较低的歧视性关税而产生的关税收入。所以关税同盟相对于单边关税削减来说是次优的。

同样的结果也适合于自由贸易区。如果从关税削减方式所产生的外部效应来看,与非歧视性的单边关税削减相比,自由贸易区的选择仍然是次优的。

值得注意的是,我们在实际情况中,确定收益的增加和减少并非如此简单。比如说,如果关税同盟能够设置合理的共同对外关税,而且成员国之间的大量补偿性转移支付有可能的话,那么,在世界其余地区福利不变的情况下,同时增加关税同盟每个成员国的福利也是可能的。同时,无论自由贸易区或关税同盟,区域净贸易创造效应不仅对成员国有利,而且也为更大范围的自由贸易提供了动力,这也使得寄希望于区域贸易安排多边化的观点找到了存在的价值。

### 1.2.3 大市场理论与垄断竞争贸易理论

规模经济是导致国际贸易产生的一个重要原因。在国际贸易中如果存在机会成本递减的情况,两个国家若分别集中生产某一特定产品,获取规模报酬递增带来的利益,通过互利的交换就可以提高每个国家的福利水平,这是规模经济贸易理论的主要观点。生产的规模经济现象在绝大多数商品的生产中都是存在的。因此区域经济一体化的一个主要动机就是要通过分工生产来获取规模经济效应,这一点可以由西托夫斯基(T. Scitovsky)和德纽(J. F. Deniau)提出的大市场理论和克鲁格曼(Krugman)的垄断竞争贸易理论得到有力的说明。对于东亚自由贸易区建设来说,这一点是极其重要的。

#### 1.2.3.1 大市场理论

大市场理论的核心内容就是要把一体化组织内部被各种贸易壁垒分

裂的市场统一起来,组成一个区域大市场,通过市场范围的扩大和企业间的激烈竞争,促使企业实现大规模生产,从而获得规模经济效应。大市场理论主张通过贸易自由化来实现内部市场的统一。

市场扩大前企业面对的是范围相对有限且缺乏弹性的市场,而通过自由贸易区形式可以将过去独立分散的、缺乏联系的封闭市场统一起来组成一个区域大市场。西托夫斯基认为大市场中的企业可以实现大批量生产、专业化分工,甚至促使企业加大 R&D 的投入力度,以实现低成本竞争优势。德纽认为大市场可以使企业运用新技术新设备从而使成本下降。

市场一体化后另一个有利的效应是激化企业间竞争,从而促使企业经营观念与规模转变。大市场建立为企业开展自由竞争,激活创新能力提供了良好的外部环境,通过大市场激化竞争是形成大市场的主要目标之一。西托夫斯基认为,大市场的经济效应主要来源于竞争激化所产生的动态效应,这一点与关税同盟理论所认为的通过贸易转移和贸易创造产生经济效应是有区别的。

西托夫斯基是通过对西欧企业由于满足于国内市场而缺乏竞争力的考察提出大市场理论的,大市场理论实际上反映了自由贸易的思想。西托夫斯基认为:小市场导致高利润、高价格、低资本周转率,从而形成小市场的恶性循环。在封闭市场中,企业行为保守,新兴企业进入门槛高,容易形成垄断,商品价格高,销售量少,无法进行大规模生产,从而又陷入高利润、高价格、低资本周转率、狭小市场的恶性循环。要打破这种怪圈,只有通过市场的扩大并开展自由贸易以激化竞争,这样就可以产生组建大市场——转向大量生产——规模经济效应体现——生产成本下降——消费扩大——竞争加剧——成本再下降……的良性循环。

#### 1.2.3.2 垄断竞争贸易理论

Krugman 的垄断竞争贸易理论是运用张伯伦(Chamberlin)在 20 世纪 30 年代对规模经济和垄断竞争市场的分析来构造的贸易模型,对国际贸易中的产业内贸易现象作出了具有说服力的解释。

Krugman 模型认为,当生产存在规模经济效应且产品具有差异时,自由贸易中经济条件完全相同的两个国家可以通过分工产生贸易。每个国家只生产系列差异产品中的部分产品,通过增加产量而使单位产品的成本下降,从而产生国际贸易,参与贸易的国家从中获利。该模型告诉人们,两国在生产未发生损失,厂商数目未变,实际工资未变,消费总数未变的条件下使产品品种发生了变化,总福利水平得到了提高。

## 1.3 区域经济一体化政治经济学

### 1.3.1 贸易政策政治经济学

一国在制定自己的区域经济一体化战略时不仅仅要考虑一体化的经济效果,同时还要考虑一体化的非经济效应。尽管从纯经济学角度看是可行的甚至是最优的区域经济一体化形式在现实中却很可能无法被通过和被执行,其中的主要原因就是区域经济一体化问题虽然是个经济问题,但它要受到很多政治因素的影响。因此在分析贸易政策时,规范分析方法得出的结果往往不能很好地解释现实中的政策事实。这样就需要利用政治经济学的方法,将政治学范式引入到经济一体化问题的分析中去,从国家非经济效率目标和社会收入分配以及利益冲突的角度去探寻政策形成和变化的政治过程,从而在解释经济一体化政策制定的意图、过程、机制和结果时才更具说服力[1],与经济一体化相关的政治经济学理论主要有贸易政策政治经济学与区域经济一体化政治经济学。

贸易政策政治经济学的基本思想大致如下:任何一项贸易政策都可能会影响到一国不同社会阶层及利益集团的收入分配,因而不同阶层和利益集团对贸易政策会持不同的态度和意见,受益的一方自然会支持这项贸易政策,而受损的一方则会反对这项贸易政策,各个利益群体都会尽力争取有利于自身利益的对外贸易政策。政府的目标被假定为追求最大的政治成功,政府在制定贸易政策时不仅考虑经济因素,同时还要考虑政

---

[1] Grossman, Gene and Elhanan, Helpman (1995), "The Politics of Free Trade Agreements", *American Economic Review* 85, No. 4.

治和外交因素。因此最终形成的贸易政策很可能不一定是社会经济福利最大化的方案。贸易政策政治经济学模型较多，主要包括 Mayer 的中点选民模型、Magee-Brock-Young 的选举竞争模型、Findlay-Willisz 的关税形成模型、Hillman 的政治支持模型、Grossman 和 Helpman 的政治贡献模型、Dixit 创建的政策制定交易费用分析框架等[①]，在这些模型中，与区域经济一体化问题相关的模型主要有以下三个。

#### 1.3.1.1 梅耶的中点选民模型

该模型假定有两个相互竞争的党派，而且都愿意承诺各项有利于它在竞选中获取选举优势的条件。该模型还假设政策可以用单一的变量，譬如说关税税率来表示，此外还假设选民的政策偏好不同。从经济学的角度看，不同的关税水平对不同行业的选民会产生不同的影响。假设赞成最低关税税率的选民在左边，而赞成最高关税税率的选民在右边。

在承诺自己的贸易政策时，两个党派将会尽力集中到中点选民所赞成的关税水平。如果一个党派提出高税率，那么另外一个党派就有可能通过提出一个较低的税率来赢得大部分选票。政治竞争会迫使两个党派都提出接近于中点选民(Median Voter)所偏好的关税税率。选举竞争的中点选民模型一直是研究现实生活中政治决策过程的有用方法。在现实生活中，贸易政策对收入分配的影响要比它对社会经济效率的影响重要得多。

值得指出的是，尽管选举竞争模型体现了经济政策过程中政治和政党因素的重要，但在分析经济政策时也不能完全依赖该模型。比如说，按照选举竞争模型的解释，政策的选择应建立在有多少选民赞成的基础上，一种使少数人遭受很大损失而让大多数人受益的政策应该是政治上的成功，一种使广大人遭受巨大损失而少数人受益的政策应该是政治上的失败。但实际上，在很多情况下议会制国家的贸易保护政策更符合第二种情况。因此有必要从集体行动理论去寻找答案。

---

[①] 参见：刘元春、廖舒萍，"新贸易理论：缘起及其发展逻辑"，《教学与研究》，2004 年第 4 期。

#### 1.3.1.2 集体行动(Collective Action)与游说(Lobbying)模型①

奥尔森在《集体行动的逻辑》中指出,由于存在"搭便车"现象,使得成员集体行动变得非常困难,因此那些虽然在总体上损失巨大,但是任何个人损失都很小的政策往往不会遭到有效的反对,比如美国对食糖进口设定配额的情况就是例证。这里面存在集体行动(Collective Action)的困难,因为当施加压力以谋求某种政策的行为有利于集团的整体利益时,那么从个人利益出发,谁都不愿去做。

集体行动模型中难点的解决依赖于规模较小的群体(因而群体中的每个人都能从执行贸易政策中获取较多的利益)和良好的组织(因而组织中的成员能够被动员去维护组织的利益)。美国之所以能制定食糖进口配额其原因就在于食糖的生产者形成了一个相当小但却组织良好的团体,而且每个成员都非常清楚可以获得多少隐含补贴,然而广大的食糖消费者甚至并不认为自己是一个共同的利益集团。集体行动模型解释了为什么有些政策不但得不偿失,而且受伤害的选民也远远超过受益的选民但仍然被采纳。比如说,所有发达国家都保护农产品,而农民占这些国家的总人口都不到10%。而在发展中国家农民是大多数,但这些占多数的农民不但得不到保护,政府还通过对出口的控制压低国内的农产品市场价格,间接地保护了人数较少的城市农产品消费者。

#### 1.3.1.3 政治决策过程模型

政治决策过程模型的基本含义是:虽然政治家赢得选举的一部分原因是他们提倡了受欢迎的政策。但是任何成功的竞选都需要大量的资金来进行广告宣传、民意调查和其他活动。因此,如果某一个给政治家提供了大量竞选经费的团体或机构要求该政治家采取某种立场,即使这种立场可能违背了大多数选民的利益,因为用这些竞选经费赢得的选票可能要比因采取不受欢迎的政策而失去的选票更多。

最近一些研究贸易政策政治经济学的模型将政府决策假想成一场拍卖会,利益集团根据政府可能采取的政策来提供政治捐款"购买"政策。

---

① 集体行动理论参见 Mancur Olson, *The Logic of Collective Action*, Harvard University Press, 1965.

政治家当然不会不顾社会的整体福利,但是他们愿意牺牲一部分选民福利来换取大笔的竞选基金。其结果就是组织良好的团体——或者说能够克服集体行动困难的组织将得到有利于他们但却牺牲整个社会公众利益的政策。

### 1.3.2 区域经济一体化政治经济学①

经济全球化与区域经济一体化在形成机制上存在很大的区别。全球化是多边贸易体系推动下的全球贸易自由化,而区域经济一体化实际是各成员国政府主导的区域贸易自由化。区域经济一体化的形成过程不仅仅是一个国内经济政策的制订过程,还是受国内政治因素影响的错综复杂的决策过程,它是一个与国际经济和国际政治都有关系的问题。概括而言,区域经济一体化是一个与国内政治经济和国际政治经济都息息相关的经济问题。区域经济一体化既要考虑它对国内经济总体福利水平的影响,也要考虑对国内不同产业的冲击,更要考虑到对国内政治可能产生的间接影响。总之,区域经济一体化是一个带有政治属性的经济问题,它的产生有一定的政治动因,而它的发展还会产生政治后果。区域经济一体化政治经济学的主要理论框架包括区域经济一体化的政治经济学、区域经济一体化的国际政治经济学。

1. 区域经济一体化政治经济学。政治经济学理论与方法将经济一体化看成是一个政治与经济相互作用的过程。经济一体化由于涉及到主权的转让,因而在本质上它是一个政治过程。既然经济一体化主要是一个政治过程,那么政治目标、政治动因、政治环境、主权国家的作用和政治家作为就是至关重要的,并在很大程度上起主导作用。当然经济一体化如果离开物质基础,离开对经济利益的追求,也是无法实现的,特别是无法获得公众的广泛认同和支持。欧洲一体化之所以在战后半个世纪的进程中取得引人注目的成就,就在于其具备了政治、经济、国内和国际的多重条件,并且始终是在政治经济的互动过程中向前发展的。

---

① 借用贸易政策政治经济学和国际政治经济学的英译方法,笔者认为可以把区域经济一体化政治经济学译成 Political Economics of Regional Economic Integration。

在分析区域经济一体化问题时，有必要从政治经济相互作用的视角进行分析，特别应该克服纯经济学视角分析的缺陷。事实上，经济学家通过研究发现很多国家决定与其他国家建立自由贸易区时都把政治安全因素放在至关重要的位置[1]，他们认为政治安全等非经济因素是决定自由贸易区能否成功的关键因素，政治外交关系不好的国家间是无法进行制度性区域经济一体化。另外，区域经济一体化实际上也要追求政治利益[2]。从一国决定是否参与区域经济一体化来看，根据前面提到的公共选择理论与集体行动理论，其实质是国内不同利益集团博弈的结果。

目前学术界运用区域经济一体化政治经济学研究欧盟和北美自由贸易协定的文献很多，但对东亚区域经济一体化的研究比较少。区域经济一体化政治经济学之所以较少运用到东亚自由贸易制度安排的研究中去，一个重要的原因可能是亚洲国家的政治与政党制度不像西方国家完善，但笔者认为从政治经济学视角去分析东亚自由贸易区是很有必要的，前面我们提到的贸易政策政治经济学模型同样是可以用来分析东亚国家经济政策的决策机制，特别是研究日本与韩国国内经济决策时。

2. 区域经济一体化国际政治经济学。国际政治经济学是由斯特兰奇（Susan Strange）开创的，以吉尔平（Robert Gilpin）和基欧汉（Robert Keohane）等为代表人物，研究国际关系中政治与经济相互作用的新兴交叉学科。国际政治经济学强调"对国际政治和国际经济学进行综合研究"的方法，对于区域经济一体化现象具有较强的解释力。其基本观点有：(1) 国际政治体系和国际政治格局对国际经济会产生重要影响，"在很大程度上，世界经济体系的结构与作用是由国际政治体系的结构与作用所决定的"[3]；(2) 政治因素对经济政策和经济关系的决定作用。它认

---

[1] 通过签订自由贸易协定来实现政目的最典型的例子是美国与以色列和约旦签订自由贸易协定，以及2003年美国布什政府提出与东盟国家签订自由贸易协定的倡议。

[2] 中国社科院亚太所张蕴岭教授认为欧洲合作的初始动机和最终目标是政治收益；北美自由贸易协定以及正在策划的美洲自由贸易区的政治含义也是显而易见的；布什政府于2003年提出与东盟国家签订自由贸易区的倡议有明显的政治考量，即对抗中国在东盟日益上升的影响；东盟合作的动机首先是政治层面，区域合作被首先赋予服务于本地区的稳定与和平的目的。

[3] 〔美〕琼·斯佩罗：《国际经济关系的政治学》，转引自倪世雄：《当代美国国际关系理论流派文选》，P233。

为,国家间的经济关系实质上是一种政治关系;国家的对外经济政策和对外经济活动是整个国家对外政治活动的一个组成部分,经济一体化是实现国家对外政治目标的手段;意识形态对国家间经济关系的制约作用;军事因素对国家间的经济关系会产生影响。国际政治经济学认为,国际政治与国际经济是相互影响和相互作用的,它们之间的关系在一般意义上反映了经济是政治的基础,政治是经济的集中表现,经济决定政治,政治对经济具有反作用的历史唯物主义基本原理。世界经济决定了国际政治,国际政治也可能对国际经济起决定作用。在当今的国际关系现实中,世界经济与国际政治日益相互交融和相互渗透,已不存在纯粹的国际政治和国际经济。国家对外经济战略中有政治利益,而对外政治战略中又有经济成分;国家对外经济关系中有政治措施,而对外政治关系中又有经济手段[①]。

国际政治经济学流派包括以罗伯特·基欧汉(Robert Keohane)为代表的自由主义国际政治经济学和以罗伯特·吉尔平(Robert Gilpin)为代表的现实主义国际政治经济学。前者强调市场全球化和全球化市场是最优的,任何贸易限制和投资限制措施,包括区域经济一体化都是次优的选择。后者强调霸权稳定论,国家主义或新重商主义,能够很好地用来解释现实的国际经济现象,比如现实主义流派认为东亚地区合作进展缓慢的原因是缺乏主导性的霸权国家。克鲁格曼甚至指出,对美国而言北美自由贸易协定本质上是一项对外政策,而不是一个经济问题。国际政治经济学对区域经济一体化问题进行分析是它抓住了区域经济一体化的本质,即区域经济一体化不仅是一个经济问题,同时也是一个政治、安全、意识形态等方面的非经济问题,是国家追求地区影响力和领导权的过程。

国际政治经济学的国家与市场理论、霸权稳定论和相互依存论对东亚自由贸易区的分析很有帮助,尤其是霸权稳定论与相互依存理论。所谓"霸权"是指在军事、政治、经济以及自然资源等方面具有压倒别国优势,能够发挥领导支配作用的大国。霸权稳定论的核心观点包括:(1)

---

[①] 参见:宋新宁、陈岳,《国际政治经济学概论》,中国人民大学出版社,2003年7月,pp. 67—73。

"无霸不稳,有霸则稳",即特定的国际经济秩序的稳定与繁荣需要霸权来维持。(2)"霸权国提供公益"。这里所指的公益比如说多边贸易体制的运行、稳定国际货币体系等。霸权国的存在可以源源不断地提供新的公共产品。(3)"霸权国创立国际规制",霸权国通过制定和维护国际体制,影响和支配他国,从而形成霸权体系内的相对和平与稳定。

相互依存理论为构建新型的区域经济合作关系奠定了理论基础,其基本观点如下:强调国家的相互制约性和敏感性;主张全球性问题应该通过国际合作加以解决;主张加强经济领域合作;主张对外开放,反对闭关锁国;主张在国际体系中以平等关系取代等级制;强调相互依存的趋势对国家主权和民族利益的溶解作用。相互依存理论对自由贸易区的发展路径可提供理论指导:1. 强调建立和平、平等、合作、稳定和共同繁荣的国家关系,从而为自由贸易区建设提供政治基础。2. 指明了国家之间相互依存利益日益增多的国际关系发展趋势,增强了各国为追求共同利益而进行合作的兴趣。3. 对相对依存关系认识的加深提高了各国对经济问题的关注程度,增加了各国对外开放的自觉性,提高了各国经济合作水平和经济依赖程度[①]。

## 本章小结

本章的主要目的是为分析东亚自由贸易区(EAFTA)路径选择问题提供理论框架。本人认为,与自由贸易区最相关的理论就是与自由贸易思想一脉相承的生产分工理论,研究区域经济一体化对其成员国经济影响的区域经济一体化理论,以及研究区域经济一体化的影响因素及演进规律的区域经济一体化政治经济学理论。

生产分工理论部分主要介绍了传统的生产分工理论与现代全球(区域)生产分工理论。传统的分工理论包括比较优势原理、要素禀赋学说、新兴古典经济学专业分工理论;现代全球(区域)生产分工理论主要介绍

---

① 参见:刘晨阳,中国参与双边 FTA 问题研究,南开大学出版社,2006 年 1 月,pp.36—41。

了东亚区域生产网络理论。传统的生产分工理论主要解释产业间分工与贸易对参与分工国家经济福利的影响,现代区域生产分工理论主要是从价值链的区位配置角度来解释全球(区域)范围的生产分工。东亚地区既有传统的生产分工,也有大量的基于价值链职能的分工。

区域经济一体化理论主要包括关税同盟理论、自由贸易区理论、大市场理论与垄断竞争贸易理论。区域经济一体化可以产生静态经济效应与动态经济效应,还可以产生非经济效应。自由贸易区与关税同盟相比,从经济角度看是一种更有效率的区域经济一体化制度安排,但相比单边关税削减方式仍然是次优选择。大市场理论与垄断竞争贸易理论说明了市场扩大和一体化对经济增长和生产分工产生的积极效果,也是解释产业内贸易的重要理论。

区域经济一体化政治经济学认为,任何区域经济一体化都要受到政治经济(包括国内政治经济与国际政治经济)双重因素的影响,因此从纯经济学角度去研究区域经济一体化缺乏对现实问题的解释力和说服力,应该从政治经济学和国际政治经济学视角去研究区域经济一体化及其路径选择。

东亚地区目前是世界经济中最重要的一极,东亚经济梯次起飞是自由贸易理论最有力的事实证据。但东亚地区至今没有形成由区域大国共同参与的制度性区域经济一体化安排,如何对这一现象进行解释?此外,东亚地区有无必要建立区域经济一体化组织,建立制度性区域经济一体化组织的经济基础、经济效应以及具体的最优现实路径,都需要利用这三个方面的理论进行解释。

# 第2章
# 东亚经济一体化的历史路径考察

东亚区域经济一体化有源远流长的历史,二战后区域经济一体化的趋势开始加速,但东亚的区域经济一体化和其他地区的区域经济一体化特点不太一样。如果把区域经济一体化分成市场型与制度性两种的话,中国入世前东亚区域经济一体化主要表现为比较明显的市场化特征,制度性区域经济一体化进程在东亚还只是刚刚开始。但东亚市场型区域经济一体化能够为制度性区域经济一体化的启动奠定良好的经济基础。本章主要是对东亚市场型区域经济一体化的发展轨迹进行系统考察,并对目前东亚制度性区域经济一体化的现状与特点进行总结,从而对东亚自由贸易区路径选择的初始条件有一个比较清晰的把握,也定性地说明了东亚制度性区域经济一体化的历史和现实基础。

## 2.1 东亚经济一体化的形成

东亚地区在欧洲人到来之前实际上就已经存在非常活跃的区域内贸易,比如说14、15世纪著名的"三角贸易"[①],明清时期的"封贡"贸易制度

---

① 比如当时的印度、中国与东南亚三个区域间的贸易,见 Eisuke Sakakibara 和 Sharon Yamakawa 的 *Regional Integration in East Asia:Challenges and Opportunities*,2003 年。

等①。除了区域内经济交往之外,东亚地区国家与区域外其他国家的贸易也相当活跃,如中国古代的丝绸之路,二战后有关东亚经济一体化的倡议也不断出现②。遗憾的是19、20世纪由于日本发动了对中国和东南亚国家的侵略战争,日本与东亚其他国家的关系急剧恶化,残酷的战争事实和日本政界处理历史敏感问题的方式使日本与东亚其他国家的关系,尤其是中日关系,始终充满矛盾和冲突,从而严重影响区域内国家间的经济交往。尽管如此,在经济全球化背景下东亚区域市场型区域经济一体化的发展速度还是很快,东亚国家之间"你中有我,我中有你"的一体化趋势表现得非常明显。

### 2.1.1 经济全球化与东亚经济一体化

经济国际化与经济全球化是垄断资本主义阶段世界经济发展最重要的特点之一,它使世界各国之间经济的相互依赖程度大大提高。尤其是第二次世界大战后,在市场力量与国际经济组织的制度安排下,经济全球化的进程开始加速,突出表现在国际贸易、跨国投资与生产、金融一体化、信息及技术的全球化等各个方面。

在贸易全球化方面,各国在 GATT(General Agreement on Tariff and Trade)和 WTO(World Trade Organization)多边贸易体制框架下沿着贸易自由化方向在逐步削减甚至消除各种关税与非关税壁垒。GATT 的历次谈判使世界各国不同程度地减少了贸易壁垒。比如 GATT 的第一轮谈判使西方资本主义国家进口总额54%的商品平均降低关税35%;第二轮谈判使进口总额56%的商品平均降低关税35%;第六轮谈判使工业品进口关税税率平均下降35%,影响了400亿美元的进口额;第七次谈判效果更

---

① "封贡"贸易制度在学术界存在不同的理解,但基本含义是指当时以中国为中心的经济体系和国际体系,该制度使中国获得国内稳定和繁荣的外部安全,中国处于该制度的中心,它安抚周边的朝贡国,按照"予多取少"的原则处理中国与周边国家的关系。这是中国古代和平共处经济外交政策,有助于中国与邻国的和睦共处。

② 二战后东亚地区的经济一体化建议包括韩国1970年的"亚洲共同市场"(Asian Common Market)、日本1988年提议的亚洲网络(Asian Network)、1990年马来西亚总理马哈蒂尔提出的"东亚经济集团"(East Asian Economic Grouping)等,遗憾的是这些提议都没能被实施。

明显,它要求成员国从1980年1月1日起在8年内使全部商品的关税平均下降约33%。减税的范围从工业品扩大到部分农产品,其中美国关税税率平均下降30%—35%,欧洲共同体关税税率下降25%,日本关税税率平均下降50%。第七次谈判除了关税减让谈判外还涉及减少非关税壁垒的谈判;GATT的乌拉圭回合谈判更是加快了降低关税税率的步伐,成员国的关税水平都有大幅度的下降。工业品关税方面各缔约方减税幅度平均达到40%,减税涉及的贸易总额高达1.2万亿美元,其中有20个产品实行了零关税,有些产品关税下降50%。就工业品而言,发达国家的关税税目约束比例由乌拉圭回合前的78%扩大到97%,发展中国家同期的税目约束比例则由21%剧增到65%。在农产品贸易方面,要求成员国非关税壁垒予以关税化,而且进行不同程度的关税削减。纺织品和服装方面要求在WTO成立后10年内分阶段取消进口数量限制和进口年增长率,以实现纺织品和服装贸易自由化。乌拉圭回合谈判还对国际贸易中存在的遗留问题进行了讨论并达成相关协议,并制定了有关国际服务贸易、与贸易有关的投资措施(Trade-related Investment Measures,TRIPs)、知识产权(Intellectual Property Right,IPR)问题的新规则和协议,大大促进了国际贸易的全面自由化。经过历次多边贸易谈判,世界各国的总体关税水平都有不同程度的下降,表2-1反映了部分发达国家与发展中国家80年代末90年代初和2001年(2002年)的关税水平,从中我们可以看到世界经济中大国的关税税率下降的速度是很快的,比如巴西、中国与印度。

表2-1 世界部分国家和地区的关税水平变化情况

| 国家 | 年份 | 所有产品加权平均关税 | 国家 | 年份 | 所有产品加权平均关税 |
| --- | --- | --- | --- | --- | --- |
| 巴西 | 1989 | 35.6 | 美国 | 1989 | 5.2 |
|  | 2005 | 6.2 |  | 2005 | 1.4 |
| 俄罗斯 | 1993 | 8.4 | 日本 | 1988 | 3.4 |
|  | 2005 | 6.9 |  | 2005 | 2.0 |
| 印度 | 1990 | 49.8 | 欧盟 | 1988 | 3.0 |
|  | 2005 | 18.0 |  | 2005 | 2.2 |
| 中国 | 1992 | 35.3 | 澳大利亚 | 1991 | 10.3 |
|  | 2005 | 9.9 |  | 2005 | 3.5 |

来源:世界银行2004—2006年世界发展指标。

除了作为 GATT 和 WTO 成员国必须进行关税削减与非关税壁垒的清理外,东亚地区国家作为 APEC 成员国在贸易投资自由化方面也取得了很大成就,导致东亚国家的关税水平与非关税壁垒大幅度下降和减少,表 2-2 反映了东亚部分国家 1988 年、1996 年和 2006 年的简单平均关税税率,从中可以看出除泰国外其他国家 2006 年简单平均关税税率都在 10% 以下。东亚国家在 20 世纪 90 年代初关税水平普遍高于 NAFTA 成员国和 EU(European Union)成员国的关税水平。然而,2000 年东亚国家的平均关税水平开始显著下降,特别是东盟的老成员在东盟自由贸易区(AFTA)和亚太经合组织"曼谷宣言"的推动下大幅降低其关税水平。中国由于要为加入世界贸易组织做准备,也大幅度降低了关税水平,到入世前的 2000 年中国的平均关税水平降到了 16.3%。

表 2-2 东亚部分国家简单平均关税税率

| 国家 | 1988 年 | 1996 年 | 2006 年 |
| --- | --- | --- | --- |
| 中国 | 39.50 | 23.00 | 9.90 |
| 日本 | 4.30 | 4.00 | 2.00 |
| 韩国 | 19.20 | 7.90 | 7.20 |
| 印度尼西亚 | 18.10 | 13.14 | 9.45 |
| 马来西亚 | 13.60 | 9.00 | 8.07 |
| 菲律宾 | 27.90 | 15.57 | 7.33 |
| 新加坡 | 0.30 | 0.00 | 0.00 |
| 泰国 | 31.20 | 17.00 | 11.36 |
| 越南 | — | 16.20 | 5.00 |

数据来源:根据 www.apec-iap.com 整理得到。

在生产全球化方面,由于生产全球化必须要伴随对外直接投资(FDI)的产生,所以我们可以通过观察世界各地区各国家吸收 FDI 的数量来说明其参与生产全球化的速度与深度。90 年代以来,东亚各主要经济体为了吸引外资在不断减少本国的招商引资壁垒,大力改善国内吸收外资的环境,通过减少各项国内管制措施大大提高了它们相对于世界其他地区国家吸引 FDI 的竞争力。表 2-3 反映了东亚部分国家 1990—2005 年吸收国外 FTA 的数量,通过比较 1990—2000 年的平均数和 2002—

2005年的数据我们可以看到东亚地区主要国家吸收对外直接投资(FDI)的数量总体看是在快速增加,特别是中国吸收境外FDI的数量在1996年后始终保持一个比较高的水平。2005年东亚地区国家吸收的FDI占世界总量的12.9%。

表2-3 东亚部分国家1990—2005年吸收FDI数量

单位:10亿美元

|  | 1990—2000年的平均数 | 2002 | 2003 | 2004 | 2005 |
| --- | --- | --- | --- | --- | --- |
| 世界 | 495.4 | 617.8 | 557.9 | 710.7 | 916.2 |
| 中国 | 30.1 | 52.7 | 53.5 | 60.6 | 72.4 |
| 日本 | 3.1 | 9.2 | 6.3 | 7.8 | 2.8 |
| 韩国 | 3.0 | 3.0 | 3.9 | 7.7 | 7.2 |
| 香港 | 13.8 | 9.7 | 13.6 | 34.0 | 35.9 |
| 台湾 | 1.8 | 1.4 | 4.5 | 1.9 | 1.6 |
| 东盟10国 | — | 14.7 | 13.9 | 25.7 | 35.8 |
| 东亚总计 | 48.8 | 90.7 | 95.7 | 137.7 | 158.0 |

来源:UNCTAD历年的世界投资报告(World Investment Report)。

东亚地区吸收FDI规模的扩大反映出东亚各国参与世界经济的程度及一体化水平得到了实质性提高。值得注意的是,在后面的分析中我们将看到,在东亚国家吸收的FDI中,除了一部分来自于欧洲和北美发达国家外,有很大一部分是来自于区域内部的日本和亚洲"四小龙",区域内经济体相互投资对东亚生产一体化起到了很重要的推动作用。

在金融与货币一体化方面,东亚地区相对欧盟来说发展缓慢,发展水平相对落后。在金融一体化方面,东亚还没有建立区域范围的资本市场,东亚地区通过间接金融渠道参与经济全球化的程度较低,这一点可以通过比较私人资本流动(Private Capital Flow)占GDP的比重而看出。东亚国家私人资本流动占GDP的比重一直比较低,这就反映出东亚地区各个国家金融市场一体化程度比较低。

在货币一体化方面,东亚国家在东亚金融危机发生后展开了一些地区范围的合作。在区域监督机制方面,先后有"马尼拉框架"集团、"10+3"监督机制、"私人资本流动监控"工作组、东盟"10+3"早期预警系统等。此外东亚地区内的各种经常性高层专门会议,如东盟"10+3"副财长和央行副行长会议、东亚—太平洋央行高层会议(Executives' Meeting of East Asia-Pacific Central Banks and Monetary Authorities, EMEAP)等,都起到了交流信息和经验做法的作用,因此可以说东亚在区域监督机制合作方面取得了较明显的效果。在危机救助机制方面,东亚先后有过亚洲货币基金(Asia Monetary Fund, AMF)、新宫泽构想(New Miyazawa Initiative, AMI)、东亚货币基金(East Asia Monetary Fund, EAMF)、亚洲借款安排(Asian Arrangements to Borrow, AAB)等想法和构思,但这些想法和构思要么夭折,要么收效甚微。东亚地区在货币合作方面最突出的成果是《清迈协议》(Chiang Mai Initiative)的达成及实施。《清迈协议》是2000年5月东盟"10+3"财政部长在泰国清迈达成的。该协议的目标是建立更大的"亚洲储备基金",以便在东亚国家(区域)的货币遭受攻击时各国可以互相支援。在《清迈协议》达成后,亚洲区域双边货币互换(Bilateral Swap Arrangements)进展顺利。截止到2005年12月12日,仅中国就在《清迈倡议》框架下签署了总额为155亿美元的货币互换协议①,在这之后金额还不断增加,如中国印尼间的互换规模在2006年10月由过去的20亿美元增加到40亿美元。中日韩三国与东盟诸国进行的双边货币互换额度就超过600亿美元。BSA机制是东亚国家(区域)之间相互援助的区域自救机制,是地区金融货币合作取得的一项实质性成果,对于加强东亚地区金融体系的稳定,防范东亚地区的货币金融危机,意义非常重大。

目前东亚地区学术界正在探讨东亚更深层次的区域货币合作及其路径安排,包括如何建立完善信息沟通和危机救助机制,建立东亚汇率稳定机制,甚至包括建立类似于欧元区的亚洲货币区(Asian Currency Area)和亚元等问题。但总体来看,东亚地区货币合作将面临比贸易投资合作更多的阻碍。

从以上三个方面的分析我们可以看到,到目前为止东亚地区国家参与经济全球化与区域经济一体化主要是通过对外贸易和吸收对外直接投

---

① 数据来自2005年12月12日温家宝总理在东亚峰会、第九次中国—东盟领导人会议(10+1)以及第九次东盟与中日韩领导人(10+3)会议上的演讲报告。

资两个主要渠道来进行的。

### 2.1.2 "雁行模式"与东亚经济一体化

关于"雁行模式"(Flying Geese Paradigm)的最早提法,学术界比较普遍的观点认为是由日本学者赤松要(Kaname Akamatsu)在其《我国经济发展的综合原理》(1932)一书中提出的。"雁行模式"理论解释了日本经济通过对外贸易和替代性生产而不断由低级状态向高级状态发展的进程。赤松要在研究日本产业结构变化时发现日本产业发展经历了完全进口、进口替代、出口、重新进口四个阶段,因为这四个阶段特别像"V"型,在图形上就像展翅飞翔的大雁,所以把日本产业结构变化过程就比喻成"雁行模式"。

但国际经济学中的"雁行模式"实质上是针对东亚地区的国际分工体系来说的。在日本经济的起飞过程中以及起飞后,日本通过对外贸易、对外直接投资与对外技术转移,把国内已经比较成熟或具有比较劣势的产业依次转移到"亚洲四小"①,"亚洲四小"经济发展后又把这些在其国内也比较成熟的产业转移到东南亚的"四小虎"(指的是泰国、马来西亚、菲律宾、印度尼西亚)。到了80年代中国改革开放后,中国东部沿海省份开始参与东亚的国际分工体系,这样就形成了东亚地区产业发展的雁行形态。日本处在雁行形态的雁头,它作为东亚地区唯一的发达国家向"亚洲四小"提供技术含量高的机器设备和技术,"亚洲四小"引进美国与日本的资本技术,逐步扩大资本技术密集型产业的规模,东盟的"四小虎"和中国则通过发挥在自然资源和劳动力资源方面的潜力和优势,承接并发展从"亚洲四小"转移过来的产业,促进了本国经济的发展。因此东亚国家通过这种雁行分工形态的实施建立了以日本为领头雁而其他经济体尾随其后的"东亚经济圈"。

国内学者车维汉(2004)对"雁行模式"的理论内涵进行了分析②,他认为:第一,雁行形态理论实际上是主张建立在动态比较优势基础上的追

---

① "亚洲四小"是指韩国、新加坡、中国台湾与中国香港。
② 参见:"车维汉,"雁行形态"理论研究评述,《世界经济与政治论坛》,2004年第3期。

赶型经济发展模式。从雁行形态理论中的进口——进口替代——出口几个阶段来看,后发国首先实行"进口替代",然后不失时机地向"出口导向"转换。它强调后发国家要通过进口替代,实现产业结构以及由它决定的贸易结构的高级化。第二,雁行形态理论主张在投资国与被投资国之间实施动态产业转移。所谓"动态产业转移"是指投资国将本国生产成本的排序处于比较劣势的边际产业依次进行转移。这些边际产业在投资国已经是夕阳产业,但在被投资国却是具有潜在优势的产业。通过这种产业结构的转换,各国的产业结构得到优化,同时其生产规模、生产能力也得到扩大与提升,相互之间的贸易流量也就增加了。第三,雁行形态理论主张的国际分工是垂直分工。东亚的产业转移是动态的梯度转移,如果以"雁阵"来比喻这种转移,那么最上层的国家可称为"雁头",居中的国家可称为"雁身",居后的国家可以称为"雁尾"。东亚地区形成的日本—"四小龙"—"四小虎"—中国和越南的由高到低的分工梯次结构,便是这种典型的垂直分工具体表现[①]。

在东亚"雁行模式"的形成过程中,东亚各经济体之间的经济一体化程度在对外直接投资的带动下迅速提高,区域内投资一体化初步形成。从对外直接投资角度来看,先是日本向"亚洲四小龙"的投资,然后是"亚洲四小龙"向亚洲其他发展中国家(如中国与越南)的投资,从而带动东亚整个地区经济腾飞。

先看日本对外投资的情况。日本对外投资从1963年开始逐渐增长,1963年日本对亚洲国家投资额占日本对外直接投资总额的比重上升到23.9%。日本对外投资的主要产业是制造业和资源性行业。20世纪60年代末到70年代中期是日本对亚洲直接投资的黄金时期。20世纪80年代后期,日元大幅升值、股票上涨进一步促进了日本对外直接投资的空前发展,确立了日本作为全球第一大对外直接投资国的地位。日本的对外直接投资遵循了小岛清教授(Kiyoshi Kojima)的边际产业投资理论规律,它是把国内不具备竞争力和比较优势的产业向东亚其他国家转移。从地

---

① 随着中国经济崛起和产业结构的升级,东亚区域的生产分工结构正在发生改变,中国与东亚其他国家的分工关系呈现出复合性特点,已经不完全是严格的垂直分工关系。

区来看,先是以"亚洲四小"为重点,然后扩大到东盟和其他亚洲国家。表2-4、表2-5、表2-6分别列出了日本90年代前、90年代、2000—2005年日本对东亚地区国家的对外直接投资情况,从中我们可以看出日本对东亚地区的对外投资有以下一些特点:一是90年代以前日本对外直接投资的主要对象是"亚洲四小"。二是90年代日本对东亚地区直接投资占其总的对外直接投资的比重呈现上升趋势(1998年除外),说明东亚国家对日本经济的重要性在提高。三是2000年以后中国和"亚洲四小"成为日本对外投资的主要对象国,特别是中国,2005年中国吸收的日本对外直接投资约占日本对亚洲总的对外投资额的一半左右。

表2-4 日本90年代前对东亚地区的对外直接投资 单位:百万美元

| 年份 | 1977 | 1986 | 1989 | 1951—1989年累计 |
| --- | --- | --- | --- | --- |
| 韩国 | 95 | 436 | 606 | 3854 |
| 台湾 | 18 | 291 | 494 | 2285 |
| 香港 | 109 | 502 | 1898 | 8065 |
| 新加坡 | 66 | 302 | 1902 | 5715 |
| 印尼 | 425 | 250 | 631 | 10435 |
| 马来西亚 | 69 | 158 | 673 | 2506 |
| 泰国 | 49 | 124 | 1276 | 3268 |
| 菲律宾 | 27 | 21 | 202 | 1322 |
| 中国大陆 | — | 226 | 438 | 2474 |

资料来源:卢汉林《战后日本对外直接投资与外国对日本直接投资》,武汉大学出版社,1995年,第32页。

表2-5 90年代日本对东亚地区的直接投资

| 年份 | 直接投资(亿美元) | |
| --- | --- | --- |
| | 绝对数 | 占日本对外直接投资的比例(%) |
| 1990 | 69.5 | 12.2 |
| 1992 | 61.9 | 18.1 |
| 1994 | 93.2 | 22.8 |
| 1996 | 110.0 | 22.9 |
| 1998 | 61.2 | 16.1 |

注:表中东亚地区指中国、"亚洲四小"、泰国、印尼、马来西亚、菲律宾等九个经济体,不包括越南、文莱、缅甸、柬埔寨和老挝。

表 2-6　日本 2000 年后对外直接投资流向　　单位:百万美元

| 年份 | 2001 | 2002 | 2003 | 2004 | 2005 |
|---|---|---|---|---|---|
| 世界总量 | 38495 | 32039 | 28767 | 30961 | 45461 |
| 亚洲地区 | 7797 | 8177 | 5028 | 10531 | 16188 |
| 中国 | 2158 | 2822 | 3980 | 5863 | 8875 |
| 亚洲NIEs | | | | | |
| 其中:香港 | 2458 | 3001 | 31 | 1873 | 4902 |
| 台湾 | 496 | 229 | -62 | 491 | 1782 |
| 韩国 | 361 | 451 | 217 | 473 | 828 |
| 新加坡 | 650 | 437 | 333 | 771 | 1736 |
| | 950 | 1884 | -457 | 138 | 556 |
| 东盟4国 | 2919 | 2166 | 773 | 2554 | 4276 |
| 其中:泰国 | 1594 | 528 | 678 | 1867 | 2126 |
| 印尼 | 480 | 307 | 484 | 498 | 1184 |
| 马来西亚 | 570 | 257 | -504 | 183 | 524 |
| 菲律宾 | 275 | 1074 | 114 | 6 | 441 |
| 印度 | 150 | 145 | 124 | 139 | 265 |

数据来源:www.jetro.go.jp/en/stats/statistics/bpfdi_01_e_xls。

再看"亚洲四小"对外直接投资情况。"亚洲四小"在吸收日本的对外直接投资和随之而来的技术转移后,实行了出口导向型经济发展战略,自身经济也获得了持续高速的发展。由于外国资本和技术的流入,这些国家的产业结构发生了很大变化,制造业在国民经济中所占比例迅速上升,产品结构开始升级。比如80年代后期"亚洲四小"利用日元升值和日本通过对外直接投资加速向海外转移失去比较优势产业的有利时机,大规模地吸收日本的对外直接投资,大量引进先进技术和设备,吸引外资的重点从劳动密集型产业向资本、技术、知识密集型产业方向发展,把产业技术发展重点转向微电子、生物工程和信息通讯等尖端产业,大大缩小了自己与发达国家的产业技术差距。

"亚洲四小"经济起飞后也开始加大对外直接投资力度,另外当时美国贸易保护主义正不断抬头,对进口"亚洲四小"的商品实行严格限制,加上"亚洲四小"国内工资成本的不断上升,因而在劳动密集型产业方面已逐渐丧失比较优势。为此,"亚洲四小"在加紧发展高技术、高附加价值产品的同时,把已失去比较优势的劳动密集型产业转移到劳动力价格和原材料更低的区域,比如东盟国家和中国大陆。"亚洲四小"对东盟各国的对外直接投资增长速度很快,在80年代后期开始赶超日本,成为对外直接投资的"新星"。如表2-7所示,从1986年开始,"亚洲四小"以空前的势头开始了对东盟四国的投资。1988、1990、1992年,"亚洲四小"对东盟的直接投资总额均超过日本,成为东盟吸收直接投资最主要的来源国(地区)。1996年前后,"亚洲四小"对东盟四国的投资又大幅度增加,总体和日本对东盟四国的投资量持平。与日本大体相同,"亚洲四小"对东盟各国对外直接投资也主要集中在制造业,但由于与日本经济发展水平的差距,"亚洲四小"对东盟各国的投资是以劳动密集型产业为主。

表2-7 日本与"亚洲四小"对东盟四国的投资　　单位:百万美元

| 投资国 | 年份 | 马来西亚 | 泰国 | 印度尼西亚 | 菲律宾 |
| --- | --- | --- | --- | --- | --- |
| 日本 | 1986 | 45 | 555 | 325 | 22 |
|  | 1988 | 467 | 3045 | 247 | 96 |
|  | 1990 | 657 | 2706 | 2241 | 306 |
|  | 1992 | 308 | 1750 | 1503 | 72 |
|  | 1996 | 1831 | 6191 | 7655 | 56 |
|  | 1999 | — | — | 644.3 | — |
|  | 2004 | 1014.5 | 1006 | 105.9 | 14 |
| 韩国 | 1986 | 2 | 1 | 12 | 0 |
|  | 1988 | 16 | 109 | 199 | 2 |
|  | 1990 | 61 | 269 | 723 | 21 |
|  | 1992 | 18 | 25 | 618 | 42 |
|  | 1996 | 256 | 880 | 1231 | 11 |
|  | 1999 | 14.0 | 7.0 | 96.7 | — |
|  | 2004 | 103 | 34.7 | 64.1 | — |
| 新加坡 | 1986 | 71 | 132 | 102 | 0.2 |
|  | 1988 | 160 | 274 | 240 | 3 |
|  | 1990 | 119 | 591 | 264 | 14 |
|  | 1992 | 79 | 429 | 454 | 5 |
|  | 1996 | 1894 | 1861 | 3131 | 29 |
|  | 1999 | — | — | 731.1 | — |
|  | 2004 | 845 | 724.3 | 345.1 | 59 |

(续表)

| 投资国 | 年份 | 马来西亚 | 泰国 | 印度尼西亚 | 菲律宾 |
|---|---|---|---|---|---|
| 中国香港 | 1986 | 22 | 58 | 96 | 7 |
| | 1988 | 114 | 451 | 239 | 27 |
| | 1990 | 50 | 1071 | 993 | 208 |
| | 1992 | 18 | 124 | 1021 | 13 |
| | 1996 | 6 | 165 | 1106 | 280 |
| | 1999 | — | — | 76.9 | — |
| | 2004 | 12 | 28.4 | 19.8 | 14.5 |
| 中国台湾 | 1986 | 4 | 69 | 18 | 0.3 |
| | 1988 | 317 | 850 | 910 | 110 |
| | 1990 | 870 | 765 | 618 | 141 |
| | 1992 | 228 | 259 | 563 | 9 |
| | 1996 | 308 | 2748 | 535 | 7 |
| | 1999 | — | 112.7 | 1489.3 | — |
| | 2004 | 276 | 103.7 | 198.4 | 28.7 |

资源来源:刘春生博士论文,"全球生产网络构建的理论研究",2006年7月。

总之,20世纪80年代中期以来,"亚洲四小"加速在东亚地区,特别是对东盟各国的投资,不仅对东盟各国的经济增长和工业化进程中产业结构演进产生积极的影响,而且更为重要的是有力地促进了东亚地区内部直接投资规模的扩大和程度的加深。"亚洲四小"的跨国企业和日本的跨国企业作为主轴在东亚地区形成了一个网络,使本地区各国间的生产联系更加紧密,区域内各国(区域)产业结构演化中相互依存度不断提高,从而促进了整个东亚区域经济的整体性成长。

## 2.2 东亚经济一体化的发展

### 2.2.1 东亚区域生产网络

区域生产网络是近年来经济全球化推进中出现的新经济现象,一些著名的国际经济学家,比如 Robert Baldwin、Robert Feenstra、Anthony Venables、Alan Deardoff 等都对它进行了深入研究,并建立了全球和区域生产网络理论。区域生产网络理论对东亚地区新型国际分工体系具有很强的说服力。

东亚地区在东亚金融危机后,过去的"雁行模式"出现式微之势。"雁行模式"式微的主要原因是东亚地区各经济体的经济实力发生了较大的变化,日本经济在90年代的"疲软"和中国经济的崛起使"雁阵"形态不再存在,另外东亚的"四小龙"和"四小虎"经济快速发展后开始摆脱过去紧随日本身后的传统经济发展模式,开始跳跃式地进入知识技术密集型产业领域,这些国家与日本的差距正在逐步缩小。中国经济的迅速崛起对日本充当东亚经济发展的"火车头"地位提出了挑战。中国巨大的经济规模与市场潜力,加上初步形成的比较齐全的产业技术层次,使中国成为与日本并行的区域经济发展一极。

随着"雁行模式"的式微,东亚地区出现了全新的多元化、网络化的区域生产分工体系。这种新型的区域生产分工体系打破了"雁行模式"下严格的垂直分工状态,东亚地区的日本、"四小龙"、"四小虎"、中国之间的分工不再是严格的垂直分工状态,相互间的水平分工关系有所增强。另外,在微观上可以看到存在以东亚经济体的跨国公司为核心构建的东亚地区跨国生产体系,即通过企业内部的国际分工,将产品的设计、R&D、生产制造、产品销售等环节在本地区进行区位上的优化配置[①],比如日本丰田汽车公司在东盟5国的区域生产网络就是例证,见图2-1。

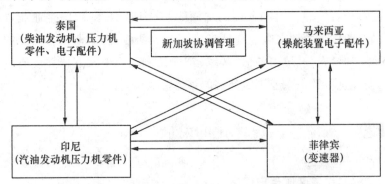

图2-1　丰田汽车公司在东盟5国形成的生产网络
来源:转摘自陈雯(2003)。
注:方框内产品为所在国生产的产品,箭头方向代表零部件的流向。

---

① 国内有学者把这种建立在新的多元化、网络化国际分工体系基础上的发展模式叫做"群马模式"。

日本企业正在积极参与全球和区域生产网络体系,表2-8反映了日本2002年制造业企业海外分支机构数量情况,从中可以看出日本跨国公司正在积极布局自己的全球和东亚区域生产网络。

表2-8 日本制造业企业海外分支机构数量

|  | 生产基地 | 销售基地 | 研发基地 | 其他 | 合计 |
| --- | --- | --- | --- | --- | --- |
| NIEs | 644 | 864 | 21 | 117 | 1646 |
| ASEAN | 1157 | 418 | 18 | 88 | 1681 |
| 中国 | 1105 | 424 | 29 | 90 | 1648 |
| 亚洲其他 | 161 | 57 | 3 | 10 | 231 |
| 北美 | 729 | 719 | 88 | 255 | 1790 |
| 中南美 | 212 | 155 | — | 53 | 420 |
| EU | 460 | 1067 | 48 | 208 | 1783 |
| 东、中欧 | 70 | 80 | 3 | 11 | 164 |
| 欧洲其他 | 17 | 64 | — | 8 | 89 |
| 俄罗斯、独联体 | 6 | 22 | — | 3 | 31 |
| 大洋洲 | 43 | 65 | — | 10 | 18 |
| 中东、非洲 | 43 | 65 | — | 10 | 118 |
| 合计 | 4662 | 4073 | 216 | 887 | 9839 |

资源来源:日本国际协力银行开发金融研究所,2003。

新型区域生产网络在国际分工和区域内贸易方面的一个显著特点就是按价值链功能进行分工和区域内大量的零部件与中间产品的进出口。东亚区域生产网络的形成可以从东亚地区经济体零部件出口不断增加以及对出口增长的贡献不断提高得到实证[1],见表2-9。该表反映出东亚国家(地区)相对区外国家(地区)零部件出口占工业品出口的份额有较大幅度的提升,零部件出口增长速度较快,零部件贸易对出口增长贡献比其他国家(地区)要大。

另外,东亚地区零部件出口的主要市场是东亚区域内市场,这一点与东亚制造业产成品出口主要市场是区域外市场不一样。表2-10和表2-11反映的是东亚地区的制成品和零部件贸易流向,从中可以看到1992—2003年间,东亚制成品的区域内进口占总进口的比重由55.2%上

---

[1] 由于零部件进口的情况与出口差不多,所以在此不再详细列出。

表 2-9 东亚国家(地区)零部件出口及其对出口增长的贡献

| 国家/区域 | 零部件占工业品出口份额 | | | 出口增长（平均） | 零部件贸易对出口增长贡献 |
|---|---|---|---|---|---|
| | 1992 | 1996 | 2000 | 1992—2000 | 1992—2000 |
| 东亚 | 22.8 | 27.9 | 35.4 | 4.4 | 45.9 |
| 东盟 | 30.4 | 39.3 | 48.6 | 3.6 | 68.2 |
| 美国 | 18.2 | 21.7 | 19.4 | 4.7 | 20.3 |
| NAFTA | 20.4 | 23.6 | 22.8 | 4.8 | 24.6 |
| 欧盟 | 16.0 | 18.9 | 20.3 | 2.4 | 28.0 |
| 日本 | 15.4 | 19.3 | 24.2 | 4.1 | 32.1 |
| 印尼 | 20.5 | 23.8 | 19.4 | −0.1 | 63.6 |
| 马来西亚 | 37.9 | 47.5 | 58.8 | 4.2 | 77.5 |
| 菲律宾 | 32.6 | 43.6 | 55.1 | 6.9 | 64.4 |
| 新加坡 | 32.0 | 42.8 | 51.7 | 3.9 | 70.7 |
| 泰国 | 26.6 | 32.9 | 39.8 | 2.6 | 62.0 |
| 越南 | 4.2 | 11.1 | 19.1 | 10.1 | 22.1 |
| 中国 | 19.5 | 21.1 | 33.5 | 5.4 | 42.0 |
| 中国香港 | 15.1 | 20.4 | 28.2 | 5.2 | 36.7 |
| 中国台湾 | 29.6 | 35.0 | 37.3 | 5.1 | 42.5 |
| 韩国 | 26.7 | 27.4 | 38.9 | 3.6 | 52.1 |
| 世界 | 21.7 | 21.4 | 24.5 | 5.9 | 26.0 |

资源来源：Athukorala, Prema-chandra, 2003. Product Fragmentation and Trade Patterns in East Asia. http://www.hiebs.huk.hk/aep/Athukorala.pdf。

表 2-10 东亚地区的制成品贸易流向　　　　　　　单位:%

| | 东亚 | 日本 | AFTA | 中国(含香港) | NAFTA | EU |
|---|---|---|---|---|---|---|
| 制成品出口 | | | | | | |
| 东亚 | | | | | | |
| 1992 | 36.6 | 4.7 | 11.5 | 17.1 | 30.3 | 19.6 |
| 1996 | 43.8 | 7.4 | 15.9 | 16.4 | 27.6 | 16.6 |
| 2003 | 45.6 | 7.4 | 11.6 | 22.2 | 25.8 | 15.7 |
| 日本 | | | | | | |
| 1992 | 25.1 | 0.0 | 11.2 | 9.0 | 32.7 | 20.8 |
| 1996 | 34.4 | 0.0 | 17.0 | 10.7 | 30.8 | 16.2 |
| 2003 | 35.9 | 0.0 | 11.5 | 17.8 | 28.7 | 14.9 |

（续表）

|  | 东亚 | 日本 | AFTA | 中国(含香港) | NAFTA | EU |
|---|---|---|---|---|---|---|
| 东亚发展中国家/地区 | | | | | | |
| 1992 | 44.0 | 8.6 | 11.0 | 23.2 | 25.9 | 17.1 |
| 1996 | 46.8 | 11.5 | 14.4 | 19.0 | 24.1 | 16.0 |
| 2003 | 47.3 | 10.1 | 11.2 | 23.2 | 23.7 | 15.4 |
| 制成品进口 | | | | | | |
| 东亚 | | | | | | |
| 1992 | 55.2 | 21.2 | 9.7 | 19.5 | 20.4 | 19.2 |
| 1996 | 55.7 | 19.7 | 13.1 | 17.3 | 20.7 | 19.1 |
| 2003 | 65.6 | 18.1 | 16.4 | 22.7 | 15.3 | 15.5 |
| 日本 | | | | | | |
| 1992 | 29.0 | 0.0 | 9.5 | 11.9 | 30.9 | 27.3 |
| 1996 | 36.8 | 0.0 | 13.8 | 17.4 | 29.0 | 22.5 |
| 2003 | 49.5 | 0.0 | 14.0 | 29.8 | 20.2 | 18.2 |
| 东亚发展中国家/地区 | | | | | | |
| 1992 | 61.9 | 27.1 | 9.5 | 21.3 | 16.6 | 16.3 |
| 1996 | 59.9 | 25.5 | 12.3 | 16.7 | 17.6 | 17.5 |
| 2003 | 66.9 | 22.8 | 16.2 | 20.1 | 13.6 | 14.3 |

来源：Athukorala and Yamashita（2005）。

表 2-11　东亚地区的零部件贸易流向　　　　单位：%

|  | 东亚 | 日本 | AFTA | 中国/香港 | NAFTA | EU |
|---|---|---|---|---|---|---|
| 零部件出口 | | | | | | |
| 东亚 | | | | | | |
| 1992 | 44.4 | 4.2 | 22.0 | 13.3 | 34.1 | 15.7 |
| 1996 | 52.3 | 6.3 | 27.5 | 13.9 | 29.1 | 14.3 |
| 2003 | 64.9 | 7.0 | 20.7 | 31.8 | 17.7 | 12.1 |
| 日本 | | | | | | |
| 1992 | 30.2 | 0.0 | 16.7 | 6.7 | 36.6 | 16.6 |
| 1996 | 39.8 | 0.0 | 23.8 | 9.2 | 32.9 | 13.5 |
| 2003 | 49.6 | 0.0 | 18.3 | 23.6 | 24.0 | 12.5 |

(续表)

|  | 东亚 | 日本 | AFTA | 中国/香港 | NAFTA | EU |
|---|---|---|---|---|---|---|
| 东亚发展经济体 | | | | | | |
| 1992 | 55.7 | 8.8 | 25.3 | 19.5 | 26.2 | 12.3 |
| 1996 | 57.3 | 10.6 | 27.8 | 16.4 | 23.7 | 13.7 |
| 2003 | 68.3 | 9.6 | 20.5 | 34.0 | 14.4 | 11.4 |
| 零部件进口 | | | | | | |
| 东亚 | | | | | | |
| 1992 | 59.3 | 28.3 | 16.5 | 9.8 | 25.2 | 13.6 |
| 1996 | 59.7 | 26.3 | 18.8 | 7.9 | 25.2 | 13.2 |
| 2003 | 69.7 | 22.0 | 24.6 | 14.5 | 17.0 | 10.9 |
| 日本 | | | | | | |
| 1992 | 26.9 | 0.0 | 13.7 | 4.0 | 49.4 | 14.6 |
| 1996 | 37.0 | 0.0 | 17.2 | 8.3 | 42.9 | 10.3 |
| 2003 | 52.8 | 0.0 | 21.4 | 18.7 | 23.2 | 9.4 |
| 东亚发展经济体 | | | | | | |
| 1992 | 64.5 | 33.1 | 16.8 | 10.8 | 20.4 | 13.2 |
| 1996 | 62.9 | 31.0 | 18.7 | 7.7 | 21.3 | 13.6 |
| 2003 | 70.7 | 24.9 | 24.4 | 13.6 | 15.7 | 10.9 |

来源：Athukorala and Yamashita(2005)。

升到65.6%,区域内出口由36.6%增加到45.6%；零部件区域内贸易份额更高,区域内进口由59.3%上升到69.7%,区域内出口也由44.4%迅速上升到64.9%。

从国别来看,虽然东亚发展中国家制成品区域内贸易比重变化不大,但零部件区域内贸易却显著增加。1992—2003年间,发展中国家零部件的区域内进口由64.5%增加到70.7%,而东亚发展中国家(区域)从EU和NAFTA的零部件进口却逐步下降；区域内出口由55.7%迅速增加到68.3%,主要流向东亚地区。作为东亚地区唯一的发达国家,日本的零部件出口及制成品进口市场均主要是东亚地区,表明日本跨国公司正利用东亚地区的生产网络重新配置资源；其制成品出口虽然主要流向北美和欧盟,但流向东亚的比重却在快速上升,由25.1%上升到35.9%；此外,随着东亚发展中国家零部件生产能力的提高,日本从东亚进口零部件的份额也由26.9%迅速上升到52.8%。

东亚区域生产网络在机械与运输设备行业(SITC7)，特别是在电子机械行业中得到最充分的体现。根据Athukorala和Yamashita的估算，2003年东亚地区电子机械行业零部件出口占机械及运输设备行业零部件出口的66%，进口所占份额更高，达到74%。跨国生产网络的形成使机械制品贸易在东亚各国贸易中的比例相当大，除日本的进口、中国的出口以及印度尼西亚的进出口外，其他国家机械制品贸易占各国贸易的份额高达40%，有的甚至高达77%[①]。另外机械零部件在机械制品贸易中的份额也相当高，特别是东亚发展中国家，如菲律宾和马来西亚，1996年机械零部件贸易在机械制品贸易中的比例高达66%以上，该份额在1996—2000年间还在上升。从发展速度来看，东亚地区机械零部件贸易的扩张速度远远快于机械制成品整体[②]。

东亚地区新的区域生产网络体系的形成将有利于东亚区域经济一体化的实现。首先，它将进一步密切各经济体之间的经济联系。把价值链环节分解安排在不同国家本身就表明国与国之间经济联系程度的提高，比如近几年日本企业把一些技术密集度较低的零部件生产转移到中国，甚至把研发后的试产、零部件批量生产和销售等更多的价值增值环节也转移到中国，使中日企业机电产业的工序分工出现了根据比较优势来配置不同价值链环节的新动向，见图2-2。在东亚地区，由于中国极富竞争力的劳动力成本优势，必将吸引大量的日资、韩资和其他东亚国家的资金向中国投资，也会加大东亚地区各国相互投资力度，东亚经济一体化程度必将大幅度提高。其次，东亚区域生产网络可以克服"雁行模式"下过度依赖美国市场的状况[③]。因为这种新型的分工体系更强调区域内垂直专

---

① 根据Ng和Yeats(2003)的计算，东亚区域内贸易产品的集中度很高，居前30位的出口商品的贸易额占总贸易额的一半，其中四个子类就占38%，它们分别是办公机器、电信设备、电子以及纺织服装。

② 根据日本学者Matsuda Iwao 2005年4月28日在日本东京所作的"Free Trade Vision for East Asia"演讲所提到的数据，东亚地区1990—2003年电子机械中间产品的贸易量增加了7倍。

③ 笔者认为，对美国市场的过渡依赖是东亚国家经济发展面临的主要风险，也是导致目前全球经济失衡的原因之一，东亚区域经济一体化是有效化解这种风险的措施。

业化分工格局的形成,较少出现各国之间生产产品雷同现象。这种新型的区域生产分工体系有利于降低投资成本,避免重复投资,为跨国公司在本区域构建新型的跨国生产网络创造了更为有利的条件。最后一点是这种分工体系会大大减少国与国发生严重冲突的可能性,因为这种区域生产分工体系使每个国家都按照各自的综合比较优势参与其中,准确定位于价值链的某一环节,使得国与国之间的利益交织在一起,从而减少发生经济冲突的可能性。

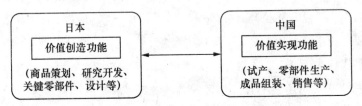

图 2-2  部分日资企业实行的中日之间的价值链功能分工

### 2.2.2 东亚区域内贸易[①]

#### 2.2.2.1 东亚区域内贸易发展的历史脉络

从唐朝一直到清代,联系东亚区域间经济的是一个以中国为中心的朝贡册封体制。该体制依靠儒家文化所称的"德治"来维系等级秩序,但它与其他霸权秩序一样,背后是以强大的军事和经济实力为后盾。在以中国为中心的秩序中,朝贡国定期派遣使者到中国首都进贡,同时会获得丝织品和其他馈赠品作为回报。与朝贡使一同来的特许商人在首都划定的区域可以从事商品交易。另外,东亚和东南亚的海外华人也参与到朝贡贸易中。他们的活动形成了东亚区域内贸易的雏形。

19世纪开始,西欧列强逐步占领了东南亚。例如,英国占领了马来西亚,荷兰占领了印度尼西亚,西班牙占领了菲律宾(1898年之后由美国占领)。西欧列强迫使东亚国家开放港口,实行自由通商,并划分势力范围,进行殖民统治。他们之间的经贸往来——"合作的帝国主义",是东

---

[①] 本部分内容由王峰博士完成,主要内容可参见其博士论文:王峰,东亚区域内贸易扩张研究[D],中国人民大学,2008年3月28日。

亚区域内贸易扩张的最初动力。20世纪初时,东亚区域内贸易占到总贸易的42%①,这个比例与现在的比例已相差不远。

20世纪初,经历了明治维新并赢得了中日甲午战争(1895)和日俄战争(1905)的日本帝国主义用武力打开了东亚区域市场,占领了韩国、台湾、马来西亚和中国的东北地区,在"大东亚共荣圈"的蓝图下进行投资(如成立南满洲里铁路公司),强制东亚国家之间进行经济交往。这在客观上促进了东亚经济体间的相互依赖,致使二战前东亚区域内的贸易份额达到了顶峰。

二战后初期,日本成为战败国从而放弃了一切军事力量。美国开始插手东亚,东亚的贸易伙伴逐步转向美国。同时,由于冷战造成两级格局,美国带头实施禁运。中国加入了苏联的社会主义阵营,中断了与大部分东亚国家的国际贸易。由此,东亚区域内的贸易关系疏远了。

在冷战的政治环境下,美国开始改变对日本经济发展的态度。到20世纪40年代晚期,美国已经把日本当成是在东亚保卫和扩大"自由世界"的一个壁垒,为此必须使其经济发展也堪当此任,日本因而获准全面引进资本密集型的重化工业。虽然日本在20世纪30年代时就试图实现重化工业的现代化,但是只有在冷战开始时,它才从劳动密集型工业化道路上找到了与资本密集型道路的结合点②,并从此对东亚经济和世界经济产生了深远的影响③。同时,为了适应美国的霸权和实现本国的工业化,亚洲"四小"和东盟国家逐步放弃了重化工业战略,转而寻求能更好的利用自身人力资源的发展道路。这样到20世纪70年代时,东亚形成了一种新的国际分工格局:日本集中于资本密集型产品生产,其他东亚国家从事劳动力密集型产品生产。这个时期,虽然日本主导的"雁行模式"在东亚布阵,但参与国的出口主要是面向区域外,东亚内部市场仍然很疲

---

① 见 Peter A. Petri, Is East Asia Becoming more interdependent? *Journal of Asian Economics* 17, 2006, 第390页.
② 20世纪50年代和60年代,日本所选择的重点发展产业,比如汽车和家电,既不是过分资源密集型的,也不是过分劳动密集型的。
③ 见〔美〕乔万尼·阿里吉,〔日〕滨下武志,〔美〕马克·塞尔登主编,马援译,《东亚的复兴:以500年、150年和50年为视角》,北京:社会科学文献出版社,2006年4月,第131页。

软,区域内贸易份额继续下降。

20世纪80年代中期以后,信息技术革命的蓬勃发展带来了世界经济形势的重大变革:美国的劳动生产率再次大幅提高;收入分配向拥有更多教育和资本的人倾斜;世界市场的领导权从擅长精密制造业的国家(譬如日本)转移到了擅长创新和企业家才能的国家(譬如美国)手中[1]。同时,中国在"自由世界"之外徘徊了30年之后,重新向世界打开了大门,并逐步和积极的融入到东亚生产体系中。

20世纪90年代的信息技术革命大大推动了制造业的重组。通讯和信息处理技术的飞跃使管理复杂的跨国生产和协作成为可能。企业可以将生产链条的一部分"外包"给其他国家,每个国家只生产自身最有优势的部分,这样,更多的国家参与到国际生产中来。与此同时,市场和政策的力量让生产更加专业化了。例如,中国在加工和组装方面最有竞争优势,于是它与在其他方面具有竞争优势的东亚国家一起协作生产。紧密的区域内贸易联系,加上交通和通讯领域内基础设施的配套合作,成为当前东亚生产模式的新特征。总之,生产组织方式的进步促进了东亚区域内经济关系相互依赖的复归。

#### 2.2.2.2　东亚区域内贸易发展的现状

一、东亚区域内贸易增长速度较快

从总量上看,我们可以用东亚区域内贸易的增长速度,区域内贸易占GDP的比重,区域内贸易占总贸易的比重等一些常规指标来衡量东亚区域内贸易的发展情况。经过研究表现,东亚区域内贸易的增长速度超过了区域总出口的增长速度,也超过了北美自由贸易区(NAFTA)和欧盟(EU15)区域内贸易的增长速度,扩张的力度超过了东盟,扩张的程度超过了地理距离和经济规模所能预期的范围。在1995至2006年期间,世界出口额增加了133.6%[2],而东亚的出口总额则增长了147.5%,区域内

---

[1] 之前,人们一直都在讲,美国发明了半导体,但却在规模生产上败给了日本人甚至韩国人,市场也让给了日本人,或者韩国人,并认定这是美国在产业上的失败与悲剧。参见黄卫平、朱文晖,"温特制:美国新经济与全球产业重组的微观基础",《美国研究》,2004年第2期,第23页。

[2] 数据来源于联合国统计司,并经作者计算。

贸易增长了152.2%。因此,东亚地区要比世界其他地区的出口增长速度更快。这主要归功于东亚区域内贸易的高度发展,区域内的国家和地区之间的贸易超过了他们与区域外的贸易。其中,最为显著的是东亚向中国的出口增长(298.1%)远远超过了其向世界的出口增长。

东亚区域内贸易高速增长的趋势与东亚地区经济的高速增长有着密切的联系。东亚地区是世界经济增长最快的地区,收入水平的快速提高从需求和供给两方面为东亚地区的贸易发展提供了巨大的机会。

二、东亚区域内出口产品结构雷同

东亚区域内贸易中增幅最大的产品是机械与运输设备,而且其已成为当今区域内贸易最主要的产品。1985年以来,这类产品在绝大部分东亚国家或地区总出口中的份额都成倍上升①,在15个考察地区中的8个地区成为第一大出口产品。1985—2001年,机械与运输设备在区域内出口的份额上升了27%,在区域外出口的份额上升了28%。不仅增长率相似,而且在所有产品出口中的比重也相当:机械与运输设备在区域内出口中占47.9%,在区域外出口中占45.9%,均为东亚向两个市场出口量最多的产品。同时,矿物燃料是区域外市场降幅最大的产品,继而是食品和农业原材料,这与区域内的出口结构变动非常相似。从总体上来说,东亚区域内出口结构的变动逐步趋同。东亚区域内贸易的扩张是由区域内机械产品贸易、尤其是机械零部件贸易的增长所拉动的。

三、东亚区域内贸易以垂直专业化贸易为主

2002和2006年,东亚区域内出口额最多的产品都是中间产品,其次为最终产品,最后为初级产品。

2002—2006年,东亚区域内贸易中,初级产品和中间产品的比重都有所上升,最终产品的比重有所下降。中间产品中半成品和零部件的比重都有所上升,这反映了东亚区域内垂直专业化分工的加强。尽管最终产品的比重有所下降,但是其中资本品的比重仍有明显的上升,而消费品的比重却大幅度下降了。由于资本品的作用是为了扩大再投资,所以东

---

① 老挝、蒙古除外;香港、韩国的增速略小,由于基础较大。

亚区域内贸易是以生产为导向而非消费为导向的贸易。

另外,东亚区域内贸易在20世纪80年代中期以后呈现出一种多样化的模式。行业间、最终产品贸易为主导的初始形态不断被打破。伴随着FDI大量的流入,中间产品贸易,尤其是不同加工环节的中间产品贸易比重迅速增加,它即包括公司内贸易,也包括距离型贸易(主要表现为外包)。如此,当代东亚区域内贸易最显著的特征是:垂直专业化贸易的迅猛增长。

### 2.2.2.3 东亚区域内贸易的特征:国际比较

与NAFTA和EU不同,东亚区域内贸易扩张呈现出如下的特征:

第一,东亚区域内贸易扩张是非制度性的贸易扩张。

Lu Feng(2003)认为东亚区域内经济合作是"企业主导"的,而非"政府主导"的;是一个"自下而上"的过程,而非"自上而下"的过程;是"契约基础"的合作,而非"制度基础"的合作[①]。陈勇(2006)认为欧美新区域主义是"规则"引导的(即"小国"向"大国"的规则靠拢),而东亚新区域主义是"问题"导向的(以解决区域内共同面临的问题和挑战为主)[②]。

与NAFTA、EU的区域经济一体化相比,东亚区域经济合作起步比较晚,层次比较低,目前既没有形成一个全区性的经济合作组织,也没有形成一种紧密的制度安排,基本上处于松散组合状态,因此只能说是处于起步阶段。所以,高度增长的东亚区域内贸易不是政府创建正式机制改变基层运作环境的结果,而是微观层面的活动深化区域生产网络的结果。同时,东盟和现存其他优惠贸易安排并不是推动东亚区域内贸易扩张的主要原因。跨国公司向东亚地区的直接投资和再进口(re-import),公司间通过产权归属(如FDI的分支机构之间)和市场契约(如外包)进行交易和合作,生产活动因前向和后向联系而集聚在区域,这些因素综合起来就是垂直专业化分工导致了东亚区域内非制度性的贸易扩张。

---

① 见 Lu Feng:"Free Trade Area:Awakening regionalism in East Asia", CCER working Paper No. E2003010,第9页。

② 见陈勇,"区域生产网络:东亚经济体的新分工形成",《世界经济研究》,2006年第2期,第82页。

第二,东亚区域内贸易扩张是中间产品的贸易扩张。

20世纪80年代中期以来,东亚区域内贸易的主要产品是中间产品,而且其比重稳步上升。东亚区域内贸易扩张来自于中间产品的贸易扩张,最终产品的区域内贸易份额不断的下降。与之相反,在NAFTA、EU以及其他区域集团的区域内贸易中,最终产品与中间产品的比重相当。东亚零部件贸易份额在世界各区域中是最高的,零部件贸易的增长对区域内贸易的扩张具有直接的推动作用。

第三,东亚区域内贸易扩张是外部市场需求拉动的贸易扩张。

虽然东亚区域内贸易中最终产品的比重下降,但其主要来自于消费品的比重下降,而其中资本品的份额却明显的上升了。资本品是为了扩大再投资,加上中间产品也是为了继续生产,因此,东亚区域内贸易是以生产为主导的贸易,而非消费为主导的贸易。更进一步来说,东亚区域内贸易是外部市场需求派生的贸易,而非内部市场需求消耗的贸易。相比之下,NAFTA和EU的区域内贸易是投资和消费双重主导的贸易。

#### 2.2.2.4 东亚区域内贸易扩张的动力机制

一、中间产品贸易扩张是东亚区域内贸易扩张的直接推动力

东亚区域内贸易扩张的直接推动力来自于区域内中间产品的贸易扩张。中间产品通过两种机制促进了区域内贸易的膨胀:第一,中间产品是仍然处在生产过程中的产品,这些产品在传统的国际分工中属于国内贸易的产品,因为它们只在一国境内进行生产和加工。中间产品贸易使不可贸易的商品变成了可贸易的商品,从而带来贸易量的增加。第二,大量中间产品贸易造成贸易量的叠加,从而造成贸易总量的扩大。按照传统的贸易统计方法,商品每出入一次国境就将其总价值计算一次贸易量,并不区分该总价值中哪些是由进口中间投入品转移而来的,哪些是在该国的增加值。第一种膨胀机制主要针对进口中间产品供国内生产和销售而言,第二种膨胀机制主要针对进口中间产品经国内加工组装后再出口而言。

二、区域外对最终产品需求的增加拉动了东亚区域内中间产品贸易扩张

中间产品不具备独立的消费和生产功能,只能通过组装、连接或加工

等程序转变为具有独立功能的消费品和资本品（最终产品）。既然中间产品不能直接满足需求，那么，中间产品贸易扩张只可能来自于人们对最终产品需求的增加，对中间产品的需求只可能是一种派生的需求。最近十多年来东亚区域内对最终产品的吸纳能力是下降的，尤其是消费品的降幅最大；但是区域对最终产品的出口能力却增强了。这只能说明区域外对最终产品需求的增加拉动了东亚区域内中间产品贸易的扩张。

最近几十年来，由于收入水平的提高和第三次科技革命的促进，全球对电子和 IT 类产品的需求量大增，这必然刺激了东亚地区的生产动力，从而带来对相关零部件的进口剧增。联合国贸发委员会 2002 年的研究报告考察了 1980—1998 年间国际贸易增长情况，从 225 个国际贸易标准分类（SITC）三位数产品中挑选出口增长最快的 20 类产品，称为"世界贸易中最活跃的产品"，结果发现其中前三名全都属于电子产品，分别是："晶体管和半导体（SITC 776）"、"计算机（SITC 752）"和"计算机和办公设备零件（SITC 759）"。这三类产品在近 20 年间年均增长率为 14.9%—16.3%，远远高于同期世界出口贸易整体年均 8.4% 的增长速度（卢锋，2004）。区域外对电子类最终产品需求的增加，符合全球需求结构变动的潮流，但为什么在区域外没有得到完全的满足，而非得从东亚地区大量进口呢？这必须从新的国际分工格局，即垂直专业化分工形势得到回答，这是下文要论证的问题。

### 三、垂直专业化分工导致了生产的跨国分离并改变了传统的贸易关系

过去的十多年内，世界经济的显著变化之一就是全球范围内国际分工的深化和细化，其中最为突出的是垂直专业化分工（其对应的贸易可称为垂直专业化贸易）开始成为国际分工体系的主角。跨国公司基于全球价值链的考虑，将一体化的生产过程分解成若干阶段，根据不同生产阶段的要素密集程度在全球范围内配置生产资源，并对国际生产网络进行系统整合。在这样的国际分工体系中，处于不同生产阶段的各国根据自身的比较优势更加专业化于某一特定的生产阶段，经国际贸易途径在国家之间交换零部件等中间产品，实现生产、加工、装配等环节的有效衔

接,从而带动中间产品国际贸易的迅猛发展。有足够的证据证明基于垂直专业化贸易(Fragmentation trade)扩张的速度快于传统最终产品贸易(Final-good trade)扩张的速度,东亚对这种新的国际分工方式的依赖程度超过了北美和欧洲(Athukorala,2003)。

四、东亚区域生产网络是垂直专业化分工在东亚地区的实现机制

垂直专业化分工产生的条件主要有:第一,产品的生产过程在时间和空间上具有可分性,以便中间产品跨地域生产和运输;第二,不同生产阶段需要不同的要素投入组合,当不同国家拥有不同的要素禀赋结构时,垂直专业化分工的各个环节就可以相应的在这些国家间铺开。比如,不同生产阶段需要密集使用的劳动力的技能或熟练程度不同,将密集使用某类劳动的生产活动移往最擅长该类劳动的国外地区进行时,垂直专业化的分工才具有经济意义;第三,单位价值的运输成本低,或者说单位价值的运输成本与单位体积/重量的价值负相关。其他因素保持不变时,一种产品单位体积/重量的价值越高,单位价值的运输成本就越低,因而进行垂直专业化分工的现实性就越大;第四,组织跨国界垂直专业化分工的交易成本低。只有重新整合被分割的生产链条的交易成本低时,垂直专业化分工才有可能性。因此,最容易采用垂直专业化分工的产品主要集中在服装(SITC6)、汽车和电子产品部门(SITC7),这与东亚的主要出口结构吻合。我们对东亚的具体经济环境进行分析后,发现它的确是进行垂直专业化分工的理想区域。比如东亚地区的"雁行模式"奠定了东亚区域生产网络的雏形,加上东亚国家地理邻近和资源禀赋差异是垂直专业化积聚在东亚的客观条件,最后是跨国公司在东亚的直接投资及外包活动是区域生产网络产生的主要推动力。世界性的垂直专业化分工在东亚具体体现为区域生产网络,东亚区域生产网络的形成是东亚区域内贸易扩张的实现形式。

2.2.2.5 东亚区域内贸易扩张对区域经济的影响

一、东亚区域内贸易扩张促进了区域成员经济的增长

经前文所述,20世纪80年代中期以来,东亚区域内贸易扩张的速度超过了世界贸易增长的速度,也超过了EU和NAFTA区域内贸易增长的

速度。由于东亚区域内贸易扩张是"外部需求"拉动的以"生产"为导向的贸易扩张,区域生产网络通过专业化分工和规模经济促进了各国经济的增长。在1980—2004年间,世界平均经济增长率为3.5%,东亚地区高达8.5%。即使在全世界经济发展态势都很好的2004年,东亚的经济增长速度也比世界平均水平高出2.8个百分点(喻旭兰,2007)。

人均GDP能够较好的反映一个国家的经济增长水平,东亚8个国家过去26年的人均GDP数据见表2-12。中国在样本期间平均人均GDP的增长速度最快,达到了9.30%的高水平。从表6-2中还可以看出,除中国外,东亚国家在亚洲金融危机期间都出现了负的经济增长。幸运的是,经过一系列的调整,尤其是中国进口的带动作用,东亚经济很快从谷底走出,重新回到快速增长的轨道。

表2-12 东亚地区人均GDP年增长率(%)

| 年份 | 中国 | 印尼 | 日本 | 韩国 | 马来西亚 | 菲律宾 | 新加坡 | 泰国 |
|---|---|---|---|---|---|---|---|---|
| 1981 | 3.09 | 5.65 | 2.20 | 4.93 | 4.29 | 0.86 | 7.44 | 3.86 |
| 1982 | 6.82 | 0.13 | 2.04 | 5.72 | 3.27 | 1.13 | 4.44 | 3.44 |
| 1983 | 8.96 | 2.08 | 0.94 | 9.17 | 3.45 | -0.53 | 5.56 | 3.77 |
| 1984 | 12.97 | 4.86 | 2.42 | 6.84 | 4.95 | -9.50 | 5.70 | 4.00 |
| 1985 | 14.52 | 0.50 | 4.46 | 5.19 | -3.69 | -9.49 | -3.86 | 2.95 |
| 1986 | 7.20 | 3.91 | 2.48 | 9.76 | -1.44 | 0.97 | 0.14 | 3.85 |
| 1987 | 9.81 | 3.05 | 3.24 | 9.88 | 2.71 | 1.85 | 5.27 | 7.81 |
| 1988 | 9.50 | 3.94 | 6.36 | 9.42 | 7.15 | 4.24 | 9.39 | 11.56 |
| 1989 | 2.49 | 5.65 | 4.86 | 5.10 | 6.27 | 3.72 | 7.27 | 10.53 |
| 1990 | 2.39 | 5.49 | 4.87 | 7.95 | 6.19 | 0.65 | 7.07 | 9.57 |
| 1991 | 7.83 | 5.25 | 2.97 | 8.16 | 6.68 | -2.86 | 3.70 | 7.04 |
| 1992 | 12.95 | 4.82 | 0.62 | 4.39 | 6.03 | -1.94 | 3.80 | 6.62 |
| 1993 | 12.31 | 4.90 | -0.11 | 4.45 | 7.02 | -0.17 | 9.07 | 6.83 |
| 1994 | 11.55 | 5.97 | 0.83 | 7.49 | 6.37 | 2.09 | 8.13 | 7.62 |
| 1995 | 9.44 | 6.69 | 1.60 | 8.16 | 7.01 | 2.42 | 4.80 | 7.94 |
| 1996 | 8.55 | 6.33 | 3.33 | 6.06 | 7.21 | 3.61 | 4.85 | 4.71 |
| 1997 | 7.80 | 3.29 | 1.55 | 3.78 | 4.65 | 3.01 | 5.20 | -2.42 |
| 1998 | 6.85 | -14.27 | -1.41 | -7.58 | -9.61 | -2.59 | -3.72 | -11.42 |

(续表)

| 年份 | 中国 | 印尼 | 日本 | 韩国 | 马来西亚 | 菲律宾 | 新加坡 | 泰国 |
|---|---|---|---|---|---|---|---|---|
| 1999 | 6.22 | -0.52 | -0.04 | 8.70 | 3.66 | 1.35 | 3.93 | 3.42 |
| 2000 | 7.16 | 3.56 | 2.65 | 7.80 | 6.44 | 1.99 | 7.07 | 3.75 |
| 2001 | 8.28 | 2.50 | 0.20 | 3.26 | -1.79 | 1.43 | -3.85 | 1.22 |
| 2002 | 8.93 | 3.05 | -0.67 | 6.46 | 2.07 | 3.57 | 1.53 | 4.38 |
| 2003 | 9.71 | 3.56 | 2.40 | 2.67 | 3.30 | 3.00 | 0.00 | 5.93 |
| 2004 | 22.99 | 3.83 | 3.53 | 4.25 | 5.10 | 3.13 | 7.07 | 5.14 |
| 2005 | 13.48 | 5.39 | 2.37 | 4.69 | 9.94 | 8.36 | 6.54 | 6.73 |
| 2006 | 10.03 | 4.26 | 2.63 | 4.04 | 3.30 | 4.61 | 6.54 | 4.26 |
| 平均 | 9.30 | 3.22 | 2.17 | 5.80 | 3.87 | 0.96 | 4.35 | 4.73 |

数据来源：IFS online database, UN National Accounts Main Aggregate Database，以1990年本国不变价格计算。

对于贸易带动经济增长的机制，以往文献大多从出口的层面进行考察。根据支出法的四部门国民收入恒等式：$Y = C + I + G + (X - M)$，净出口$(X - M)$对经济增长有积极的促进作用。近些年来，由于垂直专业化分工的深入，进口中间产品变成了出口（最终产品或中间产品）的前提，结合中国加工贸易的骄人业绩，许多学者（尹翔硕等，2005）开始研究进口贸易与经济增长的关系。因为进口是国际技术溢出的主要途径，通过进口带来了技术进步从而促进了一国经济的增长。总之，无论是出口导向还是垂直专业化分工，东亚区域内贸易的增长已经为东亚经济的增长带来了新的机遇。

二、区域内贸易扩张增加了东亚国家的经济开放程度

一国的对外开放程度可以用贸易依存度来衡量。贸易依存度是进出口总额占GDP的比重，它也反映了对外贸易对经济增长的贡献力度。表2-13反映了近年来东亚8国的贸易依存度发展趋势。随着东亚国家对外贸易的增长，贸易依存度也不断攀升。除印尼外，东盟国家的贸易依存度从1988年起都超过了100%；新加坡作为东南亚转口贸易的重要地区在2006年的外贸依存度到达502.96%，是东亚开放度最高的国家。从2003年开始，除日本外东亚其他国家的贸易依存度都超过了50%。2006年，东亚8个国家的贸易依存度都超过了美国（31.87%），中国的贸易依存度

还超过了德国(91.53%)。这说明了,以垂直专业化分工为纽带的区域内贸易的扩张使东亚国家的经济进一步开放。

表 2-13  东亚各国贸易依存度(%)

| 年份 | 中国 | 印尼 | 日本 | 韩国 | 马来西亚 | 菲律宾 | 新加坡 | 泰国 |
| --- | --- | --- | --- | --- | --- | --- | --- | --- |
| 1990 | 30.1 | 52.5 | 19.9 | 59.4 | 146.9 | 60.8 | 306.5 | 75.8 |
| 1991 | 33.9 | 54.4 | 18.3 | 57.7 | 159.3 | 62.2 | 289.6 | 78.5 |
| 1992 | 35.3 | 56.5 | 17.5 | 56.8 | 150.6 | 63.2 | 271.9 | 78.0 |
| 1993 | 32.7 | 50.5 | 16.0 | 52.7 | 157.9 | 71.2 | 272.6 | 80.2 |
| 1994 | 43.7 | 51.9 | 16.1 | 54.0 | 179.9 | 74.0 | 281.6 | 82.6 |
| 1995 | 40.1 | 54.0 | 16.8 | 58.7 | 192.1 | 80.5 | 289.0 | 90.4 |
| 1996 | 35.3 | 52.3 | 18.9 | 59.0 | 181.8 | 89.8 | 278.6 | 84.8 |
| 1997 | 36.0 | 56.0 | 20.4 | 65.4 | 185.7 | 108.3 | 269.9 | 94.6 |
| 1998 | 33.9 | 96.0 | 19.5 | 79.5 | 209.5 | 110.9 | 261.1 | 101.9 |
| 1999 | 36.1 | 62.9 | 18.6 | 71.4 | 217.6 | 102.8 | 273.4 | 104.0 |
| 2000 | 43.9 | 71.4 | 20.2 | 78.5 | 228.9 | 108.9 | 294.5 | 124.9 |
| 2001 | 42.8 | 68.2 | 20.1 | 73.3 | 214.4 | 101.5 | 276.9 | 125.2 |
| 2002 | 47.6 | 57.8 | 21.1 | 69.1 | 211.3 | 101.0 | 272.9 | 121.8 |
| 2003 | 58.0 | 53.7 | 22.1 | 73.5 | 207.6 | 101.0 | 294.5 | 124.3 |
| 2004 | 59.7 | 57.8 | 24.3 | 83.8 | 222.1 | 100.6 | 321.4 | 134.9 |
| 2005 | 67.2 | 61.3 | 26.3 | 88.2 | 243.5 | 101.2 | 336.2 | 140 |
| 2006 | 92.49 | 64.09 | 32.56 | 101.87 | 252.97 | 129.52 | 502.96 | 146.04 |

数据来源:1990—2005 年数据转引自喻旭兰,"经济周期同步性与东亚金融合作的可行性研究",《经济研究》,2007 年第 10 期,第 85 页;2006 年数据作者根据联合国统计司相关数据计算。

三、区域内贸易扩张促进了东亚各国经济周期的协动性

东亚区域内贸易主要是中间产品的贸易,主要是进口贸易,它的最终需求主要来自于区域外,来自于美欧市场。随着区域成员的进一步开放,经济冲击能够在贸易伙伴间传导,这必然会增加区域经济周期的协动性。

在各国经济周期的传导中,贸易扮演了重要的角色,它主要通过以下三条途径来传递经济周期。一是从需求方面。一个国家经济的萧条或繁荣将直接影响其对贸易伙伴国商品的需求,这会影响到贸易伙伴生产厂商的收益,进而影响贸易伙伴的经济增长和波动。例如,新千年(2000

年)美国由于高新技术泡沫破灭带来经济低迷,这也影响到了2001年除中国外东亚其他国家经济增长的下滑。二是从价格方面。当一个国家(主导国)经济高涨时,往往伴随着劳动密集型产品价格的相对上升和资本密集型产品价格的相对下降。通过国际贸易,这一冲击将提高所有工业化国家劳动密集型产品的相对价格,从而导致普遍性的工资、就业和总产出的增加,使各国的经济同步趋于高涨。反之亦然。三是从贸易政策方面。各国贸易联系的增强,会促使政府的贸易政策作进一步的协调,并积极推进一体化的合作机制。

表2-14到表2-17列出了东亚8国的实际GDP在1994—2005整个样本期间、危机前、危机中以及危机后的相关系数。从数据中我们可以看出:

第一,整个样本期间,除与韩国的GDP显示出弱的正相关外,中国与东亚其他国家的GDP都显示出负相关。这可能是由于危机期间,东亚其他国家的经济增长均为负值,而中国的经济增长不仅为正值,而且高于危机前东亚其他国家的平均增长率的缘故。

第二,除中国以外的其他东亚国家GDP的相关系数均为正值且数值很高。尤其是,除印尼外,东盟其他4国的GDP相关系数都在0.855以上,表现出高度的相关性,这表明东盟国家的经济周期协动性很强(任志祥,2006)。

第三,表2-16中的数据很好地反映了金融危机中东亚经济周期的相关性。几乎所有的东亚国家在此期间经济都处于下降过程,且多为负增长。中国虽然没有出现负增长现象,但经济发展也放缓,因此产出水平呈正相关。喻旭兰(喻旭兰,2007)研究东亚各国一阶差分后的GDP增长率情况,发现除印度尼西亚外,其他的东亚国家的经济周期具有明显的同步性。样本国家的经济增长在危机前后以近乎平行的方式运动,危机中的运动趋势也相似。

第四,日本的GDP与其他国家GDP的相关系数在危机前为负数,危机中为正数且数值非常高,危机后也绝大部分表现为正相关。这说明日本在近年来与其他东亚国家的经济周期同步性越来越强。

表 2-14  东亚经济体经济波动的相关系数(1994—2005)

| 国别 | 中国 | 印尼 | 日本 | 韩国 | 马来西亚 | 菲律宾 | 新加坡 | 泰国 |
|---|---|---|---|---|---|---|---|---|
| 中国 | 1 | | | | | | | |
| 印尼 | -0.0108 | 1 | | | | | | |
| 日本 | -0.7209 | 0.4022 | 1 | | | | | |
| 韩国 | 0.3192 | 0.8969 | 0.2257 | 1 | | | | |
| 马来西亚 | -0.1757 | 0.8580 | 0.5355 | 0.7576 | 1 | | | |
| 菲律宾 | -0.4274 | 0.6209 | 0.6706 | 0.4830 | 0.8559 | 1 | | |
| 新加坡 | -0.3727 | 0.5969 | 0.708 | 0.4976 | 0.8852 | 0.9267 | 1 | |
| 泰国 | -0.4635 | 0.7514 | 0.7448 | 0.5861 | 0.8844 | 0.8961 | 0.8732 | 1 |

数据来源:转引自喻旭兰,"经济周期同步性与东亚金融合作的可行性研究",《经济研究》,2007年第10期,第90—91页。

表 2-15  相关系数(1994年第1季度—1997年第3季度)

| 国别 | 中国 | 印尼 | 日本 | 韩国 | 马来西亚 | 菲律宾 | 新加坡 | 泰国 |
|---|---|---|---|---|---|---|---|---|
| 中国 | 1 | | | | | | | |
| 印尼 | 0.9445 | 1 | | | | | | |
| 日本 | -0.5241 | -0.5983 | 1 | | | | | |
| 韩国 | 0.8976 | 0.8214 | -0.2194 | 1 | | | | |
| 马来西亚 | 0.9627 | 0.9568 | -0.4578 | 0.8967 | 1 | | | |
| 菲律宾 | 0.9289 | 0.9365 | -0.4875 | 0.8688 | 0.9787 | 1 | | |
| 新加坡 | 0.9560 | 0.8965 | -0.3380 | 0.9544 | 0.9676 | 0.9389 | 1 | |
| 泰国 | 0.5909 | 0.6571 | -0.0145 | 0.7664 | 0.7274 | 0.7529 | 0.7072 | 1 |

数据来源:同上。

表 2-16  相关系数(1997年第4季度—1998年第4季度)

| 国别 | 中国 | 印尼 | 日本 | 韩国 | 马来西亚 | 菲律宾 | 新加坡 | 泰国 |
|---|---|---|---|---|---|---|---|---|
| 中国 | 1 | | | | | | | |
| 印尼 | 0.6796 | 1 | | | | | | |
| 日本 | 0.7120 | 0.8548 | 1 | | | | | |
| 韩国 | 0.5361 | 0.8922 | 0.5305 | 1 | | | | |
| 马来西亚 | 0.1449 | 0.8069 | 0.5933 | 0.7712 | 1 | | | |
| 菲律宾 | 0.5792 | 0.9332 | 0.6944 | 0.9216 | 0.8580 | 1 | | |
| 新加坡 | 0.2198 | 0.7925 | 0.6989 | 0.6594 | 0.9603 | 0.8473 | 1 | |
| 泰国 | 0.9352 | 0.7812 | 0.6233 | 0.7736 | 0.3281 | 0.7445 | 0.3235 | 1 |

数据来源:同上。

表 2-17  1 相关系数(1999 年第 1 季度—2005 年第 3 季度)

| 国别 | 中国 | 印尼 | 日本 | 韩国 | 马来西亚 | 菲律宾 | 新加坡 | 泰国 |
|---|---|---|---|---|---|---|---|---|
| 中国 | 1 | | | | | | | |
| 印尼 | 0.9168 | 1 | | | | | | |
| 日本 | -0.2921 | -0.3094 | 1 | | | | | |
| 韩国 | 0.9523 | 0.9277 | -0.0872 | 1 | | | | |
| 马来西亚 | 0.9191 | 0.8869 | 0.0125 | 0.9749 | 1 | | | |
| 菲律宾 | 0.1353 | 0.0492 | 0.5733 | 0.2876 | 0.2704 | 1 | | |
| 新加坡 | 0.3883 | 0.2846 | 0.6891 | 0.5511 | 0.6288 | 0.7167 | 1 | |
| 泰国 | 0.7869 | 0.7288 | 0.1933 | 0.8530 | 0.8190 | 0.6271 | 0.7141 | 1 |

数据来源:同上。

第五,金融危机后,除日本外,中国与东亚其他国家 GDP 的相关系数均为正值,而且与印尼、韩国、马来西亚和泰国的相关系数非常高。这种高相关说明中国与东亚其他国家的经济周期存在同步性。

总的来说,东亚地区存在着经济增长的联动性。区域经济周期的同步增加了成员间的相互依存,这为在东亚建立区域经济合作机制提供了现实基础。不过,在东亚国家/地区间加强经贸往来的同时,也加强了对美欧市场的依赖,这使东亚区域内贸易的长期增长具有脆弱性。

#### 2.2.2.6 东亚区域内贸易扩张对中国经济的影响

中国对东亚区域内贸易扩张发挥了至关重要的作用。从增长速度来说,自 1990 年以来,中国已经取代日本成为促进东亚地区贸易增长的重要发动机;2000 年以来,中国已经超过美国成为促进东亚地区贸易增长的强有力的发动机(李坤望,2006)。从贸易量来说,2003 年,中国首次超过日本成为亚洲第一大进口市场。同时,东亚区域内贸易扩张也为中国经济高速增长和融入世界经济提供了空前的机遇。但是东亚区域内贸易扩张带来了中国对区域外出口的增长,巨额顺差的积累使中国面临的国内外压力增加。主要表现在以下三个方面:

一、面临更多的新贸易保护壁垒,贸易摩擦频繁

日本学者小岛清明确指出,国际贸易与国内贸易的差异之一是:国际

贸易是必须考虑各国收支不平衡的贸易①。中国对美欧等国家积累的大量贸易顺差本身来源于发达国家跨国公司的全球战略,但是,美欧在处理自身贸易逆差时并不针对这些跨国公司,而是拿中国开刀,制造各种贸易争端,借机推行新贸易保护主义。

在 WTO 规则的约束下,高关税壁垒已经不可能成为合法的保护手段。发达国家转而寻求新的贸易保护措施,如反倾销、技术标准、劳工标准、环境壁垒等来对从发展中国家的进口进行限制。新贸易保护主义对我国的危害性尤为重大。入世后,我国遭遇的新贸易壁垒比入世前更加严重。目前,我国已经是世界上遭遇反倾销诉讼最多的国家,不仅发达国家的反倾销力度加大,发展中国家对华的反倾销调查也逐年增长;许多国家制定了"对华特别产品过渡性保障条款",专门针对我国加入 WTO 协定书发起特别保障措施,这构成我国入世后对外贸易的最大隐患;所谓侵犯美国国内有效的专利权、商标权、著作权等知识产权的美国"337"条款调查对我国许多产品的杀伤力巨大,它的律师费是反倾销的几倍甚至几十倍;欧、美、日等发达国家还通过不断增加检验检疫项目和改变技术法规等措施来抬高对华的技术性贸易壁垒。所有这些新贸易保护措施使我国企业遭受了严重的经济损失,加大了我国开拓国际市场的难度,增加了贸易摩擦发生的几率,恶化了我国的出口环境。

二、外汇储备累积过万亿美元大关,居世界首位

前文已经研究过,中国从东亚区域内的进口实际上是转移了区域内其他成员向区域外的出口,转移了区域内其他成员的贸易顺差为中国的贸易顺差。大量的贸易顺差带来了中国经常项目的巨额盈余。同时,中国的对外贸易主要是外商主导下的加工贸易,大量 FDI 进入中国直接带来了资本金融账户的盈余。因此,"双顺差"使中国的外汇储备迅速膨胀,到 2006 年 11 初已越过 1 万亿美元大关(2007 年底达 1.5 万亿美元),成为世界上外汇储备最多的国家。

一个发展中国家拥有如此高额的外汇储备,无论从经典理论还是国

---

① 转引自佟家栋 2007 年 4 月在广州白云国际会议中心"广交会进口展与中国对外贸易发展战略"研讨会上的发言:"中国贸易收支顺差调整的可能性探讨"。

际经验来看都是少见的现象。根据钱纳里的两缺口理论,一个发展中国家应该面临"储蓄与投资"、"进口和出口"两个缺口,弥补这两个缺口的渠道往往是经常项目逆差和资本项目顺差。但是中国的实践却与此相悖,中国经历的不是"双缺口"而是"双盈余"。解释中国悖论的关键就是垂直专业化分工和加工贸易,它们使贸易盈余不再代表一国的实际利益,而只是一种账面记录符号。

但是,巨额的外汇储备却对中国经济有着实质的影响。中国外汇储备70%以上是美元资产,其中买美国国债及政府机构债券约占70%。有学者计算,中国投资美国国债的总体收益率为3%左右,美国在中国投资的收益率估计在12%左右,那么每年中国外汇储备的机会成本大约在9%左右,中国在贴息"暗补"美国,中国是贸易顺差下的利益受损方[①]。

对于国内经济来说,由于中国的资本项目还没有完全开放,外汇占款依然是中央银行基础货币投放的主要方式,巨额的外汇储备带来了国内市场的流动性过剩。2002—2006年,通过结汇渠道投放的人民币相当于同期新增货币供给量的39%[②]。在投资需求收到一定约束的情况下,货币供给量的增加会集中影响房价和股价等资产价格,造成资产泡沫。在食品、原材料等结构性价格上涨的带动下,流动性过剩推波助澜,加重了通货膨胀的压力。由此,由外贸顺差带来的人民币"对外升值"和实际购买力下降带来的人民币"对内贬值"共存,加重了政策调整的复杂性。

### 三、一些行业产能过剩,资源消耗量巨大

东亚区域内的贸易扩张与东亚区域内的产业转移是分不开的。在垂直专业化分工的背景下,这些产业转移转化为生产工序和环节的转移。日本和"四小"将大量的劳动密集型生产环节转移到我国,实际上是将相应的生产能力转移到我国,加上我国政府推行了鼓励外资和扩大出口的政策,一些产业出现了过度竞争、利润下降等产能过剩现象,并造成了资源的浪费。根据商务部2005年8月公布的《2005年下半年600种主要消费品及300种主要生产资料供求状况调查分析报告》,在600种主要消费

---

① 见国家发改委,"完善投资政策控制外储过快增长",中国证券报,2007年5月31日。
② 见卢中原,"努力保持平稳较快发展的良好势头",人民日报,2006年12月18日。

品中,供求基本平衡的商品有172种,占28.7%;供过于求的商品428种,占71.3%;没有供不应求的商品。其中,如家用电器、纺织品、通讯手机、五金电料等主要消费品产能过剩的情况相当严重,行业利润继续恶化。而生产资料的情况虽然较消费品略好:300种主要生产资料中供过于求的有66种,占22%;供求平衡的213种,占71%;供不应求的21种,占7%,但在钢铁、水泥、电解铝及汽车等行业,也遭遇到产能扩张过快、库存增加、利润明显下降的问题。据麦肯锡2006年测算,中国的洗衣机、电冰箱和微波炉产能过剩率为30%—40%,而电视机产能过剩率更是高达90%。产能过剩和内需不足迫使中国企业依赖出口市场来消耗过多的生产能力。

与产能过剩紧密联系的是我国的高能耗问题。国家发展和改革委员会提供的数字显示,建国50多年来,我国的GDP增长了大约10倍,同时矿产资源消耗增长了40倍。以2004年为例,我国消耗的各类国内资源和进口资源约50亿吨,原油、原煤、铁矿石、钢材、氧化铝和水泥的消耗量,分别为世界消耗量的7.4%,31%,30%,37%,25%和40%[①]。而创造的GDP却只相当于世界总量的4%!资源消耗量巨大,不仅带来资源浪费和环境污染,还增加了对进口能源的依赖。目前我国石油的对外依存度已经超过三分之一,铁矿石的对外依存度已经达到了二分之一以上。我国已经成为全球最大的铁矿石进口国,引起国际市场铁矿石价格不断上扬。国内电解铝生产所需原料50%以上依赖进口,由于国际氧化铝价格受中国需求拉动上涨,单纯依靠进口原料的电解铝生产企业开始亏损。估计,到2010年,我国45种主要矿产资源只有11种能依靠国内保障供应;到2020年,这一数字将减少到9种。能源的高消耗和高度依赖进口给我国的经济增长和国家安全带来隐患。

---

① 见中国网,"全面贯彻落实科学发展观的实质",www.china.com.cn,2007年10月8日。

## 2.3 东亚经济一体化的制度化转型

### 2.3.1 东亚制度性区域经济一体化开始加速

东亚地区国家在中国入世前很少参与区域经济一体化,东亚地区只有新加坡在参与自由贸易安排中比较积极(见表2-18)。

表2-18 世界上最积极的20个区域经济一体化参与国

| 排名 | 国家/地区 | 已实施和正处于谈判中的 FTA 或 CU | 已实施的 FTA 或 CU |
|---|---|---|---|
| 1 | 欧洲共同体 | 36 | 33 |
| 2 | 冰岛 | 29 | 23 |
| 3 | 挪威 | 29 | 23 |
| 4 | 列支敦士登 | 28 | 22 |
| 5 | 瑞士 | 28 | 22 |
| 6 | 土耳其 | 21 | 16 |
| 7 | 墨西哥 | 13 | 10 |
| 8 | 保加利亚 | 13 | 10 |
| 9 | 以色列 | 12 | 12 |
| 10 | 新加坡 | 12 | 5 |
| 11 | 爱沙尼亚 | 11 | 11 |
| 12 | 斯洛文尼亚 | 11 | 11 |
| 13 | 智利 | 11 | 4 |
| 14 | 拉脱维亚 | 10 | 10 |
| 15 | 立陶宛 | 10 | 10 |
| 16 | 克罗地亚 | 10 | 8 |
| 17 | 美国 | 10 | 3 |
| 18 | 捷克 | 9 | 9 |
| 19 | 斯洛伐克 | 9 | 9 |
| 20 | 马其顿 | 9 | 8 |

来源:WTO(2003)。

但2000年后在以下因素的作用下东亚国家开始改变过去完全依赖多边贸易体制进行贸易自由化的传统思维,各国开始积极参与到区域经济一体化热潮中去,东亚制度性区域经济一体化速度开始加速,每年都有大量的制度性自由贸易安排出现,各国在缔结自由贸易协定上进行着激烈的竞争。

### 2.3.1.1 多边贸易体系受阻

多边贸易体系对世界贸易自由化作出了巨大的贡献,但新一轮多边贸易谈判(多哈发展回合)却遇到了很大的阻力,多哈发展回合谈判2006年7月因为在农产品补贴等很多议题上无法达成一致意见而被迫终止,多边贸易体系的前途受到空前的挑战。

与WTO多边贸易谈判相比,FTA有其自身的很多优点,而且这些优点是WTO难以达到的。首先,与WTO的多边贸易体系相比,FTA能够在短期内通过达成协议来促进双边贸易自由化。GATT乌拉圭回合谈判最初计划用4年时间完成谈判,结果用了8年才达成统一的协议。时间延长的主要原因除了议题比较多外,成员国数量多使得许多协议难以在短时间内达成是主要原因。WTO成立后开始的新一轮"多哈发展回合"谈判困难重重,发达国家与发展中国家的利益分歧非常大,成员国对贸易自由化的看法差异很大,导致预期目标的完成大打折扣,新一轮多哈回合谈判很可能又成为一个马拉松式的谈判回合。由于多边贸易自由化难以有明显的突破,"许多民族国家又感觉到区域一体化组织比范围更大、较为遥远的国际组织更能表达民族国家的利益要求,这对于除主要强国之外的其他国家尤其如此。现在,甚至各主要强国也越来越感觉到区域合作比国际组织更为实际并且更能满足自身的需要"。一些希望加快贸易自由化的国家就开始把目光转向区域贸易协定,以便从贸易自由化中获取更多的经济和政治效应,因为区域经济一体化涉及的国家不多,谈起来比较容易成功,为争端解决或是统一联合行动提供了一个很好的平台。

其次,没有选择WTO而选择FTA的另一个理由是:在一些WTO没有涉及的新领域,FTA比较容易达成统一的规则。不仅如此,区域经济一体化可以涉及的领域非常多,只要是成员国之间能够达成一致的意见,其范围可以不必受到WTO的限制,比如可以扩展到金融货币合作、环保政策、竞争政策、劳工问题等新领域。上述领域基本上都是发展中国家难以自由化的领域,而要在一个发展中国家成员占大多数的 WTO 中就这些议题达成协议是一件非常困难的事情。与此相反的是,双边 FTA 就比较容易做到这一点,如美国与以色列自由贸易协定涉及环境、劳工问题的条款。

第三,新近签订的自由贸易协议中很多都有政治及地缘因素的考虑。发展中国家与发达国家商讨建立自由贸易区时发展中国家不仅希望获得更加优惠的贸易条件,也想得到发展援助和其他非贸易的收益(如政治收益)。这些国家希望通过组建 FTA 来提高自己的竞争力。

面对 FTA 的迅速增多,在多边贸易体制下达成统一的协议变得越来越困难,WTO 也无奈地允许自由贸易区的存在,并希望 FTA 的发展能够弥补多边贸易体系的不足。在这样的背景下,作为 WTO 多边贸易体制的补充,区域贸易协定充满着巨大的发展空间。目前,世界经济区域主义的发展速度越来越快,并且出现了"多米诺骨牌效应"[1]。

#### 2.3.1.2 区外自由贸易安排的压力

截止到 2006 年 9 月,世界所有国家已向 WTO 通报并开始实施的优惠贸易安排(RTA)已经达到 211 个,另外还有约 30 个在通过各自的审批程序后将付诸实施,另外有约 70 个自由贸易安排协定正处于协商和被建议的阶段。近几年 RTA 的增长速度呈现出明显加快的态势,仅在 2004 年 1 月至 2005 年 2 月这段时间里向 WTO 通报的 RTA 就高达 43 个,这个速度是 WTO 历史上最快的。现任 WTO 总干事拉米(Pascal Lamy)2007 年 1 月 17 日在参加印度工商合作伙伴峰会时说,预计到 2010 年将有超过 400 个 RTA 存在于世界经济中。除小数几个世界经济中的小国外几乎每个国家都参加至少一个优惠贸易安排协定[2]。

---

[1] "多米诺骨牌"效应是由瑞士日内瓦国际研究院的理查德·鲍德温(Richard E. Baldwin, 1993)于 1993 年提出的。他认为区域经济一体化不仅为已经参与区域经济一体化的国家带来丰厚的经济效应,而且使已经参与区域经济一体化的国家在国际经济格局中处于更加有利的地位,这样必然激发区域外国家参加区域经济一体化的热情,扩大区域经济一体化的利益来源,提高区域经济一体化的福利水平。

[2] 数据来源于 WTO 的"The changing landscape of Regional Trade Agreements", Jo-Ann Crawford and Roberto V. Fiorentino. 2005。

90年代以来,欧洲与北美洲正在展开一场区域经济一体化的竞争。在欧洲区域,以英、法、德、意等区域大国为主要成员的欧共体(包括后来的欧盟)积极参与区域经济一体化,使欧洲一体化进展比较顺利。1986年欧洲共同体决定于1992年与欧洲自由贸易联盟(EFTA)合并建立欧洲统一大市场使世界经济结构发生了巨大的变化,它使美国在世界经济中的支配地位受到了削弱。基于抗衡欧洲统一大市场的考虑,美国放弃了依赖全球多边贸易体系和"孤立主义"传统,于1986年开始和加拿大就建立自由贸易区进行谈判,1987年签署了《美加自由贸易协定》(该协定在1989年正式生效)。在欧盟1992年签署《欧洲统一法》的同时,美国也在同一年把美加自由贸易区扩大为北美自由贸易区。

北美自由贸易区的产生和欧洲统一大市场的形成标志着美欧之间的竞争正式拉开了序幕。美国总统布什和前贸易代表佐里克曾公开宣称:欧盟已经和27个国家签署了自由贸易或关税同盟协定,并且还将和15个国家签署类似的协定,而美国目前只参加了三个自由贸易协定(北美自由贸易区,以及分别与约旦、以色列签署的自由贸易协定),因此美国完全有理由继续扩大双边或诸边区域经济一体化①。

欧盟在2000年的尼斯会议上正式决定实施欧盟"东扩"计划(2001年选择了第一批加入欧盟的国家)。一旦完成欧盟的"东扩",欧盟将增加到27个国家,几乎涵盖了欧洲所有国家。美国在1994年完成北美自由贸易区之后,也开始推进另一个雄心勃勃的计划——2005年之前签署美洲自由贸易区协定(FTAA),以涵盖除古巴之外的所有34个美洲国家,把"美国后院"完全纳入美国的势力范围之内。布什执政后,在对外关系

---

① 根据美国贸易代表办公室公布的《2007 Trade Policy Agenda and 2006 Annual Report of the President of the United States on the Trade Agreement Program》,美国的区域经济一体化安排正在快速推进。在美洲,美国正与中美洲与南美洲国家和组织进行一系列双边自由贸易谈判,目前已经与巴拿马、秘鲁、哥伦比亚、智利、中美洲及多米尼加共和国(CAFTA-DR)签订了FTA协议,与厄瓜多尔正进行谈判,与玻利维亚正准备进行谈判,美国还提出Caribbean Basin Initiative设想。此外,美国还正在推进中东自由贸易区(MEFTA, Middle East Free Trade Area),目前已经与巴林、阿联酋、以色列、摩洛哥、阿曼、约旦签订了自贸协定。在亚太地区,美国已与澳大利亚、新加坡、泰国、韩国、马来西亚、越南签订或接近签订自由贸易区协定,与东南亚的文莱、印尼、菲律宾等签订了贸易与投资协定。

方面做出的第一件事情便是试图获得国会授予的"快车道"(Fast Track)贸易谈判权,争取把美洲自由贸易区谈判完成的时间提前到2003年。针对美洲自由贸易区的建设进程,欧盟也没有坐视等待。欧洲与南美洲国家有着悠久的历史、文化和种族关系,欧盟与南美的贸易占南美地区外贸总额的30%左右,欧盟国家的跨国公司在南美的投资占该区域所有外国直接投资近40%,因此欧盟自然要保护它在南美洲的经济利益。欧盟首先与墨西哥达成了自由贸易协定,随后开始与南方共同市场及智利就建立自由贸易区进行谈判。在世界其他区域,美欧以区域经济一体化为手段也在进行类似的竞争。

为了阻止东亚区域经济一体化对美国构成威胁,同时应对欧盟的一体化,美国积极倡导并推动亚太经合组织(APEC)的成立。1993年的美国西雅图会议使APEC成为涵盖环太平洋地区的一个非正式区域贸易组织。这是美国防止东亚地区形成区域经济一体化组织的一项重要举措,一方面它把美国在内的环太平洋国家和地区都吸纳进来;另一方面它的开放性和非约束性特征决定了它在区域经济一体化领域不会真正有所作为。欧盟应对APEC的举措就是寻求与亚太区域的合作。1995年欧盟与东亚地区的13个国家(东盟加中日韩,即后来的"10+3")首次举行了亚欧首脑会议(ASEM)并形成了定期化的机制。

相比大西洋两岸区域经济一体化的蓬勃发展,作为世界经济三极中重要的的一极,东亚地区(尤其是东北亚区域)的区域经济一体化却是严重滞后的。日本作为世界第二大经济强国对此并非毫无知觉。90年代以前,日本曾经对发展东亚地区的经济一体化提出过许多建议,但都没有取得实质性成果。一则是该区域国家(包括日本)对美国市场有很高的依存度,美国的态度发挥了重要的作用。二则是历史的纠葛造成该区域国家对日本充当区域经济一体化组织的领导者怀有戒心。进入90年代以后,全球性区域经济一体化浪潮和亚洲金融危机刺激了该地区开展区域经济一体化的欲望。欧盟一体化与北美自由贸易区的建立客观上构成了对东亚国家的贸易歧视。纽约大学华裔教授熊玠2001年的研究表明,北美自由贸易协定使美国与日本贸易的比例从14.7%降为10.6%。欧洲和北美地区快速发展的区域经济一体化,加上1997年亚洲金融危机的发生使该区域国家意识到,没有本地区的经济一体化,将难以保证经济稳定的发展。

在世界范围内的区域经济一体化热潮的影响下,东亚地区的主要大国开始意识到参与区域经济一体化的紧迫性及重要性。中国正积极参与并融入到经济全球化和区域化中去,积极与我国重要的经贸对象国签订自由贸易协定,一方面为本国经济发展谋求有利的外部经济环境,另一方面也为应对欧美区域经济一体化的挑战。在中国的影响和带动下,日本也正在调整自身的区域贸易安排政策,表2-19总结了日本调整自己的区域贸易政策的主要原因。日本目前明显加快了与亚洲及其他大洲国家签订自由贸易协定的步伐(关于日本目前已经签订与正在谈判的FTA项目在本章的表2-21中列出)[1]。

表2-19 日本区域贸易安排政策转变的背景:动因比较

| 参与FTA以前的情况 | FTA政策转变的动因 |
| --- | --- |
| 东亚地区存在自发的经济增长活力,并且没有影响力的FTAs。 | 1997年金融危机的爆发使日本失去了对本区域经济高速增长的信心,并且意识到建立区域经济一体化组织的需要。 |
| 二战遗留的负面影响使东亚国家对日本参与或组建区域一体化组织持有戒心,日本对此也持审慎态度。 | 亚洲金融危机爆发后,日本对东亚有关国家提供了一定援助,这部分减轻了东亚国家对日本缔结区域性经济一体化协定积极性的担忧。 |
| 日本把APEC视为参与本地区经济一体化的主要途径。 | APEC EVSL的失败以及在贸易投资自由化领域的缓慢进展使日本对APEC的关注开始减弱。 |
| 对多边贸易体制的支持和依赖。 | 多边谈判进程受阻,对WTO信心不足。 |
| 本区域的主要国家,比如中国没有参与任何FTA。 | 中国—东盟自由贸易区(CAFTA)的建立。 |

来源:孟夏,《亚太区域贸易安排研究》,南开大学出版社,2005年2月。

---

[1] 日本与新加坡于2002年1月签订了东亚第一份双边自由贸易协定(JSEPA)表明日本的贸易政策由过去单一依靠多边贸易体系转向同时利用多边及区域贸易安排来实现贸易自由化的多层次贸易政策。

#### 2.3.1.3 东亚金融危机的教训

东亚区域经济一体化的设想最早是由马来西亚前总理马哈蒂尔提出的。1990 年马哈蒂尔提出了东亚经济集团(East Asia Economic Grouping, EAEG)的倡议。由于遭到美国霸权的强烈反对,东亚的经济大国日本与韩国开始打退堂鼓,从而该倡议以失败告终。

1997 年发生的东亚金融危机给东亚各个国家带来了严重的负面影响,使东亚经济体都遭遇到不同程度的打击。金融危机的爆发反映出东亚经济发展存在的问题,尽管东亚地区贸易与投资呈现快速增长的态势,但东亚经济的发展呈现出外向型特征,对外资和国际市场的依赖很高,这就表明了东亚经济的脆弱性。另外,东亚地区在金融危机爆发之前缺乏对区域经济一体化进行有效管理与协调的机制,比如东亚区域汇率协调机制的缺失。如果东亚地区能在危机前建立一种汇率协调机制,那么东亚金融市场的波动就可以避免或得到控制。

另外,IMF 在处理东亚金融危机中的表现也使东南亚国家下决心走自救合作的道路。IMF 应该给遭遇金融危机的成员国以及时有效的救助,但由于 IMF 机构庞大,取得共识要耗费时间。而且危机国获得 IMF 救助资源非常不容易,常常要受制于危机国难以接受的某些约束条件,这些约束条件短期内可能使危机加重。东亚金融危机使东亚国家意识到在信心急剧衰退的状态下,紧急施援是防止危机深化最重要的手段。但 IMF 的机构特性和意识形态偏见常常使紧急救助难以实施,东亚国家成立利益相关的组织将会更加有效。

东亚金融危机给东亚国家最深刻的教训就是防范金融危机只能靠东亚国家的团结合作[①]。在金融危机发生后,东亚国家在经济一体化特别是货币金融一体化方面取得了显著的进展。最具有代表性的事件是:第一,1999 年 11 月"10 + 3"(ASEAN 加上中国、日本和韩国)峰会在马尼拉

---

① 笔者认为,金融危机使东亚各国意识到了经济全球化的风险,同时也使东亚各国意识到参与区域经济一体化可以使各国更好地适应全球化,建立有效区域合作平台可以提高各国防范和化解全球化风险的能力。

通过了《东亚合作的共同声明》，同意加强金融、货币和财政政策的对话、协调和合作。根据这一精神，2000年5月"10+3"财政部长在泰国清迈达成了《清迈协议》。第二，政策对话和监控。目前东亚地区主要的政策对话和监控机制包括8个区域性财政部部长和中央银行行长论坛。主要包括 ASEAN 监控机制、马尼拉框架组（MFG）、中央银行论坛（EMEAP）、"10+3"经济评论和政策对话等。第三，亚洲债券基金（ABF）的建立。2003年6月2日，东亚及太平洋地区中央银行行长会议组织（EMEAP）宣布与国际清算银行（BIS）合作建立亚洲债券基金。该基金初始规模为10亿美元，由国际清算银行按特定基准进行被动式管理。该基金由 EMEAP 各经济体从其官方储备中出资建立，投资于 EMEAP（除日本、澳大利亚和新西兰以外）8个经济体发行的一篮子主权和准主权美元债券。建立 ABF 是希望通过建立具有象征意义的机制来表明东亚地区金融合作的决心，另外就是通过区域债券市场的建立来减少东亚地区对银行体系的过度依赖。建立 ABF 的目的就是通过这两个机制来提高东亚地区金融体系的稳定性。第四，成员国双边货币互换（BSA）机制建立。目前东亚地区的双边货币互换协议数量与总金额都在不断增加。

### 2.3.2 东亚制度性区域经济一体化的主要特征

2000年以后，东亚区域经济一体化成为全球关注的焦点，东亚区域经济增长速度处于世界前列，如表2-20所示，2000—2002年世界平均经济增长率为2.5%，而东亚大部分国家的经济增长率都在4%以上，2003—2005年的情况也基本如此。在经济快速增长的同时，东亚制度性区域经济一体化在这几年也呈现加快发展的态势，并呈现出内容和目标的广泛性及模式的多样性，东亚制度性区域经济一体化的主要特点具体表现在以下几个方面：

一是制度性区域经济一体化发展迅速。WTO 成立以后多边贸易体系进展缓慢，缔结双边和多边自由贸易协定之势愈演愈烈。从世界范围来看，1948年到1994年46年中新增区域贸易协定数量为125个，而

1995年到2001年仅仅6年时间新增的区域贸易协定数量就达到125个,每年都有几十个自由贸易协定出现。

表2-20　东亚部分国家与世界的实际GDP年增长率

| 年份 | 2000 | 2001 | 2002 | 2003 | 2004 | 2005 |
|---|---|---|---|---|---|---|
| 中国 | 8.4 | 8.3 | 9.1 | 10.0 | 10.1 | 10.2 |
| 日本 | 2.9 | 0.4 | 0.1 | 1.8 | 2.3 | 2.6 |
| 韩国 | 8.5 | 3.8 | 7.0 | 3.1 | 4.7 | 4.0 |
| 印尼 | 5.4 | 3.6 | 4.5 | 4.8 | 5.1 | 5.6 |
| 新加坡 | 10.0 | -2.3 | 4.0 | 2.9 | 8.7 | 6.4 |
| 马来西亚 | 8.9 | 0.3 | 4.4 | 5.5 | 7.2 | 5.2 |
| 菲律宾 | 6.0 | 1.8 | 4.4 | 4.9 | 6.2 | 5.0 |
| 泰国 | 4.8 | 2.2 | 5.3 | 7.0 | 6.2 | 4.5 |
| 越南 | 6.8 | 6.9 | 7.1 | 7.3 | 7.8 | 8.4 |
| 文莱 | 3.3 | 2.2 | 4.1 | 3.1 | 3.5 | 2.5 |
| 世界平均 | 2.5 | 4.8 | | | | |

数据来源:www.apecsec.org.sg及www.worldbank.org。

东亚金融危机发生后东亚各国的区域自由贸易协定建立速度开始加快,全世界2000年到2005年向WTO通报的优惠贸易安排共有89件,而东亚地区就有22件,占比为24.7%。表2-21列举了东亚各国截止到2007年3月参加的自由贸易协定的情况,这些自由贸易安排除东盟外绝大部分是在中国加入WTO以后签订的。

表2-21　东亚国家与组织已签署和正处于谈判中的自由贸易协议

| 国家或组织 | 已签署 | 谈判中 | 建议与研究中 |
|---|---|---|---|
| 中国 | ASEAN、中国香港、中国澳门、巴基斯坦、智利、亚太贸易协定 | 冰岛、新西兰、澳大利亚、GCC、南部非洲关税同盟、新加坡 | 日本、韩国、南非、巴西、墨西哥、秘鲁、新加坡、MERCOSUR、中日韩、印度、上海合作合组织 |

(续表)

| 国家或组织 | 已签署 | 谈判中 | 建议与研究中 |
| --- | --- | --- | --- |
| 日本 | 新加坡、墨西哥、菲律宾、马来西亚、泰国 | 韩国、ASEAN、印尼、澳大利亚、越南、文莱、GCC、智利、印度 | 加拿大、中国、中国台湾、中日韩、美国、瑞士、MERCOSUR、南非、挪威、以色列、埃及、摩洛哥、冰岛、蒙古 |
| 韩国 | 智利、新加坡、EFTA、亚太贸易协定、美国 | 澳大利亚、加拿大、ASEAN、印度、日本、墨西哥 | 中国、墨西哥、新西兰、泰国、欧盟、中日韩、MERCOSUR、南部非洲关税同盟 |
| 新加坡 | ASEAN、日本、新西兰、澳大利亚、美国、EFTA、约旦、印度、韩国、巴拿马、跨太平洋SEP、APEC | 中国、澳新、加拿大、智利、墨西哥、GCC、巴林、埃及、巴基斯坦、秘鲁、斯里兰卡、科威特、卡塔尔、阿联酋 | 中国台湾、太平洋5国 |
| 泰国 | 澳新自贸区、ASEAN、中国、韩国 | 智利、秘鲁、美国、日本、EFTA、BIMST-EC、印度、巴林 | 克罗地亚、捷克、EU、巴基斯坦、MERCOSUR |
| 印尼 | ASEAN、罗马尼亚、韩国、日本 | 美国、澳新自贸区、印度、巴基斯坦 | EFTA、EU、美国 |
| 马来西亚 | 巴基斯坦、日本、中国、韩国、ASEAN | 美国、巴基斯坦、澳新自贸区、印度 | 智利、EU |
| 菲律宾 | 日本、韩国、ASEAN | 澳新自贸区、印度 | 美国、EU、巴基斯坦、EAFTA |
| 东盟 | 澳新FTA、中国 | 日本、韩国 | 印度、中日韩、欧盟 |
| 澳大利亚 | 新西兰、新加坡、泰国、美国、南太平洋区域贸易与经济合作组织、巴布亚新几内亚 | ASEAN、马来西亚、中国、GCC、智利、日本、韩国、阿联酋 | 墨西哥、印度 |
| 新西兰 | 泰国、新加坡、跨太平洋SEP、澳大利亚、南太平洋区域贸易与经济合作组织 | ASEAN、中国、马来西亚、中国香港 | GCC、韩国、墨西哥 |

（续表）

| 国家或组织 | 已签署 | 谈判中 | 建议与研究中 |
|---|---|---|---|
| 印度 | MERCOSUR、南亚自由贸易协定、亚太贸易协定、阿富汗、智利 | 欧盟、新加坡、GCC、孟加拉国、ASEAN、日本、埃及、BIMST-EC、印尼、韩国、毛里求斯、南部非洲关税同盟 | 中国、澳大利亚、哥伦比亚、EU、以色列、乌拉圭、委内瑞拉、马来西亚 |

注：1. FTA 为自由贸易区；EPA（Economic Partnership Agreement）为经济伙伴关系；CER 为紧密经济关系协议；CEPA 为内地与香港关于建立更紧密经贸关系的安排。2. 太平洋 5 国包括新加坡、澳大利亚、新西兰、美国和智利。3. 跨太平洋 SEP 包括文莱、智利、新西兰、新加坡。4. BIMST-EC 包括：孟加拉国、印度、缅甸、斯里兰卡、泰国。5. 时间结点是 2007 年 2 月。

来源：自己根据各种资料整理而成，主要是 WTO 及东亚各经济体商务主管部门的网站。

二是区域经济一体化形式以双边自由贸易协定为主。目前世界范围的自由贸易安排以自由贸易协定居多，比如 1995 年至 2003 年间已生效的自由贸易协定为 110 个，占这一期间自由贸易安排总数的 95% 左右[①]。据 WTO 统计，目前全球范围所有的自由贸易安排中，自由贸易协定占 62%。

东亚地区的情况基本上也是这样。截止到 2006 年年底，东亚 13 国目前已经签署和正处于谈判过程中的各种形式自由贸易安排中，双边自由贸易协定所占比例超过 90% 以上。但东亚双边自由贸易协定存在的一个问题是双边自由贸易协定之间标准和规则的不完全一致性，容易出现"意大利面条碗"效应[②]，对区域内投资与贸易产生不利的影响。

三是自由贸易安排地域范围在扩大，与域外经济体缔结自由贸易协定的现象普遍。过去的自由贸易安排基本上是在地理位置相邻的国家之间达成的，而 2003 年以后跨地区的贸易协定（Cross-regional RTAs）正在迅速增加，甚至出现了不同区域集团之间签订自由贸易安排的情况，如 1998 年欧盟与美国签署《跨大西洋新纲要》，建立由欧盟与 NAFTA 组成

---

① 数据来自：孟夏，《亚太区域贸易安排研究》，南开大学出版社，2005 年 2 月，第 29 页。
② FTA 的"意大利面条碗"效应最早是由美国著名国际经济学家 Bhagwati 提出，东亚地区日益增多的双边自由贸易协定使得东亚自由贸易安排开始呈现出这种现象。

的"大西洋共同体",并将这一构想进一步扩大到南方共同市场,形成由这三大区域组织组成的世界上最大的"大西洋自由贸易区",还有 EU 与 ASEAN、中日韩在 1996 年 3 月建成的欧亚首脑会议(ASEM)机制、东盟—澳新自由贸易区紧密经济关系等。东亚国家目前已经达成和正在谈判的自由贸易安排中有区外国家参与的数量越来越多,东亚地区 60% 以上的已签署或正处于谈判中的 FTA 涉及到区外国家[①]。

四是区域经济一体化安排内容广泛。过去的自由贸易安排的内容主要集中于货物贸易自由化方面,主要包括关税削减和取消数量限制措施。但 20 世纪 80 年代以后,新一轮自由贸易安排涉及的领域和内容更为广泛,除关税减让以外,还包括与贸易有关的任何条款,比如 JSEPA(日本—新加坡新时代经济伙伴关系)突出的是"经济伙伴关系",合作的内容已超过货物贸易和服务贸易的内容。表 2-22 对比了自由贸易安排的传统内容与新的条款,从中可以看出其所包括的内容范围大大拓展了。

表 2-22  传统自由贸易安排与新自由贸易安排的主要条款对比

| 传统内容 | 新条款 |
| --- | --- |
| 关税、农业、数量限制、其他非关税壁垒、反倾销、反补贴、卫生与动植物检疫检验、原产地规则、争端解决 | 安全措施、标准一体化、技术性贸易壁垒、海关程序、政府采购、服务贸易、劳动力流动、投资、竞争政策、知识产权、电子商务、交通与通讯、能源、环保、劳动标准、经济技术合作 |

来源:孟夏:《亚太区域贸易安排研究》,南开大学出版社,2005 年 2 月,第 38 页。

五是区域经济一体化不确定性因素很多。东亚地区内复杂的政治、安全、外交关系,加上美国在东亚地区的利益和对东亚的控制,东亚区域经济一体化发展充满诸多的不确定性。目前,影响东亚自由贸易区推进主要的不确定性因素包括中日关系走向、海峡两岸问题、日美同盟、朝核危机、中国崛起等。政治安全因素在东亚区域经济一体化中的份量大于经济因素。

六是区域经济一体化的轴心—辐条结构出现苗头。被 GATT 第 24

---

[①] 具有代表性的如最近于 2007 年 4 月 2 日签订的韩美自由贸易协定。韩美自由贸易协定(KUSFTA)对东亚国家的对美出口将产生重要影响,特别是"亚洲四小"对美国出口受其负面影响会较大。

条作为最惠国待遇例外而允许存在的自由贸易安排正在以轴心—辐条（Hub-Spoke）形式发展。轴心—辐条自由贸易协定是以大国或区域集团为主导的区域经济一体化，轴心国家可以进入所有辐条国家的市场，但是辐条国家之间却无法相互进入。在全球范围内，以欧盟、EFTA 为代表的欧洲区域贸易集团和美国的主导地位是确定无疑的。以它们为中心，分别与东亚、拉美、中东欧国家、地中海国家、非洲国家组建了大量的 FTA。在东亚地区，日本、中国与东盟集团之间出现了争夺区域自由贸易安排轴心国的苗头[①]。

七是东亚地区的 FTA 做到了与 WTO 规则一致并超越 WTO[②]。东亚双边 FTA 符合 WTO 的有关规则，双边 FTA 中的有关规则甚至高于 WTO 规则，比如日本与韩国在谈判双边 FTA 时就强调，只有该协定与 WTO 规则一致，才会得到双方政府的批准。JSEPA 在研究阶段时便指出，"与 WTO 相一致的 FTA 将对全球贸易自由化起积极作用"。从这个角度来看，区域自由贸易安排构成了全球贸易自由化的半个轮子，对 WTO 进程将起到推动作用。

## 2.4 东亚各国的区域经济一体化战略

最近二十年，东亚各国都在谋求通过区域经济一体化来发展本国的经济和巩固政治外交关系，从而实现本国利益的最大化。中国、韩国、日本和东盟各国各地区都把签订双边自由贸易区协定作为本国实现贸易发展的现实战略选择，形成了各自的区域经济一体化战略。

### 2.4.1 东盟的区域经济一体化战略[③]

由于东亚特殊的政治结构，在东亚各国和利益集团的博弈和竞争中，

---

① Richard E. Baldwin, The Spoke Trap: Hub and Spoke Bilateralism in East Asia, KIEP CNAEC Research Series 04-02, 2004.12.
② 有学者把比 WTO 多边贸易安排更优惠的区域自由贸易安排叫 WTO Plus。
③ 肖长培，东亚经济一体化的发展模式与路径研究[D]，厦门大学研究生院，2008 年 10 月 1 日。

东亚由于其相对弱小和中立的立场使其取得了相对次优的一个主导地位。中日韩三国也都相对认可其主导国的地位,并希望东盟能发挥主导作用。这种特殊的安排是地区大国竞争的产物,也是一种比较现实和可行的安排。

东盟是东亚区域最早实践区域经济一体化的地区集团,是东亚区域一体化的开拓者和积极参与者,由于各国的积极性较高,东盟通过制度性安排实现了贸易、投资的区域一体化组织,正在向区域共同市场的方向迈进。在与区域内大国的利益博弈中,东盟成功实现了由小国主导一体化进程、各大国积极参与的"小马拉大车"的区域经济一体化的独特局面。

从战略角度来看,东盟的区域经济一体化战略有其明确的目标和方向,主要可以包括以下三个有机联系的方面。

1. 成功推动东盟区域经济一体化发展,为东亚自由贸易区的形成提供范式和基础。东盟各国都相对弱少,无论是从经济实力和政治影响来看,东盟各国都面临区域大国的竞争和排挤,因此东盟各国像欧盟一样抱团行动才能维护自身的利益,超越彼此之间的政治、经济、领土和历史的恩恩怨怨,加强内部的融合和团结,真正实现"东盟共同体"的既定目标。

2. 坚持东盟的主体性和中立性,实现自身在东亚一体化中的主导地位。由于东北亚地区的日本、韩国、中国之间的政治外交关系相对比较紧张,特别是中日关系的不稳定使得东亚区域内大国无法单独或共同来主导东亚一体化,比较可行的方案是由东盟来主导。东盟在其发展壮大的同时,也存在成为东亚区域一体化进程中主导者的战略意愿,积极主导和推动能让大国参与的各种一体化安排,担心自己失去自身的独立性和主导权。因此,东盟积极倡导"10+1"、"10+3"、"10+6"等各种东盟主导的双边自由贸易协定,甚至积极主导"东亚峰会"的召开。对中国提出的"中国—东盟自由贸易区"的倡议,东盟都认为必须保留其核心地位,充分考虑东盟的利益。新成员国要想加入"东亚峰会",也必须是东盟的对话伙伴国,必须签署《东南亚友好合作条约》以及要与东盟有"实质性"的关系。

3. 东盟实行"同心圆推进"战略,不断扩大自身的影响。随着东盟自身成功的一体化实践,东盟抓住东亚地区微妙的区域竞争关系,成功主导并推动东亚一体化向前发展。经济多年的努力,东盟学习欧盟"法德联盟"的成功经验,形成了东盟在东亚一体化中的"同心圆"战略。这一战略就是以"东盟共同体"为核心,以东盟分别与中国、日本、韩国、印度、俄罗斯、澳大利亚等6个"10+1"机制为第一外围,以"10+3"为第二外围和"东亚峰会"为第三外围。有学者评论,东盟这一战略耐人寻味,从长远看,不仅要主导东亚的区域经济一体化,还期望主导亚洲和亚太次区域的经济一体化[1]。

在推进东亚经济一体化进程中,尽管东盟自身实力与主导国不尽相称,但它利用自己对外不具有威胁性的优势和自身一体化的成功经验,通过巧妙和稳妥的安排,赢得了大国的信任,掌握了东亚经济一体化的主导权。然后,从长期看,东盟能否长期维持这种地位依赖于其自身的发展和能力提升,尤其是在协调区域内大国合作问题上。根据欧盟、北美自由贸易区的经验,大国意愿、大国间合作才是保证区域经济一体化成功的关键因素。对于东盟这样实力较弱的组织来说,在主导和推进东亚经济一体化时,一定要成功处理好自己在东亚区域经济一体化中的主导权和寻求大国合作支持的矛盾关系,放松自己的心态,积极推动东亚经济一体化谈判,采取尽其所能的原则,依据自身条件和能力来主导东亚经济一体化。在东亚经济一体化的初期,东盟应该承担区域经济一体化的主导国角色,争取区域内大国积极参与,而当东亚经济一体化向前推进到更高层次和水平时,东盟也应该可以考虑将主导权交由区域内大国来共同主导。

### 2.4.2 日本的"扩大版东亚共同体"战略

尽管日本是亚洲最早提出开展区域经济合作的国家,但直到20世纪90年代末,日本一直是崇尚WTO多边贸易体制,对于区域经济一体化是持否定态度的。不过,1998年韩国和墨西哥先后要求与日本商谈双边自

---

[1] 陆建人:《东盟正成为亚洲新权力中心》,《环球时报》2006年2月9日。

由贸易协定以来,日本也开始从过去的多边主义转向有条件有选择的双边主义战略的转变。1999年,新加坡也提出与日本缔结FAT协定促使日本开始发生这种转变,这与当时全球多边贸易体制和APEC受挫有一定关系,也与日本为摆脱长达10年的经济衰退而调整其对外贸易政策有关。

日本在亚洲的FTA战略分为四个步骤:第一步,分别与韩国和泰国、马来西亚、菲律宾和印度尼西亚四个东盟老成员国缔结双边FTA(与新加坡的贸易协定已签署);第二步,完成与东盟新成员国缔结FTA,从而实现与东盟整体的双边FTA协定;第三步是分别以日—韩FTA和日本—东盟FTA为主轴,吸引中国加入;第四步是吸收中国台湾和中国香港加入,"实现更广泛的东亚经济一体化"。

针对东亚地区,日本则提出了"扩大版东亚共同体"的区域经济一体化战略。除"10+3"所有成员外,还有澳大利亚和新西兰两个非东亚国家。日本把澳、新纳入东亚共同体的原因,一是为平息美国对东亚一体化的不满。澳、新均是美国的盟友,他们的加入在某种程度上可以扮演美国的"代言人"角色。二是有助于巩固日本在东亚一体化中的主导地位。日本认为,澳、新与自己是"同质国家",它们的加入可以扩大日本在东亚一体化中的阵营。

在2005年的12月举行的首届东亚峰会上,日本竭力要求讨论其扩大版东亚共同体主张,并提出把"自由、民主、人权"作为该共同体的价值观,但日本的要求最终没有实现。东盟与中国都主张在10+3框架内建立东亚共同体。另外,日本提出的价值观也没有被采纳。

尽管日本近年来在东亚经济一体化上日益积极主动,取得了一些成果,但日本的战略实施将受到许多因素的制约,主要包括以下几个层面的因素:一是东亚的"西方情结"。日本由于历史上的"脱亚入欧",总是把自己认同和定位为一个"欧美国家",对东亚国家相对冷漠、排斥。尽管后来提出过"回归亚洲",但只是有限的回归,日本没有真正把自己看成是亚洲国家。日本的这种定位和做法自然遭到东亚其他国家的抵制和反感,从而影响其东亚一体化战略的成功。二是日本近代史上曾对东亚国家进行过残酷的殖民统治和侵略战争,这给东亚国家和人民造成了心灵创伤,其提出的关于东亚经济一体化的各种设想方案自然无法取信于人,而且让人心有余悸。第三,在推进东亚经济一体化过程中,日本制定的各种方案都带有强烈的利己主义色彩,其目的是为了维护日本的国家利益甚至是想争夺一体化的主导权。这一点可以从日本的东亚一体化战略构想上得到反映。"东亚共同体"是日本谋求东亚一体化主导权的战略构想,但个人认为,以追求日本国家利益为目的的"东亚共同体"理念中,存在着一些不利于东亚区域一体化的想法。我们知道,任何一个共同体都是一个渐进过程。以欧盟为例,它经过了"煤钢联营"、"原子能共同体"、"欧共体"等几个过程,从经济领域开始逐步过渡到欧盟。东亚区域一体化的过程也应是从经济领域的合作做起,譬如现在"10+3"模式就是从经济领域开始的。但是,日本"东亚共同体"更多的是想把澳、新、印等所谓的价值观相同的国家纳入其中,力图冲淡东亚一体化过程中的"中国因素"和"东盟因素"。这样有利于日本实现掌握"东亚区域合作战略制高点"的构想。这种理念具有"价值观外交"的影子,无形中为东亚一体化的进程造成了不利因素。所以,从这个方面看,为了整个东亚区域一体化的进程,最好还是采用渐进式、逐步扩容的提升方式,先以经济合作为主逐步提高一体化的程度。第四,日本把能否掌握主导权看成是日本选择FTA伙伴的基本标准。日本在选择FTA对象时,除了要考虑政治经济利益、回避农产品等敏感领域这些基本标准外,还把控制力和谋求主导权看成一个基本标准。日本至今没有与中国、俄罗斯、美国和欧盟开展双边自由贸易协定谈判,一个重要原因就是担心失去控制力和主导权。事实上,与这些国家签订双边自由贸易协定才真正是日本获益较多的国家。由于东亚各国关系的特殊性,一国主导型的FTA并非东亚地区经济合作的理想模式,而且必将面临更多困难和阻力。第五,日本农产品市场开放是日本在推进FTA过程中的最大障碍。日本之所以选择新加坡作为东亚第一个双边FTA谈判对象,一个重要原因就是新加坡基本没有农业,其农产品出口不会对日本国内农产品市场带来冲击。日本与东亚其他国家之间的双边或多边磋商也将面临同样的问题。

关于日本与中国的双边 FTA,总体态度是相对冷淡。其中经济原因主要是中日的关税水平已经较低,日本从中获得的利益相对较少。另外,日本还考虑到目前为止中国还没有与美国、欧盟、韩国等日本的竞争对手签订 FTA,如果中国与这些国家签订了 FTA,日本也会积极与中国商谈双边 FTA。日本积极与墨西哥签订双边自由贸易协定的一个重要原因就是墨西哥都与美国、欧盟签订了双边 FTA。但是,也应该看到,中日缔结 FTA 态度消极的主要原因并不在于"经济标准",而在于"政治外交标准",特别是在"政冷经热"的情况下,日本国内的反对力量相当强大。

### 2.4.3 韩国的"东北亚时代"战略

韩国由于国内市场小,经济发展主要依靠国外市场。1997 年的东南亚金融危机沉重打击了正在全球扩张的韩国财团,迫使其转向东亚来发展。事实上,最早提出东亚区域经济一体化的国家正是韩国。韩国对于推动东北亚次区域经济一体化非常积极,力主建立由中、日、韩三国组成的"东北亚经济共同体"。

卢武铉出任韩国总统后,更加明确地提出"东北亚时代"的构想。其要点是:韩国位于东北亚中心,具有世界一流的信息化基础设施,大量的精英人才和非常强的自主创新能力,将成为东北亚地区的物流中心和金融中心,在东北亚建立"繁荣的共同体",从而造就 21 世纪的东北亚时代。

为了实现"东北亚时代"的构想,韩国提出了"东北亚战略",内容大致有三个方面:第一,建立韩国、日本、中国 FTA;第二,构筑朝鲜半岛的和平机制;第三,发挥韩国在东北亚经济中的"中枢"功能,韩国要成为东北亚地区的物流中心和金融中心。

韩国卢武铉总统任内曾提出过"FTA 推动方针",目标是 2007 年年底前与五十个国家进行洽签 FTA,其中有十五个 FTA 生效,并以美、欧盟、日、中为首要目标。李明博总统上任后继续推动这项经贸外交战略,2010 年六月底两岸签署 ECFA,CHIWAN 新势力促使韩国加速与中国协商 FTA。如今韩国已完成与新加坡、欧洲自由贸易联盟、东盟、印度的 FTA

且正式生效。韩国与欧盟的FTA于2010年10月6日在比利时的布鲁塞尔(Brussels)正式签署,自由贸易协定将于2011年7月1日临时生效。韩美自由贸易协定(简称FTA)谈判在历经8轮10个月的艰苦磋商后,最终于2007年4月2日落下帷幕,并于同年6月30日正式签署,2012年1月1日正式生效。

随着经济全球化的发展,国际贸易竞争日趋激烈,长期奉行"贸易立国"的韩国积极推进缔结双边自由贸易协定,并把双边自由贸易协定看成是抢占全球市场,缓解能源危机,扩大地区影响,促进经济持续高速发展的重要战略举措。韩国重点选择能源大国、市场与贸易大国、可发挥韩国地理优势的国家商谈双边自由贸易协定。韩国的FTA路线遵循"重点先行,先易后难"的基本原则,韩国与欧盟、美国双边FTA反映了重点先行的原则,而韩国与新加坡、智利、东盟等双边自由贸易协定反映了先易后难的原则。

### 2.4.4　中国的"面向大周边"的区域合作政策[①]

中国位于东亚和亚太,其对外贸易和经济关系主要集中在亚太地区,特别是中国的"大周边"地区,包括北亚的俄罗斯、东北亚的韩国和日本、东亚的香港台湾地区、东南亚国家、南亚、中亚以及南太平洋的澳大利亚等。以2005年为例,中国的前十位贸易伙伴有七位来自于这些地区,它们与中国的贸易额占中国外贸总额的一半以上。如果加上印度、中亚五国和新西兰,中国与"大周边"国家的贸易额占总贸易额比重达60%以上。

在过去的20年,中国的对外贸易主要在外国直接投资的带动下得到迅速增长的,而中国的外国直接投资主要来自于这些"大周边"国家,尤其是日本、韩国、香港、台湾和新加坡等地。随着中国与这些"大周边"国家的经贸和投资关系的日益紧密,相互间的经济联系也逐渐加深,这就为我国与这些国家的经济一体化创造了条件。面向"大周边"也自然成为

---

① 陆建人,东亚国家的经济一体化战略[R],中国社会科学院亚洲太平洋研究所研究员,中国威海,2006.7.28。

中国实施区域经济一体化战略的重点。

在 2001 年中国入世之前,中国的外贸政策重点主要放在全球贸易体制上。入世目标实现后,随着东亚经济一体化浪潮的出现,中国对外贸易政策的焦点也发生了变化。除了继续兑现自己入世承诺,维护和遵守多边贸易体制外,也开始积极参与到区域经济一体化进程中来。中国的对外贸易政策出现了"两手抓"的特点,即一手抓 WTO,另一手抓 FTA。

中国做出积极参与 RTAs 和 FTAs 的战略选择,一方面是为了应对美欧和其他国家迅速增加的区域主义挑战;另一方面,也是为了更好地促进自身的改革和开放,鼓励更多企业"走出去"。在多边投资促进机制不足的情况下,尽量让企业通过利用更多的双边 FTA 机制安排来争取更多的投资优惠。同时,随着中国入世和贸易自由化进程加快,中国政府、企业和投资者开始越来越熟悉和适应世界贸易体制,这使得中国具备了参与 RTA 和 FTA 的条件和能力。中国经济的持续快速增长,对周边贸易伙伴产生了巨大的吸引力,它们纷纷向中国大市场靠拢。

中国的区域经济一体化战略,除了面向"大周边"这一重点区域外,还要考虑到其他一些因素。例如开拓国际市场的需要,获取能源与原材料的需要,以及与外交政策的配合等。东亚和大周边是中国的传统市场,但还需要加强进入欧美发达国家市场,并开拓拉美和非洲等新兴市场,这就需要推动与这些地区的经济一体化。

自从 2002 年,中国与东盟签署 CAFTA 协议后,中国便进入了 FTA 时代。目前,已有 20 多个国家地区要求与中国商谈双边自由贸易协定。中国正根据自身的需要选择合适的伙伴,并逐渐形成了多层次、多领域和多形式的合作政策。多层次是指参与不同层次的区域经济合作形式,如亚欧会议是跨地区合作,APEC 是亚太地区合作,这两个组织地域范围内,成员多,属于大区域层次上的合作。10+3 是东亚次区域合作,而中国—东盟自由贸易区是一国与十国集团之间的双边合作,正在谈判的各种双边自由贸易协定则是一国与对象国之间的合作。多领域合作是指中国参与合作的领域多种多样。既有像 APEC 这样的贸易与投资自由化和便利化领域,又有像上海合作组织所进行的安全领域合作,还有亚欧会议的政治对话。此外还有像《清迈协议》这样的纯金融领域合作。多形式是指中国对各种形式的区域合作组织,包括非机制化、准机制化和机制化的都有兴趣,都积极参与。

当前中国区域合作政策的重点正在从非机制化转向机制化组织,主动选择贸易伙伴商谈 FTA,并逐渐形成了自己的 FTA 战略,这一战略可以概括为:迈向大周边,迈向大市场和新兴市场,迈向能源和重要资源。"迈向大周边"是指中国在选择区域经济一体化伙伴时,主要考虑这些国家和地区。"迈向大市场和新兴市场"是指中国的一体化必须考虑欧美大市场和非洲、拉美这种的新兴市场。"迈向能源和重要资源"是中国区域经济一体化的重要战略。中国已经成为全球的制造中心,获取其他国家的能源和重要资源成为一项十分紧迫的任务。与富有能源和资源的国家签订自由贸易协定,将有助于中国获得能源与资源稳定而又便宜的供给,从而保证中国经济的持续增长。

目前,从中国已经签署的双边自由贸易协定来看,基于符合"迈向大周边,迈向大市场和新兴市场,迈向能源和重要资源"这样一个区域经济一体化基本战略。例如,中国与智利、南非关税同盟和印度谈判体现了面向新兴市场的特点。中国与海合会(GCC)、上海合作组织、东盟以及澳、新商谈 FTA 体现了"面向能源与重要资源"的想法。另外,这些国家大部分都在中国的周边,也体现了"大周边"的战略特点。

中国在东亚区域经济一体化问题上采取了更加务实的战略。首先,中国无意和不谋求区域经济一体化的主导权,支持东盟在东亚经济一体化进程中发挥主导作用。其次,将"10+1"作为中国与东盟开展合作的主要依托和载体,将"10+3"作为东亚合作的主渠道,中国还将"东亚峰会"作为推进东亚合作的重要战略论坛。第三,中国主张东亚合作应该开放包容、先易后难,逐步培育共识、务实推进。这些主张和倡议受到各方的重视和欢迎,表明中国在东亚经济一体化的战略正逐步走向成熟。

尽管中国在东亚经济一体化进程中采取了睦邻友好、低调务实的政策,但受到"中国威胁论"等各种因素的影响,东亚各国依然对中国充满疑虑。中国赞成通过"10+3"机制来建立东亚共同体,以此为主渠道建设东亚共同体并在其中发挥越来越大作用的做法,引起了日本和其他东亚国家的忧虑。如日本著名的国际评论家船桥洋一认为,"东亚的地区主义可能纳入中国新的朝贡贸易体系,这是一种以中国为中心的经济体系和国际秩序"。菲律宾前外长曼格拉普斯说"中国曾长久地沉睡,现在它苏醒了,它总有一天会对这个地区施加影响"。

### 2.4.5 新加坡实施自由贸易战略的指导思想、战略目标及实施策略[①]

一、新加坡实施自由贸易战略的指导思想

自由开放以及对外贸易对新加坡具有非常重要的意义。正如新加坡前内阁总理李光耀说过:"新加坡的经济是自由开放的,对外贸易是我们的经济命脉。"正是如此,新加坡的贸易政策的首要目标就是努力实现一个自由开放的国际贸易市场来确保新加坡的贸易利益。"

为了实现这个目标,新加坡现在实行三大战略并进的思路。第一,积极推进WTO多边贸易体制的进程。WTO为发展多边贸易提供了稳固的框架,能以最小的阻碍实行货物和贸易的自由流动。第二,积极寻求区域的贸易合作。新加坡是APEC以及ASEAN的创始国之一,认为区域的经济合作能够促进多边贸易体系的自由化进程。第三,谋求双边的FTA,建立以自己为中心的FTA网络。

在美国倡导的全球自由贸易体系下,新加坡积极响应而充分利用自由贸易的好处而实现经济的腾飞;在区域主义盛行的情况下,新加坡转而将精力集中在区域合作的发展上,创建APEC以及东盟自由贸易区;而当APEC以及AFTA举步不前、新地区主义下的双边FTA浪潮席卷时,新加坡马上进行FTA网络的建立工作。但是,新加坡在追求FTA的同时并没有停止对多边贸易体制和区域合作的追求,只是现阶段新加坡对双边FTA的热情极为高涨,已经将主要的精力放在了双边FTA网络的建立上来。

二、新加坡双边自由贸易策略的目标及实施策略

新加坡的FTA战略是其对外贸易战略中的一部分。新加坡FTA战

---

[①] 湘君,邓霓.新加坡的双边自由贸易策略及对我国的启示[J],http://lhzy.gxufe.cn/lhzy/dmzc/index/show.php? id=3146

略的目标是通过积极的努力和谋划,以图建立一个以新加坡为中心的FTA网络。该网络地跨亚洲、大洋洲、美洲、欧洲四大洲,涉及到世界上最主要的发达国家和发展中国家。为实现上述目标,新加坡实施双边FTA战略,在路径和策略采取以下对策:1. 谈判对象的选择策略。按照"由易到难"的原则,从缓解国内压力、发挥互补性和追求经济利益等角度出发进行选择。新加坡最早与新西兰开始,然后与日本、澳大利亚、美国、欧洲自由贸易联盟签署双边FTA,遵循的就是这个原则。2. 地域对象的选择。由近及远,覆盖了全球除南极洲以外的所有地区,包括了发达和不发达国家。新加坡首先从地理邻近的国家开始,然后将FTA的网络向纵深发展。从临近国家开始的好处,是由于相同文化氛围以及共识,容易产生认同感,从而能相对容易的达成协定。而一旦具有了一定的基础,包括对谈判的经验、时间内容的把握具有火候之后,就扩大目标,建立跨洲跨洋的FTA。而"骨牌效应"也为新加坡与对象国谈判起到促进作用。3. 合作对象的选择。一是新加坡已经签订的和想要签订FTA的国家,基本上是其主要的进出口市场或者主要的贸易伙伴国。美国、日本、中国等等都是位于其10大贸易伙伴国的前列,澳大利亚以及韩国也都是其主要的贸易伙伴。二是向更加大的贸易区或者贸易市场靠拢。新加坡向美国、日本、中国靠拢目的自然是看重他们的大市场,同样与印度FTA也是看重印度这个潜在的大市场。而新加坡积极地寻求与加拿大、墨西哥签署自由贸易协定,目的也再明显不过,是为进入NAFTA这个大贸易区。三是利用已有的FTA网络,迅速扩展。由于自由贸易去的成员国越多,利益也就越大,因此利用已有的FTA迅速扩大双边FTA的数量,就是一个简单实用的办法。新加坡与澳大利亚的FTA能快速签订,明显是利用了已经存在的澳新协定;与加拿大、墨西哥谈判同样是看中了两国与美国有着NAFTA的缘故;而与约旦缔结FTA就是因为约旦与美国已经先签订了双边FTA。四是选择已经建立起FTA网络的国家,利用其已经建立FTA的经验,同时利用其FTA网络。新加坡最先选择与新西兰建立FTA,除了地域以及两国都是小国的因素之外,更重要看重新西兰已经与澳大利亚签订了协定的经历。而新加坡与墨西哥在1999年就开始了意向交流,一方面的原因也是看重其覆盖了 30 多个国家的 FTA 网络。五是树立样板,寻找突破口。新加坡寻找约旦,是为进入中东的市场做跳板;新加坡寻找巴拿马,同样是为打入中美洲;而与秘鲁的 FTA 谈判,也能在南美树立起样板。而新加坡与欧洲自由贸易联盟的 FTA 的建立,为进入欧盟这个大市场起到了一定的样板作用。4. 内容的涵盖。FTA 的内容越来越广泛,并且是越后签署的 FTA,内容就越广。新加坡所签订的 FTA,不仅包括了传统 FTA 的内容和项目,包涵了广泛的服务贸易、投资、政府采购、竞争政策、人员流动等内容,而且包括环境以及劳工等非贸易领域内容内,并且这些 FTA 在关税减让、开放服务贸易的承诺上都大大超出在 WTO 所做的承诺。5. 由双边 FTA 向多边 FTA 发展。新加坡与新西兰、澳大利亚分别签署双边 FTA 后,已经开始酝酿三方的 FTA,以实现融合。新加坡与美国的 FTA 签署建立之后,与加拿大、墨西哥的谈判就一直在考虑与 NAFTA 接轨的事情。新加坡、新西兰、澳大利亚、美国与智利还有望成立太平洋 5 国的 FTA(P5-FTA)。而新加坡与欧洲自由贸易联盟的 FTA 本身就是一个多边的 FTA。新加坡从双边的 FTA 出发,通过 FTA 网络的相互交织,从而建立起更大区域的多边 FTA。6. 体现区域平衡、大国平衡的外交策略。2003 年 6 月,吴作栋在赴美签署'美—新自由贸易协定'时,再次强调李光耀曾经提出的拉美国参与东南亚事务的观点。在他看来,搞大国平衡外交是保护新加坡国家安全的重要举措。新加坡的双边 FTA 遍及亚洲、欧洲、美洲、大洋州,2004 年还曾经与埃及有过接触,准备将 FTA 网络伸向非洲,尽管后来没有进展,但是新加坡的这种意向恰好说明了区域平衡的外交战略考虑。

## 本章小结

本章从历史角度考察了东亚市场型区域经济一体化的形成、发展过程以及目前东亚经济一体化的制度性转型。从中可以看出,东亚经济的对外开放与区域一体化实际上具有悠久的历史,二战后在 GATT 及 WTO 多边贸易谈判机制和东亚"雁行模式"的带动下区域内各国之间的经济联系日益紧密,经济一体化速度开始加速,现在东亚地区形成了新型的区域生产分工体系——东亚区域生产网络,东亚地区各个经济体处于该网络的不同位置。在东亚区域生产网络的形成和深化过程中,东亚区域内贸易也在不断扩张,东亚区域内贸易增长速度较快、出口产品结构雷同、以垂直专业化为主。东亚区域内贸易扩张是非制度性的贸易扩张,是中间产品的贸易扩张,是外部最终产品需求拉动的贸易扩张。东亚区域内贸易扩张促进了成员国经济增长,增加了东亚国家经济开放程度和经济周期的协动性。在中国加入WTO以前,东亚地区的区域经济一体化基本上是属于市场型区域经济一体化,东亚地区还缺乏制度性区域经济一体化机制。而最近几年由于世界范围制度性区域经济一体化竞争的刺激、东亚金融危机的教训、多边贸易谈判受阻等原因东亚地区制度性经济一体化呈现加速发展的态势,各国都在积极参与制度性区域经济一体化。

目前东亚制度性经济一体化呈现出以下特点:第一,制度性区域经济一体化发展迅速;第二,区域经济一体化形式以双边自由贸易协定为主;第三,自由贸易安排地域范围不断扩大,与域外经济体缔结自由贸易协定的现象普遍;第四,区域经济一体化的内容安排广泛;第五,东亚区域经济一体化的不确定因素依然很多;第六,东亚区域经济一体化的发展呈现出轴心—辐条结构倾向;第七,东亚地区FTA做到了与WTO规则一致并超越WTO,具有WTO Plus的特点。

东亚各国和各地区都已经形成并正在实施自己的自由贸易区战略,东盟的的FTA战略是"同心圆推动"战略,日本则是"扩大版东亚共同体"战略,韩国实行的是"东北北时代"战略,中国的FTA战略则可概括为"面向大周边"的FTA战略。新加坡也继续遵循其自由贸易精神,加快与主要贸易大国签订双边自由贸易协定的步伐。

通过对东亚区域经济一体化历史路径的考察,我们发现东亚自由贸易区的初始条件较好,东亚市场型经济一体化已经使东亚国家之间形成了"我中有你,你中有我"的关系,这种经济相互依存关系的形成为东亚自由贸易区的发展提供了良好的经济基础。与此同时,覆盖整个地区所有经济体的东亚自由贸易区的形成还面临很多不确定因素。

# 第 3 章
# 东亚自由贸易区的经济效应与约束条件

通过第 2 章的分析我们知道,东亚地区是世界经济三极之一,是世界经济中最具活力、最具竞争力的地区之一,东亚地区各国市场型经济一体化程度相对较高,但东亚地区目前为止在制度性区域经济一体化建设方面却滞后于欧洲与北美地区,这是一个不争的事实。那到底是什么因素在影响东亚地区制度性经济一体化呢?区域经济一体化政治经济学理论指出,区域经济一体化的形成和发展要受到诸多因素的影响,既包括经济层面因素,也包括政治文化等非经济层面的因素。本章的主要内容就是要深入探讨东亚自由贸易区路径选择的经济基础和约束条件。其中东亚自由贸易区经济基础的分析先是利用国际经济学中衡量区域经济一体化程度的重要指标进行测度,同时采用引力模型与 CGE 模型的模拟分析结果对东亚自由贸易区的静态经济效应进行实证检验,最后对东亚自由贸易区的动态经济效应与非经济效应进行了分析。本章后半部分对影响东亚自由贸易区的各种具体约束条件进行了系统详尽的分析,从而对东亚自由贸易区路径选择中可能面临的不利因素有一个总体把握。

## 3.1 东亚自由贸易区的经济基础

经济基础是区域经济一体化经济层面需要满足的前提条件,很多自由贸易区的建成主要是为了获取经济利益,经济基础好的成员国之间相对容易建立自由贸易区。

　　东亚经济在二战后开始快速恢复,先有日本经济的腾飞,后有"亚洲四小"的赶超,现在是中国经济的和平崛起。东亚是世界经济中最有活力、发展速度最快的地区,东亚区域经济在世界经济中占有举足轻重的地位,主要经济指标都位于世界前列,表3-1是东亚13个国家2005年部分经济指标,东亚13国2005年的GDP达到84060亿美元,约占全球的20%。2005年货物出口总额为22950亿美元,2005年总人口高达20.3亿,国土面积达到1455.5万平方公里。

表3-1　东亚13个国家2005年部分经济指标

| 国别 | 05年GDP（10亿美元） | 05年人均GNI(美元) | 05年人口（百万） | 05年货物出口额(10亿美元) | 国土面积（千平方公里） |
|---|---|---|---|---|---|
| 中国 | 2228.9 | 1740 | 1304.5 | 761.999 | 9598.1 |
| 日本 | 4505.9 | 38980 | 128.0 | 595.750 | 377.9 |
| 韩国 | 787.6 | 15830 | 48.3 | 284.742 | 99.3 |
| 新加坡 | 116.8 | 27490 | 4.4 | 229.620 | 0.7 |
| 马来西亚 | 130.1 | 4960 | 25.3 | 140.948 | 329.7 |
| 印度尼西亚 | 287.2 | 1280 | 220.6 | 86.285 | 1904.6 |
| 文莱 | 5.6 | 13879 | 0.4 | 5.720 | 5.8 |
| 菲律宾 | 98.3 | 1300 | 83.1 | 41.224 | 300.0 |
| 泰国 | 176.6 | 2750 | 64.2 | 110.110 | 513.1 |
| 越南 | 52.4 | 620 | 83.0 | 32.233 | 331.7 |
| 老挝 | 2.9 | 440 | 5.9 | 0.435 | 236.8 |
| 缅甸 | 8.3 | 166 | 50.5 | 2.835 | 676.6 |
| 柬埔寨 | 5.4 | 380 | 14.1 | 3.100 | 181.0 |
| 东亚13国 | 8406.0 | — | 2032.3 | 2295.001 | 14555.3 |

注:1. 贸易数据来源于 Comtrade 和东盟网站,其他数据来源于 www.worldbank.org,文莱、缅甸的 GDP 是估算的。

　　东亚地区总体经济实力雄厚只是从总量上说明东亚区域经济一体化具有较好的基础,但并不说明东亚地区就已经完全具备了经济一体化的经济条件,还要考察区域内经济体之间的经济联系和地区产业分工情况。从一体化理论来看,衡量区域经济一体化的经济基础可以从对外开放程度、区域内贸易指数、区域双边贸易强度、贸易互补性指数、产业内贸易指数等多个方面去加以判断。

### 3.1.1 各国的对外开放度

国际经济学中经常用对外贸易依存度来表示一国与世界经济联系的紧密程度,对外贸易依存度可分为出口依存度和进口依存度,由于各国进出口基本保持平衡,所以我们在这里就用出口依存度来测量一国的对外开放程度,表3-2列出了东亚地区主要国家的出口依存度,从中可以看出它们的对外开放程度是比较高的,特别是东南亚的新加坡、泰国、马来西亚和越南,它们的出口依存度都超过了50%,其中马来西亚和新加坡超过100%。中国近几年的出口依存度也有大幅度提高,2005年为34%。

表3-2 东亚主要国家2005年货物贸易出口额、名义GDP和出口依存度

单位:10亿美元,%

|  | 货物贸易出口额 | 名义GDP | 出口依存度 |
| --- | --- | --- | --- |
| 中国 | 761.999 | 2228.9 | 34 |
| 日本 | 595.750 | 4505.9 | 13 |
| 韩国 | 284.742 | 787.6 | 36 |
| 印尼 | 86.285 | 287.2 | 30 |
| 马来西亚 | 140.948 | 130.1 | 108 |
| 菲律宾 | 41.224 | 98.3 | 42 |
| 新加坡 | 229.620 | 116.8 | 197 |
| 泰国 | 110.110 | 176.6 | 62 |
| 越南 | 32.233 | 52.4 | 62 |

资源来源:根据东盟数据库与世界银行数据库计算得到。
注:出口依存度计算公式为,出口依存度=货物贸易出口额/名义GDP。

### 3.1.2 东亚区域内贸易指数

区域内贸易指数是衡量某个区域经济一体化程度的重要指标,区域内贸易指数可分为总体区域内贸易指数和个别区域内贸易指数。总体区域内贸易指数是用整个地区的区域内贸易总额占该区域总贸易额的比重来表示。个别区域内贸易指数是针对单个国家而言的,是指一国的区域内贸易总额占该国贸易总额的比重。当要衡量一个地区各个国家间的贸

易一体化程度时,我们经常采用总体区域内贸易指数来表示。区域内贸易指数是区域经济一体化最基本和最主要的衡量指标,区域内贸易一体化程度的高低基本可以决定某个区域经济一体化的程度。

东亚地区主要国家间的贸易规模目前已经达到很高的水平,表3-3反映出中、日、韩与东盟2005年双边货物贸易的情况,从中可以看出其双边货物贸易额巨大。2006年在2005年的基础上又有增加,2006年中国与日本之间的贸易额超过了2000亿美元,中韩之间的贸易额超过1000亿美元,中国与东盟间的贸易额也在1000亿美元以上。可以说,中、日、韩、东盟相互间都成为对方非常重要的贸易伙伴。

表3-3 中、日、韩与东盟2005年双边货物贸易额

单位:10亿美元

| | | 进口国 | | | |
|---|---|---|---|---|---|
| | | 中国 | 日本 | 韩国 | 东盟 |
| 出口国 | 中国 | — | 84.0 | 35.1 | 55.4 |
| | 日本 | 100.4 | — | 46.7 | 75.6 |
| | 韩国 | 76.8 | 24.4 | — | 27.4 |
| | 东盟 | 75.0 | 72.6 | 26.1 | — |

来源:联合国贸易数据库 Comtrade。

下面我们利用世界贸易组织的数据来计算东亚区域内贸易占整个区域总贸易额的比重(即区域内贸易比重),并用东亚地区数据来与欧盟、NAFTA和东盟这三个区域经济一体化组织区域内贸易指数进行对比分析。表3-4反映了EU(15国)、NAFTA(3国)、东盟(10国)、东亚(包括日本)、发展中东亚国家(不包括日本)的区域内贸易比重。从表中可看出,这几大区域中欧盟(15国)的区域内贸易比重是最高的,其次就是东亚地区和NAFTA,东亚发展中国家的区域内贸易比重也达到相对较高的程度,最低的是东盟十国,2005年仅为28.1%。

从出口角度来看,东亚地区的区域内贸易比重相对较高的事实也可以得到进一步的证实。表3-5比较了APEC、欧盟、NAFTA、南方共同市场(MERCOSUR)、西非国家经济共同体(ECOWAS)、东南亚国家联盟和东亚等区域经济一体化组织的区域内商品出口额占整个地区出口总额的比重,从中可以看出东亚地区的区域内贸易比重也是比较高的。不过从出

表 3-4  世界部分地区的区域内贸易比重%

| 区域 | 1980 | 1985 | 1990 | 1995 | 2000 | 2002 | 2005 |
|---|---|---|---|---|---|---|---|
| 东亚 | 34.7 | 40.2 | 45.6 | 55.5 | 54.0 | 57.3 | 58.5 |
| 发展中东亚国家 | 21.6 | 29.1 | 36.4 | 43.7 | 43.4 | 47.5 | 49.8 |
| ASEAN | 18.0 | 20.3 | 18.9 | 24.1 | 25.7 | 24.4 | 28.1 |
| NAFTA | 33.8 | 38.7 | 37.9 | 43.2 | 48.7 | 48.3 | 47.9 |
| EU | 52.4 | 52.5 | 58.6 | 56.8 | 62.2 | 62.4 | 69.4 |

注:1. 东亚包括日本、韩国、中国与东盟(ASEAN)。2. 发展中东亚国家指不包括日本的其他东亚国家。3. ASEAN = Association of Southeast Asian Nations, NAFTA = North American Free Trade Agreement。
来源:ADB 2006 和世界银行网站。

表 3-5  区域贸易集团的区内商品出口额占其出口总额的百分比

| 区域贸易集团 | 1970 | 1980 | 1990 | 1995 | 2000 | 2002 |
|---|---|---|---|---|---|---|
| APEC | 57.8 | 57.9 | 68.3 | 71.8 | 73.1 | 73.3 |
| 欧盟 | 59.5 | 60.8 | 65.9 | 62.4 | 61.6 | 60.6 |
| NAFTA | 36.0 | 33.6 | 41.4 | 46.2 | 55.7 | 56.7 |
| 南方共同市场 | 9.4 | 11.6 | 8.9 | 20.3 | 20.8 | 11.6 |
| 西非国家经济共同体 | 2.9 | 10.1 | 7.9 | 9.0 | 9.5 | 10.6 |
| 东南亚国家联盟 | 22.9 | 18.7 | 19.8 | 25.4 | 23.9 | 23.7 |
| 东亚 | 28.7 | 35.6 | 39.7 | 47.9 | 46.6 | 48.2 |

注:东亚包括中国、日本、韩国及东盟十国。
数据来源:2004 年世界发展指标,中国财政经济出版社,2005 年 6 月。

口角度来衡量区域内贸易,东亚的情况比 NAFTA 还是要低,这可能与东亚各国主要的出口市场是美国市场与欧洲市场有关。

从商品出口的国际市场来看,东亚区域内市场也是东亚各国比较重要的外贸市场,约占东亚各国出口市场的一半左右。另外美国市场对东亚国家来说也是具有较重份量的市场,见表 3-6。

东亚地区的区域内贸易具有以下三个显著特点:第一就是东亚主要经济体双边贸易规模巨大,相互之间已成为对方重要贸易伙伴国。第二,东亚作为一个整体区域内贸易指数处于欧盟之下,但比 NAFTA 要高一些,

表 3-6　东亚各国的主要出口市场(2002)　　　　　　　　单位:%

| 出口国＼市场 | 日本 | 中国 | 亚洲四小 | 东盟 | 东亚 | 美国 | 欧盟 |
|---|---|---|---|---|---|---|---|
| 日本 | — | 9.56 | 24.03 | 13.38 | 40.38 | 28.09 | 14.74 |
| 中国 | 14.48 | — | 26.73 | 7.24 | 48.09 | 21.51 | 14.82 |
| 韩国 | 9.32 | 14.62 | 14.19 | 11.32 | 45.27 | 20.28 | 13.37 |
| 新加坡 | 7.14 | 5.48 | 17.39 | 31.15 | 58.96 | 15.25 | 12.52 |
| 马来西亚 | 11.22 | 5.63 | 30.01 | 25.23 | 54.28 | 20.19 | 12.40 |
| 泰国 | 14.46 | 4.16 | 20.73 | 15.72 | 51.28 | 19.24 | 16.18 |
| 印度尼西亚 | 21.08 | 5.08 | 23.85 | 16.34 | 58.48 | 13.25 | 13.86 |
| 菲律宾 | 14.60 | 3.07 | 23.73 | 15.25 | 47.62 | 23.96 | 17.57 |

数据来源:根据亚洲开发银行网站经济与统计数据库资料整理得到。

区域内贸易指数已经超过50%①。第三,从区域内贸易的商品构成看,东亚各国初级产品所占份额较小,而制造业区域内贸易比重大。第四,东亚区域内贸易指数较高与东亚区域生产网络有关,东亚区域生产网络中存在大量的中间品与零部件的区域内贸易。

### 3.1.3 双边贸易强度

本课题所指贸易强度的计算公式是引用 Frankel 和 Rose 在 1998 年提出的"双边贸易强度"来界定,其具体公式为:

$$ST_{ijt} = \frac{X_{ijt} + M_{ijt}}{X_{it} + M_{it} + X_{jt} + M_{jt}} \tag{3.1}$$

其中 $ST_{ijt}$(Share of International Trade)表示 $i$ 国和 $j$ 国的双边贸易强度。它是两国双边进出口贸易额之和($X_{ijt} + M_{ijt}$)与两国各自的进出口贸易总额之和($X_{it} + M_{it} + X_{jt} + M_{jt}$)的比值。其中 $X_{ijt}$ 表示 $i$ 国对 $j$ 国的出口,$M_{ijt}$ 表示 $i$ 国从 $j$ 国的进口,$X_{it}$,$M_{it}$,$X_{jt}$,$M_{jt}$ 分别表示 $i$ 国的出口总额和进口总额,$j$ 国的出口总额和进口总额。$ST_{ijt}$ 的值应该是在 0 到 1 之间,而且该数值越大,表明双边贸易的强度越大。

---

① 依东亚较高的区域内贸易指数,日本 JETRO(日本贸易振兴社)的主席 Osamu Watanabe 认为东亚事实上已经形成了经济一体化(De Facto Integration of East Asian Economy)。

贸易强度也是区域经济一体化程度的衡量指标,贸易强度越大,说明区域内国家之间的经济活动联系越紧密,经济相互依存度就越高。对贸易强度的分析我们可以从静态角度和动态角度去考察,静态角度可以考察某一特定年份经济体之间的贸易强度,动态角度则是考察贸易强度的年度增长,从而反映两国间双边贸易的增长变化情况。

为了深入地了解东亚国家双边贸易强度的情况,我们利用了 WTO 和联合国贸易数据库中的相关数据计算出了东亚地区"10+3"机制中的中国、日本、韩国、东盟之间 1996—2005 年的贸易强度。同时我们也计算出 NAFTA 成立前的 1991 年美、加、墨三国间的贸易强度和欧洲经济货币联盟成立前的 1993 年英国、法国、德国、意大利四国之间的双边贸易强度,结果见表 3-7 和表 3-8。

表 3-7 中、日、韩、东盟之间的贸易强度

| 年份 | 中日贸易强度 | 中韩贸易强度 | 日韩贸易强度 |
|---|---|---|---|
| 1996 | 0.057 | 0.035 | 0.044 |
| 1997 | 0.056 | 0.039 | 0.039 |
| 1998 | 0.058 | 0.038 | 0.031 |
| 1999 | 0.060 | 0.040 | 0.039 |
| 2000 | 0.062 | 0.043 | 0.043 |
| 2001 | 0.069 | 0.045 | 0.041 |
| 2002 | 0.074 | 0.047 | 0.041 |
| 2003 | 0.078 | 0.051 | 0.043 |
| 2004 | 0.077 | 0.055 | 0.044 |
| 2005 | 0.073 | 0.057 | 0.042 |
| 各年平均值 | 0.066 | 0.045 | 0.041 |
| 年份 | 中东贸易强度 | 日东贸易强度 | 韩东贸易程度 |
| 1996 | 0.055 | 0.148 | 0.087 |
| 1997 | 0.030 | 0.093 | 0.042 |
| 1998 | 0.032 | 0.074 | 0.036 |
| 1999 | 0.030 | 0.076 | 0.037 |
| 2000 | 0.032 | 0.081 | 0.035 |
| 2001 | 0.034 | 0.076 | 0.033 |

(续表)

| 年份 | 中东贸易强度 | 日东贸易强度 | 韩东贸易程度 |
|---|---|---|---|
| 2002 | 0.045 | 0.080 | 0.040 |
| 2003 | 0.046 | 0.073 | 0.033 |
| 2004 | 0.051 | 0.077 | 0.034 |
| 2005 | 0.051 | 0.071 | 0.032 |
| 各年平均值 | 0.041 | 0.085 | 0.041 |

注:1. 所有数据来源于联合国贸易数据库 Comtrade,由于各国进口是 CIF 价,出口是 FOB 价,加上统计上的误差,各国报告的进出口数字有些出入。2. 中日、中韩进出口贸易数据来源于中国 1996 年—2005 年向联合国贸易数据库的报表。3. 日韩进出口贸易数据来源于日本 1996—2005 年向联合国贸易数据库的报表。4. 东盟与中国、日本、韩国进出口贸易数据来源于 1996 年—2005 年向联合国贸易数据库的报表。

表 3-8 美、加、墨与英、德、法、意之间的贸易强度

| 1993 年 | 美加贸易强度 | 美墨贸易强度 | 加墨贸易强度 |
|---|---|---|---|
|  | 0.152 | 0.065 | 0.009 |
| 1991 年 | 英德贸易强度 | 英法贸易强度 | 英意贸易强度 |
|  | 0.043 | 0.042 | 0.024 |
|  | 德法贸易强度 | 德意贸易强度 | 法意贸易强度 |
|  | 0.077 | 0.056 | 0.054 |

数据来源:根据联合国贸易数据库计算得出。

表 3-7 说明了东亚国家间的贸易强度总体上呈现稳步上升趋势,这一区域内双边贸易额在各自贸易总额中所占的比重越来越大。具体来说,中日、中韩、中国东盟间的贸易强度上升趋势和速度比较明显,比如中日贸易强度由 1996 年的 0.057 上升到 2005 年的 0.073,中韩贸易强度由 1996 年的 0.035 上升到 2005 年的 0.057,中国东盟间贸易强度由 1997 年的 0.03 上升到 2005 年的 0.05。此外日韩贸易强度变化不大,日东、韩东的贸易强度有少量的下降。但总体说来,东亚地区国家间的贸易强度还是较高的。

表 3-8 反映出 NAFTA 和欧盟成立前不同国家间的双边贸易强度。数据结果显示,NAFTA 成立前的 1991 年美国加拿大双边贸易强度很高(可能是由于美加自由贸易协定的原因),美墨之间贸易强度比东亚地区略高一些,加拿大与墨西哥之间的贸易强度却远远低于东亚地区。欧洲

的情况与东亚地区差不多,在东亚日本与东盟、中国与日本贸易强度大,在欧洲德法之间贸易强度较大。通过对三大地区主要国家双边贸易强度的结果比较我们可以看出东亚区域经济一体化的贸易基础还是相当稳固的。

### 3.1.4 国家间贸易结合度

贸易结合度是指一国对另一贸易伙伴国的出口占该国出口总额的比重与该贸易伙伴国的进口总额占世界进口总额的比重之比,它可以反映两个国家在贸易方面相互紧密程度。贸易结合度的计算公式为:

$$\text{TCD}_{ab} = \frac{\dfrac{X_{ab}}{X_a}}{\dfrac{M_b}{M_w}} \qquad (3.2)$$

其中 $\text{TCD}_{ab}$ 表示 $a$、$b$ 两国之间的贸易结合度;$X_{ab}$ 表示 $a$ 国对 $b$ 国的出口额;$X_a$ 表示 $a$ 国的出口总额;$M_b$ 表示 $b$ 国的进口总额;$M_w$ 表示世界进口总额。如果 $\text{TCD}_{ab}$ 小于 1,表明 $a$ 国与 $b$ 国在对外贸易方面联系不紧密;如果 $\text{TCD}_{ab}$ 大于 1 表明两国间贸易联系紧密,数据越大贸易联系程度越紧密;如果 $\text{TCD}_{ab}=1$ 则表明两国间贸易联系程度为世界平均水平。

我们利用联合国贸易数据库的相关数据计算出东亚地区的中国、日本、韩国和东盟从 1996 年到 2005 年的贸易结合度,见表 3-9。

表 3-9　中、日、韩、东盟之间的贸易结合度

| 年份 | 中日贸易结合度 | 中韩贸易结合度 | 日韩贸易结合度 |
| --- | --- | --- | --- |
| 1996 | 3.25 | 1.83 | 2.63 |
| 1997 | 2.86 | 1.98 | 2.46 |
| 1998 | 2.62 | 2.07 | 2.41 |
| 1999 | 2.82 | 1.98 | 2.71 |
| 2000 | 3.21 | 1.90 | 2.68 |
| 2001 | 3.13 | 2.16 | 2.88 |
| 2002 | 2.87 | 2.11 | 3.03 |
| 2003 | 3.04 | 2.01 | 3.24 |
| 2004 | 3.38 | 1.99 | 3.32 |
| 2005 | 3.39 | 1.90 | 3.22 |

(续表)

| 年份 | 中东贸易结合度 | 日东贸易结合度 | 韩东贸易结合度 |
|---|---|---|---|
| 1996 | 8.70 | 16.75 | 8.94 |
| 1997 | 1.95 | 3.21 | 1.94 |
| 1998 | 2.20 | 2.79 | 2.23 |
| 1999 | 1.74 | 2.56 | 1.98 |
| 2000 | 1.63 | 2.82 | 1.87 |
| 2001 | 1.70 | 2.77 | 2.00 |
| 2002 | 2.24 | 3.14 | 2.34 |
| 2003 | 2.01 | 2.93 | 1.81 |
| 2004 | 2.19 | 3.78 | 1.95 |
| 2005 | 2.01 | 3.68 | 1.77 |

数据来源：1. 所有数据来源于联合国贸易数据库Comtrade，由于各国进口是CIF价，出口是FOB价，加上统计上的误差，各国报告的进出口数字有些出入。2. 中日、中韩进出口贸易数据来源于中国1996年—2005年向联合国贸易数据库的报表。3. 日韩进出口贸易数据来源于日本1996—2005年向联合国贸易数据库的报表。4. 东盟与中国、日本、韩国进出口贸易数据来源于1996年—2005年向联合国贸易数据库的报表。

从结果可以看出，东亚国家之间贸易结合度还是比较高的（所有的数据都大于1）。中国—东盟、中国—日本、日本—韩国、日本—东盟间的贸易结合度从1996年到现在呈现出一种上升的趋势。中国—韩国、韩国—东盟间的贸易结合度基本上维持不变。这就表明东亚经济体间的贸易相互依存程度在提高，也表明中国崛起对东盟、日本对外贸易的拉动效应。

### 3.1.5 各国的显性比较优势

任何区域要想顺利建成自由贸易区，必须要保证自由贸易区成员都能从一体化中获得正面的经济效益，就像两国间自由贸易必须是互惠互利一样，区域经济一体化也必须保证各国都是有利可图的，否则成员国是不可能有经济动力加入到一体化组织中去的。而要保证一体化利益分配的互利互惠，通常需要区域内各成员国经济结构尤其是产业结构具有互补性。因此东亚区域要建立一体化经济组织的前提条件之一是东亚国家各经济体产业结构具有较强的互补性。国际经济学中经常用贸易品显性比较优势(RCA)指数来判断各国产业结构的互补性。

显性比较优势(RCA)最早是由 Balassa 于 1965 年提出的,它可以用来衡量一国贸易品的比较优势。显性比较优势指数是一国某类商品出口占世界该类商品出口额的比重与该国总出口额占世界总出口额的比重之比。一般而言,当前一个比重大于后一个比重也即该指数大于 1 时,表明该国这类商品比其他出口商品占有更多的市场份额,从而说明该国在这类商品出口中具有更强的国际竞争力。巴拉萨的显性比较优势指数计算公式如下:

$$\text{RCA} = \frac{\dfrac{X_{ik}}{X_{wk}}}{\dfrac{X_{it}}{X_{wt}}} \tag{3.3}$$

$X_{ik}$ 表示 $i$ 国商品 $k$ 的出口额,$X_{wk}$ 表示世界商品 $k$ 的出口总额,$X_{it}$ 表示 $i$ 国全部商品的出口额,$X_{wt}$ 表示世界商品出口总额。一般认为,如果 RCA 指数大于 2.5 表示该类产品具有极强的出口比较优势;如果 RCA 在 1.25 和 2.5 之间表示出口比较优势较强;如果在 0.8 和 1.25 之间表示具有中等出口比较优势;如果小于 0.8 则表示比较优势弱。

我们可以通过比较东亚各国不同大类商品 RCA 的大小和排名来看东亚经济体之间贸易互补性情况。我们这里的商品分类是按照国际贸易标准商品分类 SITC Rev.3(Standard International Trade Classification)来进行的,SITC 的商品分类是按照大类(共 10 大类)、章(共 63 章)、组(共 233 组)、分组(共 786 分组)、基本项目(共 1924 个)来进行的[①]。由于计算量比较大,我们只比较东亚主要国家 2005 年 1 位数商品的显性比较优势,计算结果如表 3-10。

---

① 10 大类是指 0 类与 1—9 类,其中 0 类是指食品及主要供食用的活动物,1 类是指饮料及烟类,2 类是指除燃料以外的非食用原料,3 类是指矿物燃料、润滑油及有关原料,4 类是指动植物油脂及油脂,5 类是未列名化学品及有关产品,6 类是按原料分类的制成品,7 类是机械及运输设备,8 类是杂项制品,9 类是没有分类的其他商品。

表 3-10　东亚主要国家 2005 年的显性比较优势（RCA）指数

| | 0 类 | 1 类 | 2 类 | 3 类 | 4 类 | 5 类 | 6 类 | 7 类 | 8 类 | 9 类 |
|---|---|---|---|---|---|---|---|---|---|---|
| 中国 | 0.57 | 0.20 | 0.31 | 0.21 | 0.10 | 0.43 | 1.21 | 1.17 | 2.21 | 0.06 |
| 日本 | 0.08 | 0.08 | 0.36 | 0.07 | 0.04 | 0.80 | 0.80 | 1.63 | 0.76 | 1.31 |
| 韩国 | 0.17 | 0.23 | 0.32 | 0.50 | 0.02 | 0.88 | 1.03 | 1.54 | 0.62 | 0.03 |
| 新加坡 | 0.20 | 0.66 | 0.19 | 1.11 | 0.30 | 1.03 | 0.33 | 1.49 | 0.59 | 1.17 |
| 马来西亚 | 0.40 | 0.40 | 0.86 | 1.21 | 12.3 | 0.49 | 0.53 | 1.37 | 0.72 | 0.47 |
| 印尼 | 1.04 | 0.50 | 3.33 | 2.52 | 15.6 | 0.47 | 1.20 | 0.41 | 1.04 | 0.07 |
| 泰国 | 2.19 | 0.29 | 1.62 | 0.40 | 0.42 | 0.74 | 0.89 | 1.13 | 1.05 | 0.47 |
| 菲律宾 | 0.76 | 0.57 | 0.52 | 0.17 | 4.49 | 0.12 | 0.30 | 1.89 | 0.88 | 0.04 |

数据来源：根据联合国贸易数据库数据计算得到。

通过表 3-10 可以看出，东亚主要国家的显性比较优势具有比较明显的互补性，中国在初级产品和劳动密集型产品上具有比较优势，日本、韩国和新加坡在资本和技术、知识密集型产品上具有比较优势。马来西亚在第 3、第 4 类、第 7 类商品上具有比较优势，印尼在第 0 类、第 2 类、第 3 类、第 4 类、第 6 类、第 8 类上具有比较优势。泰国在第 0 类、第 2 类、第 7 类、第 8 类上具有比较优势，而菲律宾的比较优势主要是在第 4 类、第 7 类上。从中可以看出，东亚地区各国比较优势的互补性还是比较强，特别是区域经济中的大国与小国之间的互补性很强。

### 3.1.6　东亚产业内贸易指数

产业内贸易是指一个国家的某类商品既被出口又被进口的现象，这种国际贸易现象与贸易国家的经济发展水平以及商品生产的区域特点有密切的关系。产业内贸易实际上与区域国际分工有密切的联系，垂直型产业内国际分工是东亚产业内贸易发展的基础；相反随着产业内贸易规模的扩大，它对区域国际分工又产生推进及强化的作用。

产业内贸易可分为水平产业内贸易（Horizontal Intra-Industry Trade, HIIT）与垂直产业内贸易（Vertical Intra-Industry Trade, VIIT）。水平产业内贸易是指产品质量相同，但产品之间不存在实质性差别。垂直产业内贸易主要以垂直差异化产品为贸易对象，所谓垂直差异既可指产品质量、技术和档次上的差异,也可以指同一产业内上下游的不同中间产品。

产业内贸易指数常用的计算公式是格鲁贝尔—劳埃德(Grubel-Lloyd)指数,简称 G-L 指数,其计算公式是:

$$T = 1 - \frac{|X - M|}{X + M} \quad (3.4)$$

其中 $X$ 和 $M$ 分别表示某一特定产业或某一细分商品的出口额和进口额。$T$ 的取值范围为 0 到 1。当一个国家只有进口或出口(即不存在产业内贸易)时,$T=0$,说明贸易模式为产业间贸易;当某一产业或商品的进口等于出口时(即产业内贸易指数达到最大),$T=1$。我们在计算东亚主要国家产业内贸易指标时是以 SITC 三位数指标作为划分产业的依据。

东亚地区 90 年代以来产业内贸易呈现出进一步增加的趋势,表 3-11 反映了 EU 与东亚区域贸易中的产业内贸易情况,从中可以看出,东亚地区的区域内贸易中垂直型产业内贸易增长速度最快,水平型产业内贸易也有一定的增长,而单向贸易呈现下降的趋势。

表 3-11  欧盟与东亚区域内各种贸易形态的比较  单位:%

| 年份 | EU 的区域内贸易 | | | 东亚的区域内贸易 | | |
|---|---|---|---|---|---|---|
| | 单向贸易 | 垂直型产业内贸易 | 水平型产业内贸易 | 单向贸易 | 垂直型产业内贸易 | 水平型产业内贸易 |
| 1996 | 34.0 | 37.5 | 28.5 | 78.7 | 16.6 | 4.7 |
| 1997 | 35.0 | 38.9 | 26.1 | 76.1 | 17.8 | 6.1 |
| 1998 | 33.5 | 40.0 | 26.6 | 75.0 | 20.0 | 5.1 |
| 1999 | 33.2 | 40.6 | 26.2 | 70.3 | 24.6 | 5.1 |
| 2000 | 34.1 | 40.0 | 25.8 | 68.7 | 23.7 | 7.6 |

来源:石户光、深尾京司、伊藤惠子、吉池喜政,《东亚地区的垂直型产业内贸易和直接投资》,RIETI Discussion Paper Series 03-J-009,2003。

注:单向贸易是指产业间贸易。

应该指出,东亚地区跨国生产网络对东亚地区产业内贸易产生了重要影响,使东亚地区国家的产业内贸易指数不断提高,表 3-12 反映出东亚主要国家及新兴东亚与日本、EU、NAFTA 的制成品产业内贸易指数在不断提高,尤其是机械及运输设备(SITC7),印尼、新加坡、韩国、马来西亚、泰国等所有制成品产业内贸易指数都超过 0.5。从中可以看出东亚各国及整体的经济联系程度正在日益增强,这为东亚区域经济一体化提供了坚实的经济基础。

表3-12 东亚国家及新兴东亚与其他组织的产业内贸易指数(G-L指数)

| 国家与区域 | 机械及运输设备(SITC7) | | | 所有制成品(SITC5-8) | | |
|---|---|---|---|---|---|---|
| | 1985 | 1995 | 2001 | 1985 | 1995 | 2001 |
| 新兴东亚 | 0.32 | 0.36 | 0.42 | 0.26 | 0.33 | 0.38 |
| 中国 | 0.52 | 0.39 | 0.46 | 0.32 | 0.29 | 0.37 |
| 印尼 | 0.11 | 0.34 | 0.57 | 0.22 | 0.40 | 0.51 |
| 马来西亚 | 0.71 | 0.74 | 0.75 | 0.59 | 0.69 | 0.74 |
| 菲律宾 | 0.45 | 0.56 | 0.53 | 0.38 | 0.42 | 0.48 |
| 泰国 | 0.53 | 0.72 | 0.78 | 0.47 | 0.65 | 0.69 |
| 中国香港 | 0.54 | 0.46 | 0.34 | 0.42 | 0.36 | 0.33 |
| 新加坡 | 0.84 | 0.80 | 0.81 | 0.64 | 0.73 | 0.75 |
| 韩国 | 0.31 | 0.38 | 0.61 | 0.27 | 0.39 | 0.50 |
| 新兴东亚—日本 | 0.10 | 0.35 | 0.53 | 0.20 | 0.34 | 0.46 |
| 新兴东亚—NAFTA | 0.48 | 0.48 | 0.43 | 0.28 | 0.37 | 0.34 |
| 新兴东亚—EU(15) | 0.33 | 0.40 | 0.52 | 0.31 | 0.41 | 0.47 |

注:新兴东亚国家指除日本以外的新兴经济体,包括中国、韩国、香港、新加坡、泰国、马来西亚、印尼和菲律宾。
来源:Ng和Yeats(2003)。

通过以上几个能反映区域经济一体化程度的代表性经济指标的定量数据分析,我们可以大致得出结论:如果仅从区域贸易与投资角度来看,东亚自由贸易区建成的经济基础是较好的,东亚自由贸易区具有经济可行性。不仅如此,通过后面的分析还可看出东亚自由贸易区建成后的经济政治效应也相当可观。

## 3.2 东亚自由贸易区的经济政治效应实证分析

要保证东亚区域经济一体化成功实现,仅有良好的经济基础还不够,还要求经济一体化安排能够产生正面的经济效应,使成员国有动力参与区域经济一体化,下面就对东亚自由贸易区成立后的静态经济效应进行计量分析。一是要利用贸易引力模型测度东亚自由贸易区对东亚贸易可能产生的影响,二是利用关税局部均衡分析模型对东亚自由贸易区的贸易创造效应进行估算,三是利用其他学者用 CGE 模型对东亚自由贸易区的经济效应所做的模拟分析结果,对东亚自由贸易区的静态经济效应有一个比较准确的把握。

### 3.2.1 东亚自由贸易区的静态经济效应

#### 3.2.1.1 贸易引力模型测度东亚自由贸易区的贸易潜力

一、引力模型的构建

贸易引力模型最初出现在 Timbergen(1962)和 Poynohen(1963)20 世纪 60 年代对国际贸易问题的研究中[①]。其基本模型是:

$$Y_{ij} = A(G_i G_j)/D_{ij} \quad (3.5)$$

因为该模型是非线性的,所以对上式两端取自然对数,转换为线性形式:

$$\mathrm{Ln} Y_{ij} = \beta_0 + \beta_1 \mathrm{Ln}(G_i G_j) + \beta_2 \mathrm{Ln} D_{ij} + \mu_{ij} \quad (3.6)$$

其中 $Y_{ij}$ 是双边贸易额,即两个国家的进出口总额之和;$G_i$ 是国家 $i$ 的 GDP;$G_j$ 是国家 $j$ 的 GDP;$D_{ij}$ 是国家 $i$ 和国家 $j$ 的距离;$A$ 是比例常数。

引力模型的基本思想来源于牛顿的万有引力定律:两个物体的相互吸引力与它们的质量之积成正比,与它们之间距离的平方成反比。引力模型正是基于这样的规律,试图找出两国间贸易额决定的一般规律。学者们首先作出大胆的假设:两个国家的贸易量与它们的经济规模之积呈现正相关关系,而与两国之间的空间距离呈现负相关关系。

贸易引力模型自 20 世纪 60 年代被提出以后得到了不断的丰富和发展,经济学家不断引入新的解释变量。新的变量主要包括两类:一类是影响贸易额的内生变量如人口、人均 GDP 等;另一类是虚拟变量如优惠贸易协定和区域经济一体化组织等。比较著名的有考虑产品互补性的

---

[①] Poyhonen, Pentti, 1963, "A Tentative Model for the Volume of Trade Between Countries," *Weltwirtschafliches Archives*, Vol. 90, pp. 93—100.

Helpman(1987)[①]模型和 Deardoff(1995)模型[②],考虑是否参与区域经济一体化组织的 Chan-Hyun 模型[③],考虑是否有陆地相连性的 Frankel(1997)模型[④],还有同时考虑是否相邻、是否同时为某一区域经济组织成员国、成员国开放度等的 Bora 模型[⑤]。

二、模型的建立和实证检验

1. 样本与数据

本课题利用 2005 年我国对其贸易额最大的前 45 个贸易伙伴国的出口额为样本,我国对这些伙伴国的出口额之和约占 2005 年我国总出口额的 74%(联合国 COMTRADE 数据库),因此基本上能反映中国出口的总体状况。

2. 本课题对引力模型的扩展

在解释变量上,考虑到数据可得性以及避免数据间存在多重共线性问题,在原有的 GDP、空间距离(D)解释变量外,还引入国土面积(A)、人口数量(P)和区域贸易安排(Regional Trade Agreement, RTA)作为解释变量。引入国土面积作为解释变量是考虑到国土面积与空间距离一样,同属于地理因素,可以作为空间距离在国内的延伸,并能用来检验国家在地理空间上的大小是否会对国家间贸易产生显著性影响。引入人口数量是为了在不产生多重共线性的前提下,考察消费需求规模对贸易量的影响。引入区域贸易安排变量是为了分析优惠贸易安排对其成员国双边贸易的影响。从理论上看,这五个解释变量中 GDP、人口数量和区域贸易安排对双边贸易额的影响应该为积极影响,因此其系数应为正;而空间距离、国

---

[①] Helpman, E., 1987, "Imperfect Competition and International Trade: Evidence from Fourteen Industrial Countries", *Journal of Japanese and International Economy*, MIT Press, Cambridge, MA.

[②] Deardorff, V. Alan, 1995, "Determinants of Bilateral Trade: Does Gravity Work in a Neoclassic World", National Bureau of Economics Research, Working Paper, pp5377.

[③] Chan-Hyun, 2001, "Gravity Model Analysis of Korea's Trade Patterns and the Effects of a Regional Trading Arrangement", http//wwww.indo.com.

[④] Frankel. Jeffrey, 1997, "Regional Trading Blocs in the World Economic System", Institute for International Economics, Washington DC.

[⑤] Bijit Bora, "Assessing Regional Trading Arrangements in the Asia-Pacific", World Bank, 2001.

土面积则相反,其系数应为负。

经过扩展并能大致反映我国对外贸易状况的贸易引力模型是:

$$LnY_{cj} = \beta_0 + \beta_1 Ln(G_c G_j) + \beta_2 LnD_{cj} + \beta_3 LnP_j + \beta_4 LnA_j + \beta_5(RTA) + \mu_{ij}$$

(3.7)

其中,$\beta_0$、$\beta_1$、$\beta_2$、$\beta_3$、$\beta_4$、$\beta_5$ 为回归系数,$\mu_{ij}$ 为标准随机误差;$G_c$、$G_j$ 分别表示中国和 $j$ 国的 GDP,代表两国的经济规模;$D_{cj}$ 表示中国与 $j$ 国首都之间的距离,它是用来描述两国间的运输成本;$P_j$ 表示 $j$ 国的人口数量;$A_j$ 表示 $j$ 国的国土面积;RTA(Regional Trade Agreement)是虚拟变量,如果存在 RTA 则赋值为 1,否则为 0。由于此模型仅仅是考虑我国的贸易情况而对原有模型进行的扩展,该模型中的解释变量是否显著还需要进一步的实证检验。

3. 模型的实证检验

本课题选取 2005 年我国最重要的 45 个贸易伙伴国的贸易截面数据作为实证检验的样本数据。2005 年我国与这 45 个国家的出口总共约为 5657.07 亿美元,约占中国总出口额(7169.53 亿美元)的 74.24%,基本反映了中国对外出口的大致情况。我国和这 45 个国家的出口数据来自联合国 COMTRADE 数据库,中国和其他贸易伙伴国家 2005 年的 GDP、人口数量、国土面积数据来自世界银行网站,中国和各贸易伙伴国之间的空间距离是指中国的首都北京和各贸易伙伴国首都之间的直线距离,该数据由地理软件 Google Earth 测量得到。中国对外已经签订的区域贸易安排情况根据商务部的相关资料得出。

利用收集到的样本数据,通过计量软件 Eviews 4.1 对扩展后的贸易引力模型进行回归分析。首次回归结果如下:

$$LnY_{cj} = 6.94 + 0.68Ln(G_c G_j) - 0.46LnD_{cj} + 0.14LnP_j - 0.11LnA_j + 0.68RTA$$

$\quad\quad\quad$ (3.35) $\quad$ (10.25) $\quad\quad$ (-2.91) $\quad$ (1.65) $\quad$ (-2.04) $\quad$ (4.05)

$\quad\quad R^2 = 0.83 \quad\quad\quad F = 37.87 \quad\quad\quad DW = 1.61$

(3.8)

从以上的回归结果来看,方程拟合优度尚可;方程的显著性检验很好;在 5% 的显著性水平下,变量 GDP、空间距离、国土面积和 RTA 均通过

t 检验；在 1% 的显著性水平下，变量人口通过 t 检验，方程通过 DW 检验。由此，以 GDP、空间距离、国土面积、人口和 RTA 为解释变量的贸易引力模型可以较好的解释中国的对外出口情况。

从实际经济含义看，GDP、空间距离 D、国土面积 A、人口 P 和 RTA 这五个因素对中国的贸易出口影响很大，是影响目前中国对外出口的最重要因素。首先，GDP 和 RTA 的系数最大，同为 0.68，说明中国对其他国家出口中，经济规模对贸易流量大小具有基础性的影响；RTA 的系数为正，大小与 GDP 相同，说明区域贸易安排在促进我国商品出口中可以发挥重要的作用，这一结果也与事实相符。进入 21 世纪后区域贸易安排的发展速度开始加快，现在几乎所有的国家都参加了至少一个 RTA，享受着 RTA 对本国外贸出口的促进作用，这也从经验上说明了区域贸易安排在提高经济效益、促进贸易发展方面的作用。其次，空间距离的系数仅次于 GDP 和 RTA，系数为负，说明运输成本对贸易的影响还是比较大。GDP 和空间距离对贸易的影响分别为正面和负面，GDP 对贸易的促进作用大于距离对贸易的阻碍作用。再次，国土面积对出口贸易起负面作用，这说明在当今的双边贸易中，空间范围的大小与经济需求强弱没有正相关关系。最后，人口因素对贸易的影响虽然不如 GDP、空间距离和 RTA 那么大，但也可能通过国内市场规模以及人均收入等间接变量对双边贸易产生一定影响。

三、模型的预测

依据前面的回归模型，可以预测中国与"10+3"合作机制下的主要贸易伙伴国日本、韩国及东盟六国（包括新加坡、马来西亚、印尼、泰国、菲律宾、越南，简称东盟 6 国）的贸易潜力。为了能够更直观地说清我国与贸易伙伴的实际贸易额与回归模型预测值之间的关系，本课题采用模型预测值 $T'$ 与实际贸易额 $T$ 的比值 $T'/T$（贸易潜力值）来代表双边贸易潜力，该值越大说明两国之间的贸易潜力越大，反之则越小。特殊情况是该比值在 1.00 左右，说明两者吻合得比较好，两国的贸易现状合理。经计算，我国与各国的贸易潜力值如下表：

表 3-13  中国与日本、韩国及东盟六国的贸易潜力

| 贸易伙伴国 | 贸易潜力值 | 贸易伙伴国 | 贸易潜力值 |
|---|---|---|---|
| 日本 | 1.73 | 印度尼西亚 | 1.42 |
| 韩国 | 2.02 | 泰国 | 1.20 |
| 新加坡 | 0.19 | 菲律宾 | 2.26 |
| 马来西亚 | 0.23 | 越南 | 0.66 |

根据表 3-13,我们可以将中国与各贸易伙伴国之间的贸易潜力按 $T'/T$ 的比值大小分为以下三类:

1. 潜力衰退型。这种类型的双边贸易主要是指中国对其贸易伙伴的出口潜力已经达到顶峰,即预测值小于实际值。本书将 $T'/T$ 比值定义为小于或等于 1。如果伙伴国属于这类国家,出口国应该保持现有的积极因素,努力培养其他有利的贸易因素,使我国对其外贸出口更健康地发展。属于这一类型的国家有新加坡、马来西亚、越南。

2. 潜力发掘型。这类情况是指中国对其贸易伙伴国的出口潜力还没有得到充分的发挥,还有很大的扩展空间,本书将其 $T'/T$ 比值定义在 1.00—2.00 之间。如果属于这类国家,中国应该发掘可以促进两国贸易发展的积极因素,日本、印度尼西亚、泰国属于这种类型的国家。

3. 潜力巨大型。属于这类的国家与中国的贸易潜力特别巨大,本书将其 $T'/T$ 比值定义为大于 2.00,属于这类的国家有韩国和菲律宾,这里反映出韩国与我国发展自由贸易对我国出口的重大意义。

通过上面的分析,我们可以看出东亚地区经济体之间达成自由贸易安排协定对促进我国与其他国家的双边贸易具有积极意义,因此我国应积极参与到区域经济一体化进程中去,进一步挖掘与东盟主要国家以及韩国、日本的贸易潜力,早日促成东亚自由贸易区的建立。

#### 3.2.1.2 贸易自由化的静态贸易创造效应

国内也有学者利用 Verdoon 和 Schwartz 的关税局部均衡分析模型对东亚区域经济一体化的贸易创造效应进行估算。该模型尽管无法对贸易创造进行全面完整的分析,但它提供了贸易自由化所能带来的福利效应的大致情况,具有一定的参考价值,它属于一种事前分析方法。

该模型的假定是:1. 从成员国的进口和从非成员国的进口是一种不完全替代关系;2. 从成员国和非成员国的进口与国内生产是一种不完全替代关系;3. 关税减让的贸易效应不对收入和汇率产生影响;4. 出口的供给弹性无穷大,关税变化带来的效应完全传递给价格。5. 假定 $X$ 国进口 $n$ 种商品,每一种商品与一个贸易伙伴相对应。

设定一个不变替代弹性(CES)的效用函数

$$U = \left( \sum_{j=1}^{n} X_j^{\alpha} \right) \tag{3.9}$$

这里的 $U$ 表示效用函数;$X_j$ 表示 $j$ 国进口商品的消费量;$\alpha$ 是参数,$0 < \alpha < 1$,说明各种进口商品的边际效用为正,并不断下降。两种进口商品之间替代弹性 $\varepsilon$ 为常数,而且 $\varepsilon = \dfrac{1}{1-\alpha}$,可从下面最大化效用函数推导出相应进口需求

$$\text{Max}_{X_j} \left( \sum_{j=1}^{n} X_j^{\alpha} \right)^{\frac{1}{\alpha}} \tag{3.10}$$

$$\text{s.t.} \quad \sum_{j=1}^{n} P_j X_j = E \tag{3.11}$$

其中 s.t. 表示约束条件,$P_j$ 是商品的国内价格,$E$ 是进口商品的总支出。对上式取自然对数,采用拉格郎日方法,可以推导出第 $j$ 种商品的进口需求

$$X_j = \frac{E \cdot P_j^{-\varepsilon}}{\sum_{j=1}^{n} P_j^{1-\varepsilon}} \tag{3.12}$$

前面,我们假定关税变化完全反映在进口价格上,那么,贸易创造效应就可表示为:

$$\text{TCa} = [\varepsilon + (1-\varepsilon)Sa] M_a \left[ \frac{\Delta Ta}{1+Ta} \right] \tag{3.13}$$

$$Sa = \frac{P_a^{1-\varepsilon}}{\sum P_j^{1-\varepsilon}} = \frac{PaXa}{E} \tag{3.14}$$

下标 $a$ 表示进口国;$Ta$ 是进口国的最初关税;$\Delta Ta$ 是根据优惠贸易安排进行的关税减让;公式 3.13 中的 $S_a$ 表示成员国从 $a$ 国进口的份额;

$M_a$ 表示 $a$ 国从成员国的进口总额。

前面设定效用函数的替代弹性为常数，这里假定国内生产的产品和进口产品的替代弹性 $\varepsilon$ 为 2.2（Ching-Cheng Chang & Shih-Hsun Hsu,1999）[①]。

利用公式 3.13 可以计算出中日韩、中国—东盟、日本—东盟、韩国—东盟、中国—韩国、日本—韩国、中国—日本组建自由贸易区所能产生的贸易创造效应。

中日韩自由贸易区的贸易创造效应[②]。根据中国海关网站公布的数据,2003 年中国的关税水平实际值为 11%，其中工业品的平均关税为 10.3%，农产品为 16.8%。而根据 APEC 秘书处的报告,2002 年日本和韩国的关税水平分别为 2.7% 和 7.9%。根据公式 3.13,分别代入各国的关税水平和 2002 年的贸易额,可以计算出各成员国组建自由贸易区（最终关税降到 0）的贸易创造效应。结果为：中国是 142.06 亿美元,日本是 47.11 亿美元,韩国为 77.86 亿美元。结果说明中日韩自由贸易区中三个国家的贸易创造效应都为正,其中中国最大,原因可能是因为中国在一体化之前的关税税率相当高以及中国对外贸易规模较大。

利用公式 3.13 和 2006 年的相关数据,本书还计算出了有中国参与的三个自由贸易区现在签订自由贸易协定的贸易创造效应。其中中国—东盟自由贸易区给中国带来的贸易创造为 166.7 亿美元,给东盟带来的贸易创造为 95 亿美元。中国—韩国自由贸易区的贸易创造效应中国为 164 亿美元,韩方为 61.6 亿美元。中国—日本自由贸易区的贸易创造效应中方为 209.2 亿美元,日方为 36.4 亿美元。因此从静态效应来看,中国与东盟、日本、韩国组建双边自由贸易区都可以产生正的贸易创造效应。考虑到中国与东盟、日本、韩国特定的要素禀赋结构,中国与这三个经济体组建自由贸易区产生的贸易转移效应应该较小,因此这三个自由贸易区净的经济效应应该为正。

---

[①] Ching-Cheng Chang 和 Shih-Hsun Hsu(1999)指出饮料和烟草产品的替代率为 3.1,而其他初级产品和工业品替代率为 2.2,因此我们假设替代率为 2.2。

[②] 这部分计算结果来自胡俊芳的博士论文"中日韩自由贸易区贸易效果的实证分析",复旦大学,2005。

### 3.2.1.3 其他学者用CGE模型模拟的结果

在国际经济学中,学者们经常用CGE模型(可计算一般均衡模型)来实证检验区域经济一体化对其成员国GDP水平、进出口贸易、贸易条件、贸易平衡情况的影响。该模型是一种事前分析,是建立在一般均衡理论基础上的定量分析模型,是一般均衡理论在应用领域的实践,它是通过模拟市场的运行,比较各经济变量从初始均衡状态到政策变化后均衡状态的数量变化,来评估政策变化对社会各方面的影响。Johnson于1960年构造了一个CGE模型,随后被广泛应用于各种政策分析中,比如贸易政策、政府财政政策、农业政策和环境保护政策等。

CGE贸易模型是对多边贸易体制、自由贸易区和单边自由贸易框架下关税削减、非关税壁垒的消除和取消补贴等贸易政策变化所产生的影响进行定量分析,这不仅可以分析区域经济一体化组织的成立对区域贸易的影响,还可以分析对生产、就业、福利的影响,详细分析贸易各方的得失。

CGE模型主要包括需求结构、供给结构、市场均衡与国际收支平衡关系三组方程。在假设基年处于均衡状态的基础上,CGE模型通过基年经济数据校正各种参数,再把政策变化后经济变量的变化值代入模型,求解出新的均衡状态下的各经济变量,比较新旧均衡下的数值变化就可以得出经济政策变化对该国经济的影响。CGE模型一般假定不同国家和区域生产的同类商品间存在不完全替代关系。

不少经济学家利用CGE模型分析区域经济一体化组织的经济影响,模拟不同程度的贸易自由化对一国经济的影响,为政府的决策提供依据。由于最近几年东亚区域经济一体化发展迅速,国内外学者对东亚不同形式的自由贸易协定进行了CGE模拟分析。

国内学者包括南开大学经济学院的薛敬孝和张伯伟教授对东亚各种形式的自由贸易协定对东亚成员国的经济影响[①],我们选取了其中的"东盟单独建立FTA基础上中、日、韩不同形式FTA的宏观经济影响"和"10+3"自由贸易区的宏观经济影响进行分析,见表3-14和表3-15。

---

① 参见:薛敬孝、张伯伟,"东亚经贸合作安排:基于可计算一般均衡模型的比较研究",《世界经济前沿问题报告NO1》,中国世界经济学会编,2005年9月,社会科学文献出版社。

表 3-14 东盟单独建立 FTA 基础上中日韩不同形式 FTA 的宏观经济影响

单位:%

| 国家 | FTA形式 | GDP变动 | 出口变动 | 进口变动 | 贸易平衡（亿美元） | 贸易条件变动 | EV（亿美元） |
|---|---|---|---|---|---|---|---|
| 中国 | 中日 | 3.44 | 77.14 | 78.48 | 173.67 | 0.00 | 293.64 |
| | 中韩 | 1.76 | 34.11 | 37.89 | 8.09 | -3.59 | -15.76 |
| | 日韩 | 1.47 | 21.17 | 25.72 | -42.44 | -7.41 | -222.61 |
| | 中日韩 | 3.83 | 89.46 | 91.73 | 185.91 | 0.26 | 349.36 |
| 日本 | 中日 | 0.28 | 19.96 | 25.22 | -44.64 | 0.31 | 157.05 |
| | 中韩 | -0.07 | -4.71 | -3.85 | -77.29 | -2.27 | -292.00 |
| | 日韩 | 0.14 | 10.89 | 13.05 | 5.66 | 1.96 | 284.81 |
| | 中日韩 | 0.42 | 30.28 | 37.18 | -22.19 | 2.27 | 442.36 |
| 韩国 | 中日 | -0.25 | -6.08 | -4.72 | -24.01 | -1.95 | -63.90 |
| | 中韩 | 1.15 | 20.18 | 19.25 | 22.79 | 4.09 | 163.54 |
| | 日韩 | 1.89 | 43.25 | 39.71 | 73.37 | -0.00 | 985.93 |
| | 中日韩 | 2.90 | 60.32 | 56.62 | 82.79 | 2.38 | 198.95 |

注:EV 为福利效应(希克斯等价变差),包括了生产者剩余和消费者剩余。

表 3-15 "10+3"自由贸易区的宏观经济影响

单位:%

| 国家和区域 | GDP变动 | 出口变动 | 进口变动 | 贸易平衡（亿美元） | 贸易条件变动 | EV（亿美元） |
|---|---|---|---|---|---|---|
| 印尼 | 1.64 | 75.24 | 64.46 | 61.02 | 15.53 | 201.55 |
| 马来西亚 | 8.11 | 115.08 | 116.33 | 95.32 | 9.03 | 217.17 |
| 菲律宾 | 5.77 | 140.44 | 105.66 | 16.92 | -12.87 | -19.99 |
| 新加坡 | 0.25 | 134.75 | 132.09 | -16.93 | -4.05 | -48.08 |
| 泰国 | 4.79 | 72.06 | 59.56 | 106.03 | 3.98 | 133.98 |
| 越南 | 14.84 | 123.72 | 89.33 | 4.81 | 15.61 | 54.91 |
| 中国 | 4.27 | 102.76 | 106.64 | 186.35 | 1.62 | 452.02 |
| 日本 | 0.76 | 58.26 | 69.69 | 47.97 | 6.91 | 127.25 |
| 韩国 | 3.41 | 81.01 | 76.67 | 101.18 | 6.24 | 326.75 |

资料来源:薛敬孝、张伯伟,"东亚经贸合作安排:基于可计算一般均衡模型的比较研究",《世界经济前沿问题报告 NO1》,中国世界经济学会编,2005 年 9 月,社会科学文献出版社。

从表 3-14 中我们可以看到,中国、日本、韩国三国之间组建 FTA 对成员国基本上都能够产生正面的经济效应,特别是中日自由贸易区对中国、日韩自由贸易区对韩国、中韩自由贸易区对韩国以及中日韩自由贸易区

(东北亚自由贸易区)对三个成员国的经济效应都是很好的。

从整个东亚来看,如果东亚13国能够通过"10+3"机制来组建自由贸易区,其经济效应是最明显的。表3-15是南开大学经济学院薛敬孝教授与张伯伟教授利用CGE模型对"10+3"自由贸易区的宏观经济影响进行的分析。从中可以看出,"10+3"自由贸易区对区内各个成员国的GDP都能够产生积极效果,特别是马来西亚、泰国、中国、韩国获利会较多。"10+3"自由贸易区对日本的影响也是正面的,尽管静态经济效应不是很明显,但动态效应和非经济效应应该很大,尤其是政治效应。

国外也有很多学者对东亚自由贸易区和其他自由贸易区的宏观经济效果进行了计量分析,我们在这里选取Scollay和Gilbert(2001)对中日韩自由贸易区的经济效应进行模拟的结果,见表3-16。从中可以看出,中日韩自由贸易区建成后对日本、中国和韩国经济所带来的影响总体很好,尤其是中国与韩国从中获益较多。

表3-16 中日韩自由贸易协定CGE模型模拟结果

| 国家 | 福利变化(GDP%) | 出口变化(基年%) | 进口变化(基年%) |
| --- | --- | --- | --- |
| 日本 | 0.25 | 10.29 | 12.19 |
| 中国 | 2.09 | 44.36 | 48.55 |
| 韩国 | 0.80 | 19.49 | 19.42 |
| 台湾 | -0.84 | -3.08 | -3.84 |
| 马来西亚 | -0.70 | -0.70 | -0.80 |
| 泰国 | -0.21 | -0.14 | -0.16 |
| 新加坡 | -0.87 | -1.81 | -1.88 |
| 新西兰 | -0.12 | -0.51 | -0.59 |
| 欧盟 | 0.02 | -0.03 | -0.05 |
| 美国 | -0.02 | -0.35 | -0.34 |
| 印尼 | -0.15 | -0.72 | -0.82 |
| 菲律宾 | -0.35 | -1.09 | -0.97 |
| 越南 | -0.54 | -0.90 | -0.88 |
| 澳大利亚 | -0.05 | -0.43 | -0.42 |

注:出口是FOB价,进口是CIF价,基年是1995年。
来源:Scollay and Gilbert(2001),Chapter3。

另外,日本经济学家堤雅彦和清田耕造也曾经对"10+1"和"10+3"的福利效应和累计 GDP 增长率变化进行了定量的分析,见表3-17。从中可以看出"10+1"(中国—东盟自由贸易区)对中国以及东盟各个国家的经济影响是正面的,而对日本与韩国会带来负面的影响。相反"10+3"自由贸易区却可以使东亚主要国家都能从中受益,特别是中国、日本、韩国三个地区大国获利最多,这就说明中日韩三国单独与东盟组建自由贸易区对非成员国是不利的,而东亚自由贸易区从经济角度看是东亚各国应该追求的目标。

表3-17 "10+1"与"10+3"自由贸易区福利效应比较:2010年

单位:百万美元,%

| 国别 | 10+1 自由贸易区 | | 10+3 自由贸易区 | |
|---|---|---|---|---|
| | 福利变化 | 累计 GDP 增长率变化 | 福利变化 | 累计 GDP 增长率变化 |
| 日本 | -4895 | -0.05 | 79802 | 1.02 |
| 韩国 | -1740 | -0.16 | 43891 | 9.05 |
| 中国 | 44881 | 9.17 | 122691 | 27.69 |
| 新加坡 | 9972 | 10.40 | 12032 | 16.85 |
| 印尼 | 6824 | 3.16 | 17812 | 13.36 |
| 马来西亚 | 6252 | 7.24 | 10959 | 18.52 |
| 菲律宾 | 1640 | 2.69 | 3052 | 8.43 |
| 泰国 | 7066 | 6.03 | 17408 | 18.41 |

注:"10+1"自由贸易区是指中国—东盟自由贸易区,"10+3"自由贸易区是指东盟+中日韩自由贸易区。

资源来源:堤雅彦和清田耕造:《日本参与自由贸易区协定的结果:CGE 模型分析》,2002 年,http://www.jcer.or.jp/research/discussion/discussion74.pdf。

通过前面对东亚自由贸易区的 CGE 模型模拟结果的介绍,我们可以看出东亚自由贸易区建立对其成员国都能产生正面的效果,将会对东亚地区内国家的经济增长带来不同程度的好处。但要指出的是,东亚自由贸易区对各国的影响是很不一样的,这可能与特定国家的要素禀赋结构与产业结构有关。

### 3.2.2 东亚自由贸易区的动态经济效应

自由贸易区的经济效应除了静态经济效应外,还包括动态经济效应,

而且经验研究显示动态效应可能比静态收益还要大[①],东亚自由贸易区的动态经济效应包括以下几个方面:

#### 3.2.2.1 规模经济(Economy of Scale)效应

东亚自由贸易区建成以后将形成一个GDP总值超过7万亿美元,贸易额达3.4万亿美元,人口总量达20亿的超大型全球最大的自由贸易区。这就意味着东亚地区在取消贸易壁垒后将形成一个巨大的市场。按照林德的"重叠需求理论",东亚自由贸易区内绝大部分成员国在很多产品市场都有比较明显的共同市场需求(重叠需求)。成员国企业在自由贸易区建成后将面对更大的市场,这就为不同国家的企业进行专业化分工,生产差异产品,通过提高产量来充分获取规模经济的好处提供了条件,也为东亚新的区域生产分工体系的形成奠定了基础,同时也使东亚地区产业内贸易比例不断提高。规模经济效应也将有利于东亚各国产业结构的升级和优化。

复旦大学史智宇博士(2004)曾对中国—东盟自由贸易区的规模经济效应产生机制进行了分析,认为中国—东盟自由贸易区规模经济效应主要来自于市场扩张效应、水平分工效应和消费者福利效应[②]。笔者认为,东亚自由贸易区如果能顺利建成,它将和欧盟一样会显著提高东亚地区的跨国企业在国际市场上的竞争力,除了史智宇博士所提到的效应之外,东亚自由贸易区还将通过降低生产要素成本和大大减少交易费用等实现竞争力的提高。

#### 3.2.2.2 对外直接投资(FDI)效应

东亚自由贸易区形成后将会刺激东亚吸收外来投资,包括刺激区域内成员国之间的相互投资与吸引区外非成员的直接投资。区内投资的增长主要与东亚区域生产网络息息相关。因为全球与区域经济一体化后,东亚成员国企业将会面临区内区外双重竞争压力,自由贸易区成员国企

---

① Schiff, M. & L. A. Winter: "Regional Integration as Diplomacy", *World Bank Economic Review*, Vol. 12, 1998, pp. 271—295.

② 参见:史智宇,"中国—东盟自由贸易区的贸易效应实证研究",复旦大学博士论文,2004年4月。

业为了应对竞争对手的竞争,必然会利用自由贸易区这一区域合作制度的优势来降低自己的生产成本,从而获取竞争优势。由于东亚地区不同国家之间生产要素成本差距非常大,这就会促使成员国企业为寻求更低的生产成本而调整自己的生产布局,将企业生产环节转移到其他成员国进行,从而造成区域内成员国相互间的投资增加。东盟秘书处估计 CAFTA(中国—东盟自由贸易区)建立将使东盟对中国的投资增加 48%[①],中国对东盟的投资也明显增加。

东亚自由贸易区建成后也能大大促进非成员国对东亚的投资。前面曾指出,东亚市场是一个巨大的市场,是一个跨国公司必争的市场,自由贸易区成立意味着区内企业被连接成一个统一的大市场。而东亚自由贸易区是一个区域贸易投资优惠的制度性安排,区域外企业因为受到原产地规则的限制无法获得优惠的关税待遇,但区域外企业可以通过在东亚自由贸易区内进行对外直接投资的方式(即所谓的关税工厂(Tariff Factories))进入该区域市场,因此东亚自由贸易区建立后外资的流入不仅不会减少,还一定会增加。东亚自由贸易区建立后成员国国内的投资环境得到较大的改善,加上制度性合作带来的声誉效应与锁定效应会大大提高东亚整个区域与东亚成员国的投资吸引力,有助于吸引更多的区域外资金进入该区域,也能有效避免区域内资金的外流。

3.2.2.3 激励竞争效应(Pro-competitive Effect)

东亚自由贸易区成立后,自由贸易和生产要素的自由流动将使各成员国面临的竞争加剧。成员国国内企业(包括垄断企业)将面临来自区域内强有力竞争对手的挑战。竞争对手的增多与竞争压力加大对企业的生存形成威胁,迫使企业通过降低生产成本和加大研究开发力度来提高价廉质优的差异化产品。竞争激励效应将使企业生产成本降低从而提高消费者福利。为了保持区域内的充分竞争,自由贸易区成立之后要注意避免新垄断的形成,注意共同采取反垄断措施。

自由贸易区建立所产生的动态经济效应很多时候比静态经济效应还

---

① 数据来自何慧刚,"中国—东盟自由贸易区的经济效应分析",《云南社会科学》,2006年第3期。

要大。事实上在欧洲经济一体化中,英国主要是因为以上三方面动态效应才在 1973 年加入欧盟。近年来的实证研究结果表明,这些动态效应比静态效应大 5 倍至 6 倍①。

东亚自由贸易区建立后的激励竞争效应会很明显,因为东亚国家的垄断水平比欧盟的水平要高很多,区域经济一体化后将打破垄断,给企业产品成本的降低和加大开发差异化产品的力度提供了外部压力。

3.2.2.4 锁定与信誉效应

锁定效应②。很多区域经济一体化的成员国,特别是有些发展中国家或转轨国家把区域贸易协定作为贸易自由化或锁定国内市场化改革的外部机制。因为贸易保护主义政策的一个主要根源是国内利益集团的存在。区域贸易协定可以采取不同的方式限制国内利益集团的压力,使利益集团寻租的难度增加③。区域贸易协定还可以向外部世界发出一个清晰而可靠的信号:本国的贸易自由化体制和制度变革具有长期稳定性,它们将受到一体化组织的约束。对于外部投资者而言,这是极为重要的。像墨西哥加入 NAFTA、东欧国家申请加入欧盟都有这方面的动力。

信誉效应。一国的政策信誉对它经济增长的影响是很大的。信誉较差会严重影响该国引进外资及其他对外经济活动的效果。发展中国家应该提高自己在国际舞台上的信誉度。政府要尽力减少经济政策的不连续性与不确定性,要通过可信的、具有约束力的承诺来稳定改革。加入某一区域贸易安排,可以避免成员国实施不良政策,稳定改革成果。区域贸易安排中约束性的条款规定了清晰、可信的惩罚措施,提供了一个强大的承诺机制,增加改革的信誉。区域贸易安排也可以激发政府实施好政策的积极性和传递政府坚持改革的意图。例如加入欧盟后的葡萄牙和西班牙实施了宏观经济改革,两国都获得了信誉,从 FDI 的增加中获得了收益。

---

① 参见:《International Economics》(Eighth Edition),Dominick Salvatore,清华大学出版社。
② 锁定效应是因为承诺机制(Commitment Mechanisms)和报复机制存在,使得违反承诺的成本加大,一国在多数情况下出于自身利益考虑,都会选择遵守承诺和集团规则,因此加入自由贸易区使国内贸易自由化改革被锁定(locking-in)。
③ 参见:霍克曼·考斯泰基,《世界贸易体制的政治经济学》,法律出版社,1999 年。

#### 3.2.2.5 提高谈判能力

组成区域经济一体化可以使单个国家利用集团的力量增加在多边贸易谈判中讨价还价的砝码,单个国家必然能够从中受益。由于东亚地区经济力量强大,东亚国家组成自由贸易区后可以增强在全球贸易谈判中的地位,也可以提升在 APEC 中的谈判能力。东亚国家组成自由贸易区后,可以以东亚自由贸易区的身份和欧盟、NAFTA 等区域性贸易集团进行平等对话,相互开放市场,这些效果单靠一个国家的力量是不可能达到的。

### 3.2.3 东亚自由贸易区的非经济效应

从全球自由贸易协定签订的动因来看,很多国家在选择 FTA 对象国时把安全与政治因素看成一个很重要的因素[①]。

20 世纪 80 年代以前,南美大国巴西与阿根廷长期把对方视为威胁自己的国家,作为舒缓紧张关系的手段,两国于 20 世纪 80 年代中期签订了包括钢铁和汽车工业在内的经济协议,1991 年又联合巴拉圭和乌拉圭组成了南方共同市场(MERCOSUR)。通过在经济领域达成协议,可以创造一个积极的外部环境从而遏制核军事计划,以合作代替军备竞赛。

另外,政治考虑常常是区域贸易协定的主要动机。伊拉克战争结束后,美国提出了要与中东国家建立自由贸易区的建议,显然不是基于经济方面的考虑,而是试图通过与中东国家在经济上的合作,在政治上控制中东,消除恐怖主义的根源,服务于美国的全球战略。美洲自由贸易区的谈判与欧盟东扩在很大程度上也是出于国际竞争的考虑。

从全球政治经济格局来看,东亚地区经济实力毫无异议已成为世界三极之一,但东亚地区在国际政治上的发言权却远远落后于欧美区域,这种不平衡状况产生的主要原因是东亚国家间紧张的政治安全关系。东亚地区国家应通过签订区域经济一体化协定来化解这种紧张局势,运用区

---

① 上海社会科学院亚太所研究员蔡鹏鸿的观点,日本与新加坡、日本与韩国 FTA 的经济效应并不显著,这两个 FTA 的动机主要是政治安全。这些国家参与 FTA 主要原因是希望在区域一体化进程中获得主导地位,或者说在轴心—辐条结构中处于中心地位。

域贸易提升国家之间经济联系程度从而缓和国家间的紧张关系,使不同国家凝聚在一起。欧洲的一体化就深受这种思想的影响,在欧洲这种思想可追溯到 1795 年以马利·康德《永久和平》一书的出版。在 19 世纪,英国政治家理查德·科布登一直宣称,英国要和其邻国进行自由贸易,以便使它们对自由贸易的好处深信不疑,从而将这些国家联合起来形成一个国家团体。1889 年,意大利经济学 Vilfredo Pareto 指出,关税同盟是"改进政治关系,最终实现和平的一种手段"。1943 年,欧洲经济联盟(European Economic Community)的奠基人之一、法国政治家 Jean Monnet 写道:"如果各国以国家声望、经济保护为政策目标,在国家权威的基础上实现重建,欧洲就不会有和平……就有必要再次组建强大的军队……除非欧洲国家都加入一个联盟,或者说一个'欧洲统一体',实现在经济上的联合……"

东亚自由贸易区的建成对地区安全也将产生积极影响。一体化带来的双边及地区整体贸易的增加意味着国家间的经济依赖增加。这使得每个国家的福利都和邻国联系在了一起,战争的成本更高。同时,在和平关系中有着经济利益的人也增加了,这就增加了反对战争的政治压力。贸易的增加意味着两国人民和政府之间的联系更多,对邻国的产品和服务变得更加熟悉,对彼此的文化、政治和社会制度也增进了了解。所有这些都使双方信任程度增加。贸易的增加会带来信任的增加,继而带来防务花费的减少,随着时间的推移,这将会带来和平红利。经济学家 Polachek(1992)对伙伴国贸易量与冲突发生的可能性进行了因果检验,发现贸易量增加 6%,冲突的可能性就减少 1% 左右①。随着东亚经济一体化和地区安全程度的提高,东亚和平将从 Pax Americana(美国帝国统治下的和平)向 Pax Asiana(东亚国家自己维系的和平)转变。

---

① Polachek, Solomon W., "Why Democracies Cooperate More and Fight Less: The relationship between International Trade and Cooperation", *Review of International Economics* 1996, 5(3):295—309.

## 3.3 东亚自由贸易区的约束条件

### 3.3.1 经济层面约束条件

#### 3.3.1.1 经济发展水平与政治经济制度上的巨大差异

首先,东亚地区国家经济发展水平存在巨大差异,以人均 GNI 计算,东亚地区经济发展水平呈现出明显的层次性。处于第一层次的日本 2002 年人均 GNI 是 34010 美元,而处于最后层次的柬埔寨 2002 年人均 GNI 只有 300 美元,前者是后者的 114 倍[①]。表 3-18 和表 3-19 对世界上不同区域经济一体化组织成员国之间的经济发展水平差异进行了对比,从中可看出东亚 13 国和东盟整体经济差距是最大的。

表 3-18 部分区域集团内部成员国之间的经济差异

| 区域集团 | 2000 | 2001 | 2002 | 2003 |
|---|---|---|---|---|
| 东盟 5 国 | 90.2 | 89.9 | 88.8 | 86.7 |
| 中日韩新 | 56.2 | 56.7 | 54.9 | 53.7 |
| 中日韩新 + 马、泰 | 64.9 | 64.1 | 63.1 | 61.6 |
| 中日韩新 + 马、泰、印尼、菲 | 72.9 | 71.9 | 71.0 | 77.1 |
| 东盟 10 国 | 110.0 | 110.1 | 108.2 | 106.4 |
| 10 + 3 | 100.1 | 98.2 | 97.1 | 96.1 |
| EU(15) | 32.6 | 32.0 | 34.9 | 34.4 |

数据来源:世界银行和 UNHP 人类发展报告。
注:这里是用 PPP 衡量的人均 GDP 差异系数(Coefficient of Variation)来表示各国之间的经济差距。

表 3-19 东亚与其他区域内部人均 GDP(PPP $)差距比较

| 区域 | 平均值 | 差异系数(CV) |
|---|---|---|
| SEA 11 | 6937 | 113.1 |
| East Asia 14 | 9090 | 101.1 |
| Europe 34 | 18286 | 71.3 |

---

① 数字来源于世界银行的《2004 年世界发展指标》,中国财政经济出版社,2005 年 6 月。

(续表)

| 区域 | 平均值 | 差异系数(CV) |
| --- | --- | --- |
| GDP(PPP $) South Asia | 2321 | 37.3 |
| North Africa | 5306 | 30.0 |
| Latin America | 8223 | 32.0 |

来源:2005 UNDP Human Development Report。

注:1. CV 是差异系数(Coefficient of Variation),是衡量地区各国之间 GDP 差距的指标。2. SEA11 是指东盟 10 国加上东帝汶。3. East Asia 14 是指东盟 10 国、东帝汶、中日韩三国。3. Europe 34 是指欧盟 27 个成员国加上独联体 7 国。4. South Asia 包括印度、巴基斯坦、斯里兰卡、尼泊尔、马尔代夫、不丹、孟加拉国等国家。5. North Africa 包括阿尔及利亚、埃及、摩洛哥、突尼斯 4 国。6. Latin America 包括阿根廷、巴西、智利、墨西哥、巴拉圭、乌拉圭。

其次,该区域各个国家的经济体制也存在较大的差异。尽管东亚各国在全球化的推动下正向市场经济体制方面转型,目前各国之间经济体制差异依然较大。东盟国家与中日韩之间,既有以日本、韩国、老东盟成员国为代表的成熟自由市场经济体制,也有以我国、越南、老挝、柬埔寨为代表的正处于转型过程当中的经济体制,同时也有以缅甸为代表的计划经济体制。经济体制的复杂性与经济发展水平的巨大差异使区域经济一体化的通行规则与各国国内经济规则之间的矛盾无法调和,给东亚地区的经济合作带来了极为不利的影响。就整体而言,东亚各国要想在短时间内达到经济体制趋同比较困难,在中长期东亚各国的市场经济体制会比较一致。

相反,欧盟与北美自由贸易区之所以能够比较顺利地推进,其中的主要原因就是这两大自由贸易区内部各个成员体在社会制度尤其是政治制度上的高度同质性。而东亚地区的成员国在政治制度上存在根本性差异,既有资本主义制度也有社会主义制度,各国政体也不太一样。因此,东亚各国在经济交易过程中就不可避免会出现矛盾与冲突,交易成本很高,近几年中国与东亚国家的贸易摩擦就集中反映了这一点。除了政体形式存在较大差异外,东亚各国在语言、宗教和法定货币上的差异也是较大的,表3-20 总结了东亚 13 国在语言、宗教、货币和政体形式方面的不同,从中可以看出各国的整体差异是很大的,尤其是意识形态和货币方面。

表 3-20　东亚 13 国的语言、宗教、货币和政体形式

| 国别 | 语言 | 信奉的宗教 | 货币 | 政体形式 |
| --- | --- | --- | --- | --- |
| 中国 | 汉语 | 佛教、道教、天主教、基督教 | 人民币 | 人民民主 |
| 日本 | 日本语 | 神道教、佛教 | 日元 | 君主立宪 |
| 韩国 | 韩语 | 基督教、佛教、儒教、道教 | 韩元 | 议会民主 |
| 柬埔寨 | 高棉语 | 佛教 | 瑞尔 | 君主立宪 |
| 文莱 | 马来语 | 伊斯兰教 | 文莱元 | 君主立宪 |
| 印度尼西亚 | 印度尼西亚语 | 伊斯兰教、基督教、天主教、佛教、印度教 | 印尼卢比 | 共和 |
| 老挝 | 老挝语 | 佛教 | 新基普 | 民主共和 |
| 马来西亚 | 马来语、英语、汉语、泰米尔语 | 伊斯兰教、基督教、佛教、印度教、老子 | 林吉特 | 君主立宪 |
| 缅甸 | 缅甸语 | 佛教、基督教、伊斯兰教 | 缅元 | 国家和平发展委员会 |
| 菲律宾 | 菲律宾语、英语、西班牙语 | 佛教、基督教、伊斯兰教 | 菲律宾比索 | 民主 |
| 新加坡 | 英语、马来语、汉语、泰米尔语 | 佛教、基督教、伊斯兰教 | 新加坡元 | 议会民主 |
| 泰国 | 泰国语 | 佛教、伊斯兰教 | 泰铢 | 君主立宪 |
| 越南 | 越南语 | 佛教、基督教 | 越南盾 | 民主 |

来源：东盟网站和 2002 年《世界银行发展报告》。

#### 3.3.1.2　中国东盟产业结构的竞争性

国际经济一体化理论认为，区域经济一体化组织福利效应的大小在很大程度上要受制于成员国之间的经济贸易关系是以竞争性为主还是以互补性为主。国家间经济互补性越强，经济合作的福利水平就越高；经济竞争性越强，经济合作的福利水平就越低。中国与东盟各成员国由于都属于发展中国家（新兴工业化国家），各国要素禀赋结构比较一致，各国的经济发展水平相近，经济结构与产业结构有很大程度的相似性，加上各国产业内贸易水平不高，因此双边经贸关系的竞争性很明显。表 3-21 反映出中国与东盟国家的未加权贸易相似性指数越来越大，贸易竞争性将使东亚发展中国家之间区域经济一体化的经济效应有所减弱，从而在一

定程度上削弱了成员国参与经济一体化的动力。

表3-21 中国与东盟部分国家的未加权贸易相似性指数（SITC 三位数）

| 国家 | 1980 指数 | 1990 指数 | 2000 指数 |
| --- | --- | --- | --- |
| 中国 | 0.476 | 0.591 | 0.629 |
| 印度尼西亚 | 0.379 | 0.442 | 0.512 |
| 马来西亚 | 0.482 | 0.542 | 0.651 |
| 菲律宾 | 0.438 | 0.586 | 0.659 |
| 泰国 | 0.488 | 0.589 | 0.686 |

来源：根据世界银行的贸易与产出数据库整理形成。

从东盟和中国近几年出口商品结构来看，双方的出口产品主要集中在劳动密集型制成品领域。相似的出口商品结构不仅会影响双边贸易，也会使双方在第三方市场的竞争更加激烈。就相互贸易而言，中国在东盟市场上具有潜在比较优势的产品包括机电产品、光学仪器和钟表、交通运输工具、金属制品、化工产品等，它们的份额约占东盟从中国进口总额的70%，这些产品进入东盟市场无疑会对当地同类商品生产企业造成冲击。就第三方市场而言，美国、日本和欧盟同时是中国和东盟对外贸易的三大主要市场，见表3-22。在这三大市场上，中国与东盟的出口产品有明显的重合。二者面向美国市场都是以纺织品、服装和机电产品出口为主，对日本则以出口机电产品为主。

表3-22 2005 年东盟与中国前 6 个最主要的出口市场及各市场所占比例

| | 第1位 | 第2位 | 第3位 | 第4位 | 第5位 | 第6位 |
| --- | --- | --- | --- | --- | --- | --- |
| 中国 | 欧盟(15.3) | 美国(14.9) | 日本(13.0) | 香港(9.6) | 东盟(9.2) | 韩国(7.9) |
| 东盟 | 东盟(24.9) | 美国(12.6) | 日本(12.6) | 欧盟(11.5) | 中国(9.3) | 韩国(3.9) |

数据来源：中国商务部与东盟网站。

中国与东盟在经济发展水平和产业结构方面的近似性也制约了东盟与中国双边贸易的发展。从东盟国家角度来看，日益具有竞争力的中国产品对东盟区域内的企业造成了严重威胁，也导致"中国威胁论"在部分东南亚国家的滋生。

中国与东盟各国在吸引外资方面也存在比较激烈的竞争。从表3-23可以看到,东盟作为一个整体吸引的外资数量最近几年与中国吸收的数量相差越来越大。1995年东盟整体吸收外资约282亿美元,中国吸收外资是375亿美元,两者相差约49亿美元。但到了2004年,东盟吸收外资是257亿美元,中国却高达606亿美元,两者相差349亿美元,2005年差距更大。东亚地区出现了投资转移(FDI Diversion)现象,部分外资从东盟区内国家撤出而转向中国,这就不可避免地造成中国与东盟在引进外资上的竞争。

表3-23 中国与东盟各国1995—2005年吸收外资的数量

单位:百万美元

| 国家 | 1995 | 1997 | 1999 | 2001 | 2002 | 2003 | 2004 |
| --- | --- | --- | --- | --- | --- | --- | --- |
| 文莱 | 582.8 | 701.7 | 747.6 | 526.4 | 1035.3 | 3123.0 | 161.2 |
| 老挝 | 88.4 | 85.3 | 51.6 | 23.9 | 25.4 | 19.5 | 16.9 |
| 柬埔寨 | 150.7 | 168.1 | 232.3 | 149.4 | 145.1 | 84.0 | 131.4 |
| 缅甸 | 317.6 | 878.8 | 304.2 | 192.0 | 191.4 | 291.2 | 145.1 |
| 越南 | 1780.4 | 2587.3 | 1483.9 | 1300.3 | 1200.1 | 1450.1 | 1610.1 |
| 马来西亚 | 5815.0 | 6323.0 | 3895.1 | 553.9 | 3203.2 | 2473.2 | 4623.9 |
| 印尼 | 4346.0 | 4678.0 | 2745.1 | 3278.5 | 144.7 | 595.6 | 1023.4 |
| 菲律宾 | 1577.0 | 1261.0 | 1725.0 | 982.0 | 1111.0 | 319.0 | 469.0 |
| 新加坡 | 11502.7 | 13532.5 | 16067.0 | 14121.7 | 5821.3 | 9330.6 | 16059.1 |
| 泰国 | 2070.0 | 3881.8 | 6090.8 | 3886.0 | 947.0 | 1952.0 | 1414.0 |
| 东盟整体 | 28230.6 | 34098.6 | 27852.8 | 18457.1 | 13824.8 | 18447.0 | 25654.2 |
| 东盟5国 | 25310.7 | 29676.3 | 25033.1 | 16265.1 | 11227.4 | 13479.2 | 23589.4 |
| 中国 | 37500.0 | 45300.0 | 40400.0 | 46900.0 | 52743.0 | 53505.0 | 60630.0 |

数据来源:根据东盟FDI数据库和中国商务部网站数据合并制成。
东盟5国是指:印尼、马来西亚、菲律宾、泰国、新加坡。

东盟各国外资来源结构也发生了较大的变化,来自东亚地区内的外资数量在相对减少,见表3-24,而来自区外的数量增加有限,所以整体导致东盟吸收外资的数量减少。

表 3-24　东盟外资主要来源国及其数量　　　　　单位：百万美元

| 来源国 | 1997 | 1998 | 1999 | 2000 | 2001 | 2002 | 2003 | 2004 | 2005 |
|---|---|---|---|---|---|---|---|---|---|
| 亚洲 NIEs | 3520.6 | 1930.4 | 1629.0 | 1459.8 | 2524.5 | 567.6 | 1558.9 | 2427.9 | — |
| 其中：香港 | 1884.8 | 1162.2 | 697.6 | 1128.9 | 1828.0 | 204.5 | 100.1 | 344.9 | — |
| 　　韩国 | 721.8 | 90.8 | 528.9 | 45.0 | 431.9 | 92.4 | 632.0 | 896.5 | 628.4 |
| 　　台湾 | 914.0 | 677.5 | 402.5 | 375.9 | 264.8 | 270.7 | 826.9 | 1186.6 | 306.6 |
| 中国 | 62.1 | 291.3 | 62.5 | 133.4 | 147.3 | 80.9 | 188.7 | 225.9 | 569.8 |
| 日本 | 5229.5 | 3937.6 | 1688.2 | 455.0 | 1606.3 | 3366.2 | 2317.7 | 2538.2 | 3163.7 |
| 欧盟 | 8326.5 | 6861.1 | 12048 | 13840 | 6053.6 | 5087.5 | 6674.7 | 6357.7 | 7122.7 |
| 美国 | 4950.1 | 3222.3 | 5931.7 | 7311.6 | 4569.4 | 357.5 | 1395.3 | 5051.9 | 8748.4 |

数据来源：ASEAN FDI database。

#### 3.3.1.3　经济利益协调难度较大

日本为了保持自己在东亚地区的领头地位，在技术转移和国内市场开放方面采取了极为保守的保护做法，近年来在贸易政策上又有贸易保护主义的倾向，日本与韩国两国在农产品领域存在很高的贸易壁垒，这就严重影响了东亚地区开放大市场的形成，也阻碍了东亚区域经济一体化的全面展开。多数东亚国家实施的是出口导向型经济发展模式，扩大出口是带动经济增长的重要动力。东盟参与东亚区域经济一体化就是想把自己具有相对比较优势的产品对外输出，争取更多的市场份额，避免经常项目的恶化。从目前形势看，日本、韩国与东盟之间的经济利益协调难度比较大。

中国与韩国、日本之间也存在同样的问题，特别是随着中国在世界和东亚的崛起，中国工业体系的日趋完善和制造业竞争力的提升，中国对日本韩国制造业也造成了一定的威胁，两者利益分配状况也在发生改变，日本国内的"人民币升值论"、"中国威胁论"就是有力的例证。中国与东盟、日本与韩国同样存在经济利益冲突和利益协调困难的问题，韩国近几年对中国反倾销案件的增多就说明了这一点。

### 3.3.2　非经济层面约束条件

在国际政治与国际关系学界，很多学者认为东亚地区的政治可以说是世界上最复杂的国际政治[①]。东亚地区尽管在经济领域具备了较好的合作基础,但是影响东亚地区未来合作的消极性、破坏性的非经济因素很多,其中一些因素可能成为区域不稳定和纷争的隐患[②]。这些因素主要包括:

#### 3.3.2.1 国家主权意识强烈

制度性区域经济一体化的成功需要满足一个至关重要的条件,即成员国为了获取经济合作的收益而要愿意让渡部分国家主权,国际政治学者把这种国家主权的让渡称作为区域经济一体化的"主权成本"。由于大多数东亚国家历史上都曾经是西方发达资本主义国家的殖民地或侵略对象,东亚国家的民族主义情绪都比较强烈[③]。这些国家的很多国民都认为因为区域经济一体化而让渡国家主权等同于国家主权受到严重削弱,它们普遍对"主权成本"极其敏感。这种高度敏感的"主权成本"意识极大地阻碍了东亚国家制度性区域经济一体化的进行,结果是很难在亚洲出现类似于欧洲的超国家管理和监督机制。由于国家主权意识强烈,使得以东亚国家为主要成员的区域经济一体化组织都呈现出来主权让渡有限、约束力较弱的特点,比如东盟(ASEAN)、亚太经济合作组织(APEC)两大主要以东亚国家为主的区域经济组织都采用了"不干涉国家主权或内部事务"的原则来满足这些国家高度敏感的主权意识。这一为降低"主权成本"而采纳的制度设计虽然被各参与方共同认可,但也不可避免地造成了制度性合作的缺失以及解决共同问题上的能力不足,使得这两大组织因为缺乏对成员国行为的有效约束而无法进行深度合作。东盟在加入 APEC 时曾提出过三个条件:避免法律约束力、不设谈判权、未来的协议不超过关贸总协定。东亚金融危机后建立的"10+3"机制,也没有对各国应该履行的承诺做出明确的规定,这与东亚各国主权意识强烈有一定关系。

---

[①] 观点出自庞中英,"让合作主导东亚区域政治",《瞭望新闻周刊》2004 年 8 月 9 日。
[②] 来源同上。
[③] 2004 年因拍摄慰安妇题材的写真而遭到民众强烈批判的李成延向公众道歉,所在公司甚至公开谢罪,韩国民族主义可见一斑。

这种过分强调国家主权和忽视地区利益,只想有所得而不愿有所失,东亚地区国家这种狭隘的"国家主权观"将会严重影响东亚区域经济一体化的进行。东亚国家因此必须要协调好民族国家的主权利益与区域利益的关系。

#### 3.3.2.2 政治外交关系紧张

由于历史原因和美国出于其全球战略需要对东亚事务的全面干涉,东亚国家之间在政治上缺乏互信,双边政治外交关系紧张。具体表现为:首先,东亚国家之间存在比较严重的领土争端。东盟内部由于缺乏解决成员国领土争端的有效机制而经常发生领土争端,在一定程度上影响了东盟各国更深层次的合作;中国与日本关于钓鱼岛归属权的争端和东海油气田开发权归属问题的争端;韩国与日本关于独岛(竹岛,Dokdo Island)归属权的争端;中国与东南亚国家关于南海诸岛的争端等。其次,日本由于不能正确认识和反省其对邻国的侵略史,日本最高领导人不顾亚洲其他国家的反对,执意参拜靖国神社,使得战争受害方的东亚各国无法与之实现真正的"法德和解"和消除一体化合作的政治和心理障碍。另外,在东亚部分国家出现的"中国威胁论"也是破坏中国与东亚其他国家进行合作的主要原因甚至是最主要的原因[①]。这是因为中国最近几十年经济的高速增长使得经济实力大大增强,在亚洲地区中国经济总量仅次于日本,中国经济快速增长的态势在一定程度上改变了亚洲区域的"权势关系结构"[②],加上东亚其他国家右翼势力对"中国威胁论"的大势渲染,使得其他国家对中国和平崛起缺乏全面正确的认识,把中国崛起看成是对东亚其他国家的威胁,把中国在和平崛起过程中与其他国家发生的某些纷争政治化,比如中日之间石油之争、中日韩国家竞争力之争等,这就很容易给中国与东亚其他国家的政治关系造成负面影响。

在东亚政治外交关系中,中日关系尤其重要,是东亚地区最主要的双边关系。中国与日本作为东亚地区经济实力和影响力最强的两大经济

---

① 参见:刘秀莲,"东北亚区域经济一体化中的国家利益纷争",http://www.iwep.org.cn/,中国社会科学院世界经济与政治研究所。
② 参见:时殷弘,"解析中日关系及中国对日战略",《现代国际关系》,2006年第4期。

体,在推进东亚区域经济一体化中的作用是至关重要的,中日关系是影响该地区经济合作的深度、广度和能否最终成功的最关键因素。令人遗憾的是,中日两国政治外交关系时有起伏,一直处于充满变数和高度紧张的状态当中。日本领导人不能正确对待侵略中国的历史,一味坚持参拜靖国神社的做法成为中日关系恶化的死结,一度使中日关系进入了死胡同,从而影响双边经济层面的合作。同时,日本在东亚地区的战略目标定位就是在"美日同盟"体制下维护自己经济利益并占主导地位,这是日本外交战略的最主要支柱。中国的迅速崛起以及中国—东盟自由贸易区的快速发展使日本感觉到面临严峻的挑战,从国家利益和民族感情上不能接受其主导地位被削弱的现实。当然中国积极参与双边自由贸易区的举动对日本更积极地参与东亚区域经济一体化产生了明显的刺激作用[①]。但由于日本的东亚经济一体化战略是不能容忍中国主导的,加上美国为了遏制中国和维护自己霸主地位而扶植日本与中国竞争甚至对抗,因此中日双方在东亚区域合作的竞争必然会很激烈,这对东亚自由贸易区的建设是非常不利的。可以肯定的是如果没有中日关系实质性的改变,东亚自由贸易区最终将难以成功。

东亚地区外交关系紧张也反映在地区军事安全冲突上。由于东亚诸多的地区不安全因素(朝核危机、台海问题、南沙群岛领土问题、日本的军事威胁)的存在,东亚地区安全形势不容乐观。如果这些安全危机不能通过和平外交努力得到有效化解[②],它将严重影响东亚各国之间的区域经济一体化,甚至将刺激各国提升武器装备水平[③],这对东亚地区的安全是

---

① 中国与东盟签订自由贸易协定的第二天日本首相小泉纯一郎就表达了愿意与东盟签订经济伙伴协定(EPA)。2002年1月13日,日本就与新加坡签署了第一个自由贸易协定。2002年日本首相出访东盟,提出与东盟建立自由贸易区的建议,双方2005年4月开始谈判,目标是在2012年之前签署自由贸易协定。

② "2.13"共同文件的达成表明朝核问题极有可能通过和平谈判方式解决,"六方会谈"机制为东亚其他地区安全冲突问题的解决提供了良好的可供借鉴的模式。

③ 根据世界权威机构斯德哥尔摩国际和平研究所2005年年鉴,世界军品需求主体上出现了东亚取代中东成为主要进口地区的重大变化。据统计,1996—1999年间,东亚和中东在发展中国家军品进口中的比重分别为36.79%和43.97%,而2000—2003年分别为50.82%和36.98%。主要原因是印度、中国台湾、韩国、马来西亚、印尼、新加坡和中国大陆等较大幅度地增加了军品的进口。

极为不利的。因此东亚安全机制不能有效建立,势必在东亚地区制造一种紧张气氛,使东亚国家无心无力考虑区域经济一体化,甚至对东亚地区业已形成的区域贸易投资网络的深化带来负面影响。

#### 3.3.2.3 区域意识淡薄

按照安德鲁·赫里尔(Andrew Hurrell)的定义,区域意识(Regional Awareness)可以等同于区域认同(Regional Identity),是指对某个区域共同体的归属感。区域意识有低层次和高层次之分。低层次的区域意识中成员国归属感不明显,制度性意识也不强烈,甚至处于一种自发的意识形态;而高层次的区域意识则有较强的制度化冲动和明显的归属感,区域合作的程度与范围有较大的提升与扩大。成熟的区域经济合作组织总是要经过低层次区域意识到高层次区域意识的转变过程以及这个过程本身的制度化。区域意识是否存在并制度化可以说是区域经济一体化能否成功的关键因素之一。

欧共体成功的案例就可以充分说明这一点。欧洲的区域意识一直存在,在二战后初期这种意识观念与政治权力实现了绝妙结合,最后上升为政治家群体的集体意志。正是这些政治家们的持续、共同的努力,使得欧洲共同体成为一种新的制度安排,这种制度安排真正使得战争失去了必要的经济社会基础。欧洲政治家不仅是欧洲意识的继承者,同时也是最有力的传播者和最有力的实践者,因为观念或者政治文化若不与权力有力结合,欧共体就不可能成立。丘吉尔1946年发表"欧洲大家庭"演说,建议成立欧洲委员会;法国外长舒曼倡议成立欧洲煤钢共同体;法国总理普列文的"普列文"计划提议建立欧洲军团;法国总理莫内邀请德国加入,培养欧洲自信;德国总理阿登纳排斥艾哈德的错误,主张法德合作,都表明欧洲统一的理念强烈地融入了权力操作层面,只要国际格局条件允许,区域意识的制度化即可实现。

而在东亚地区,"东亚意识"的一致程度与内化程度远远不如"欧洲共识"。首先,东亚主要国家对"东亚观念"的理解表现出较大差异。东盟强调多元的力量中心及团结一致的集体行动;日本强调大东亚共同繁荣以及日本在东亚经济圈中的核心地位;韩国强调东北亚中心主义以及东亚平等合作;中国强调华夏中心主义和东方文明与西方文明的抗衡。其他国家的东亚意识总是与第三世界进一步兴起、东西方文明的整合、发展中国家的合作联系在一起。其次东亚国家对于一些共同的区域性问题远远没有达成一致的看法:东亚合作需要核心国家吗?如何在东亚合作进程中启动"去美国化"进程?东亚国际社会是否需要尽快磨合出一种成熟的应对中国崛起与日本崛起的共同行动逻辑?东亚国际合作过程如何坚持封闭性与开放性,即如何对待美国因素、欧洲因素以及印度因素?另外东亚共识形成中缺乏轴心力量、文化共质性薄弱[①]、美国对于东亚事务的干预等都影响了东亚共识的形成。

由于区域共识是区域经济合作必要的前提,东亚地区要走制度化的一体化道路,一定要注意培育东亚意识,进一步扩大区域集体认同的领域与范围。尤其是东亚主要国家的政治精英们要发挥作用。只有这样,才能使大家更多关注区域利益,协调各国的国家利益冲突,共同推动经济一体化。

### 3.3.2.4 主导权缺失

从目前东亚各国的综合实力来看,日本与中国应是东亚区域经济一体化的主导国。如果从经济规模、技术先进程度和区域影响力来说,日本应该成为东亚区域经济一体化的主导力量。但由于以下原因使日本成为东亚区域经济一体化主导国几乎不可能。一是日本的贸易保护政策,日本国内市场的开放速度很慢。比如日本对农业的保护反映了日本国内对自身比较劣势行业的保护依然很强。二是日本对待自己在二战时期犯下的罪行不能深刻反思,使东亚其他国家对日本存有戒心,严重影响日本的区域经济战略的实施。三是日本与美国的军事同盟关系以及对中国崛起的警惕和防备给东亚合作带来很大的负面影响。四是日本的"中国威胁论"。"中国威胁论"认为中国经济迅速增长导致了日本在亚洲地位的下

---

① 日本和韩国国内价值观念"西化"现象很严重,越来越多的日本和韩国青年推崇和认同西方文化。比如韩国在二战结束后,只有1%的基督徒,而到了2002年已经有40%的韩国人加入基督教行列,人数达1400万~1700万。美国哈佛大学教授亨廷顿认为只有当经济区域主义植根于共同的文明中才能成功,因此日韩价值观念的"西化"对东亚经济一体化将产生不利影响。

降,导致了日本的产业空心化。以上这些因素导致东亚其他国家很难接受由日本来主导东亚区域经济一体化。

中国入世后对外开放程度开始迅速提高,经济力量持续增长,区域影响力越来越大。但是中国要成为主导东亚区域经济一体化的国家也很难。对日本来说,中国就是它的竞争对手,日本不可能接受中国主导东亚合作的现实。对亚洲其他国家来说,中国与它们在制造业的竞争很可能使中国与其他国家的关系变坏,加上中国与亚洲大部分国家政治与经济制度上的差异也使亚洲其他国家存有疑心,还有就是台湾问题也可能成为美国遏制中国的一个工具。

从近期来看,中日关系存在的种种问题都无法使这两国成为东亚自由贸易区的主导国家,这将大大减缓东亚自由贸易区的进程,因为区域经济一体化中主导国可以通过提供公共产品来推动区域经济一体化。目前东亚自由贸易区只能采取迂回、渐进的方式来进行,而不可能像欧洲经济一体化因为有"法德和解"而快速得到推进。正如我们后面所谈到的,东亚自由贸易区的推进初期由于中日关系紧张而只能通过"第三方"来主导东亚区域经济一体化。在东亚地区,除中日之外的"第三方"只能是韩国与东盟。考虑到韩国与日本之间不和谐的政治关系和朝鲜半岛的紧张局势,加上韩国地缘政治与经济,相对东盟来说它也不太适合近期作为东亚区域经济一体化的主导者。综合来看,东盟倒有可能成为近期推进东亚区域经济一体化的"第三方",理由是东盟已经形成自己区域经济一体化特有的"东盟模式"。东盟模式的基本原则是自愿、协商一致、不干预和非正式,其具体特点包括:1. 尊重成员国的主权与独立,采取协商一致与非约束性的运作方式,没有超越成员国主权的组织机构,无需让渡主权。2. 采取开放式运作模式。东盟国家对外经济程度也都很高,但东盟自由贸易区不把贸易投资自由化的成果无条件运用于区外其他国家,但是东盟也不提高对区域外的关税壁垒。相反,东盟将致力于推动世界贸易组织的贸易投资自由化谈判。东盟各个成员国也可以与其他国家签订自由贸易协定。

"东盟模式"的特点决定了东盟可以成为近期推进东亚区域经济一

体化的主导者。但从更长时期看,东亚自由贸易区的中后期不能没有区域大国的牵引,东盟由于自身实力的限制在那时候无法充当东亚经济一体化的主导者。由于东亚自由贸易区的关键是中日韩之间自由贸易协定的签订,因此从长期看,中国与日本的经济实力决定了中日应该共同成为东亚区域经济一体化的领导力量,发挥双火车头的作用。

#### 3.3.2.5 美国因素干扰

美国在东亚地区有广泛的经济、政治和战略利益。美国依靠它在世界首屈一指的综合国力,依靠它在东亚的驻军和东亚的盟国,依靠它对东亚巨大的经济影响,依靠它的民主、人权等价值观的影响,取得了在东亚地区的主导地位。东亚地区事务不可能不受到美国因素的影响,东亚地区国家之间的合作也不可能忽视美国的存在。

美国是出于自身利益的考虑来决定自己对东亚区域经济一体化的态度。美国总体目标是维护自己对东亚地区的控制力。对东亚区域的多边区域经济一体化采取不同的态度,关键是看它对美国的主导地位是否构成威胁,看它是否有利于美国全局和区域政治经济利益的实现。美国害怕东亚国家的联合对其造成压力,害怕东亚国家形成类似于欧盟的区域经济一体化组织。美国反对和阻挠建立任何把美国排斥在外的东亚区域经济集团,严防别国主导东亚经济合作与发展,美国还想通过推进亚太区域经济贸易自由化和一体化,最终获得对亚太区域经济一体化与发展的主导权。

美国支持 ASEAN、ARF(亚洲区域论坛,Asia Regional Forum)和 APEC,因为它们是在美国的扶持下成立的,或者是美国在其中发挥主导地位。这些组织可以为美国所用,为美国在东亚和亚太地区推行它的各项外交政策服务。

美国反对并扼杀20世纪90年代马来西亚前总理马哈蒂尔倡导的 EAEC(East Asia Economic Caucus,东亚经济集团)[①]和日本提出的"亚洲

---

① 东亚经济集团是1990年12月由马来西亚总理马哈蒂尔提出的,旨在推动东亚各国在经济上加强对话与协作,以促进东亚区域经济发展与合作。由于受到美国的压力,日本、韩国态度消极,EAEC 以失败告终。

货币基金"的构想,因为它们是东亚国家的小圈圈,美国被排斥在外,难以控制并可能冲击美国主导的现行金融秩序。美国也反对 2006 年 8 月在东亚 16 国(东盟 10 国、中日韩、印度、澳大利亚、新西兰)的经贸部长非正式会谈中,时任经济产业相的二阶俊博提出的东亚 16 国建立"东亚经济伙伴协定(Economic Partnership Agreement,EPA)"的构想。

美国为了实现自己的利益目前正在防御性地介入东亚区域经济一体化。比如美国与新加坡、韩国签订了自由贸易协定①,美国正与泰国、马来西亚、越南等进行自由贸易谈判,美国与文莱、菲律宾、印度尼西亚等国签订了贸易与投资框架协定(Trade and Investment Framework Agreement,TIFA)。美国还在考虑与东盟启动 EAI 倡议(the Enterprise for Asean Initiative),打算签订东盟—美国贸易投资框架协定(Asean-U. S. Trade and Investment Framework Agreement)②。2003 年 12 月美国贸易代表佐立克谈到:"一旦东盟与美国的一系列协议全部完成,那么其价值就远远超出中国同东盟的一系列协议了"。美国在 APEC 第十四次领导人非正式会议上甚至抛出"APEC 自由贸易区"的提案。

美国在亚太地区的军事存在也是阻碍东亚区域经济一体化的重要因素,给东亚区域经济合作制造不利氛围。它将制造和增强东亚各国的不信任,减弱东亚国家相互依赖程度和向心力,阻碍东亚区域合作的发展。美国故意在东亚各国之间制造冲突,从而使它能利用冲突进行控制,最主要的表现就是美国利用日本来遏制中国,从而阻碍东亚区域经济一体化的发展。

以上我们所谈到的只是东亚自由贸易区推进中可能遇到的非经济因素中的一部分,影响东亚经济合作的非经济因素还包括其他很多方面。这些非经济因素的存在反映出东亚自由贸易区的发展路径一定是充满荆

---

① 美国与韩国的自由贸易谈判于 2007 年 4 月 2 日完成,这是韩国涉及贸易额最大的一项自由贸易协定,也是美国继 NAFTA 之后的第二大自由贸易协定。
② 参见美国贸易代表网站中的《2007 Trade Policy Agenda and 2006 Annual Report of the President of the United States on the Trade Agreement Program》。

棘和困难的。

## 本章小结

本章利用国际经济学中经常用来分析双边及区域经济一体化经济基础的一系列经济指标(Economic Index)对东亚制度性一体化的经济基础进行了实证分析。这些指标包括：反映经济体对外开放程度的外贸依存度指数，反映区域整体贸易一体化程度的区域内贸易指数，反映两国之间经济联系程度的贸易强度指数，反映两国贸易相互紧密程度的贸易结合度，反映一国商品或产业比较优势的 RCA 指数，以及产业内贸易指数。结果发现东亚地区经济一体化的经济基础整体来看较好，在某些指标上甚至还高于欧盟与北美自由贸易协定，比如对外开放度、贸易强度指数和产业互补性指数。东亚地区的区域内贸易指数低于 EU 但要高于 NAFTA，东亚总体产业内贸易水平正在不断的提高，这些都说明东亚自由贸易区具备较好的经济基础。

东亚自由贸易区顺利实现也能够产生良好的经济效应。本章通过贸易引力模型与综合国内外知名学者利用 CGE(可计算一般均衡模型)模型对东亚自由贸易区经济效应进行模拟的结果，发现东亚自由贸易区潜在的经济效应是比较明显的。贸易引力模型结果显示，东亚制度性区域经济一体化能够给成员国外贸出口带来比较明显的经济促进作用，东亚地区各国之间的贸易潜力还是比较大的。CGE 模拟结果反映出 FTA 对成员国经济可以起到正面的效果。学者们的模拟结果都得出东亚自由贸易区的总体经济效果为正，中日、中韩、日韩双边，东盟与中、日、韩双边自由贸易区的效果也为正。另外研究发现东亚自由贸易区的非经济效应也是相当显著的。因此无论从经济还是政治效应角度看，东亚地区双边自由贸易区和东亚自由贸易区有必要启动。

遗憾的是，研究结果发现东亚自由贸易区在推进过程中要受到诸多约束条件的制约，包括经济层面的约束条件和非经济层面的约束条件，其中非经济层面的约束条件是影响东亚制度性区域经济一体化形成严重滞后的关键因素。东亚地区经济层面的主要约束条件是成员国经济制度和经济发展水平的差异、东亚国家经济利益协调困难;非经济层面的约束条件是国家主权意识强烈、政治外交关系紧张、区域意识淡薄、主导权缺失、美国因素干扰等。

# 第4章
# EU、NAFTA、APEC 的约束条件与路径选择比较研究

任何自由贸易区的路径选择都要受其约束条件的制约,约束条件的多少与可逾越程度直接影响着自由贸易区的路径选择,甚至决定了自由贸易区最后的成功与失败。本章通过对 EU、NAFTA、APEC 三大具有代表性的南北型自由贸易区的约束条件以及其路径选择进行比较研究,从中提炼出对东亚自由贸易区有借鉴意义的经验规律[①],从而为东亚自由贸易区的路径选择提供借鉴。由于东亚自由贸易区的约束条件与 EU、NAFTA 和 APEC 的约束条件大不相同,因此 EU、NAFTA 和 APEC 路径选择中的经验只能为 EAFTA 提供一般性的、原则性的借鉴。

## 4.1 EU 的约束条件与路径选择

### 4.1.1 EU 的约束条件

欧盟是世界上最早成立的自由贸易区之一,而且欧盟基本上是在关税同盟这种更高层次区域经济一体化形式上建立起来的,现在的欧盟不论从经济一体化涉及的领域、成员国数量还是从一体化深度看,都可以堪

---

[①] EU 是一个接近于完全经济一体化的区域经济一体化组织,由于本论文主要研究范畴是自由贸易区,而欧盟毫无疑问是一个典型的自由贸易区。APEC 自由贸易区还没有形成,只是处于被建议阶段,但也可以作为一项自由贸易安排进行研究。

称是世界区域经济一体化的最高境界,是其他区域自由贸易区无法比拟的。

从约束条件来看欧盟,我们几乎很难找到严重影响欧盟发展的约束条件。相反欧盟正是因为具备了一系列促使其一体化不断向前推进的背景条件与良好基础,欧洲一体化才能取得这么显著的效果,这些背景和有利条件主要包括:

第一,特殊的历史背景。欧洲是两次世界大战的发源地和战场,战争给欧洲带来的是心理的创伤和深刻的理性反思,战争大大削弱了欧洲国家在世界政治经济格局中的地位。首先是欧洲各国经济实力大大减弱,沦落为世界经济中的"二等公民",各国都面临迅速恢复经济的重任,因此客观上要求各国联合起来。另外,二战后美国与苏联进行冷战,争夺世界霸权,欧洲国家处于美苏对峙的夹缝中岌岌可危,欧洲单个国家的实力都无法保证自己的安全,因此欧洲国家只有联合起来才能与美国、苏联抗衡,保护欧洲国家的安全和政治利益。同时为了防止欧洲再度发生战争,要求"法德和解"的呼声也越来越高。而法德要和解,就必须把两国的资源整合起来形成一个命运共同体,并且促使各国主权向共同机构逐渐转移,这样才能最终实现欧洲一体化。

因此我们可以看到,欧洲联合战略的选择是由其客观和主观的历史背景所促成的,这是欧洲一体化能够取得迅速发展最重要的原因。而世界上其他经济一体化组织(包括东亚)则没有面临如此大的外部压力,它们目前的主要问题是本国的经济发展问题,而北美自由贸易区则不存在政治上成为世界主导力量的问题①。

第二,区域意识和欧洲观念浓厚。前面我们提到,区域意识是区域经济一体化最基本的条件。早在中世纪"欧洲观念"就开始孕育,17、18世纪欧洲知识分子中间就出现了"联邦主义"和"邦联主义"的思想。第一次世界大战结束前后,欧洲一些著名的政治家提出了"欧洲合众国"的构想。第二次世界大战期间,联邦主义思想成为一种政治思潮。战后初期

---

① 参见:佟家栋,"欧盟经济一体化的发展道路论析",《南开学报》,2000年第2期,第90页。

欧洲公众舆论对欧洲联合的理解和支持进一步推动了欧洲联邦主义运动的发展。欧洲许多著名的政治家,如英国的温斯顿·丘吉尔,法国的让·莫内、罗伯特,联邦德国的康拉德·阿登纳,都以积极促进欧洲联合事业,致力于建立欧洲联邦而著称。为了实现安全、独立和发展,西德领导人康拉德·阿登纳指出:"如果我们欧洲人不想在起了变化的世界里走下坡路的话……,欧洲的联合是绝对迫切需要的。没有政治上的一致,欧洲人将会沦为超级大国的附庸"。在欧洲知识精英们的影响下,欧洲人已经把欧共体和欧盟看成是实现欧洲繁荣和确保欧洲和平的唯一途径。"欧洲意识"已经深入人心,并融合在欧洲国家之间的政治、经济和文化交往之中,成为"欧洲公民"区域认同感的基础,这一点从《煤钢共同体条约》、《马斯特里赫特条约》等始终被冠以"欧洲"之名即可看出。

正是由于欧洲强烈的区域意识,欧洲联合思想才能够深入人心,比利时布鲁塞尔自由大学副教授保罗·马涅特(Paul Magnette)在《欧洲、国家与民主》一书中指出,欧洲一体化建设的可行性,关键是欧洲民主国家的法治制度和价值认同。欧洲观念有其深厚的历史文化底蕴,从欧洲文艺复兴时代的"人本主义"思想的闪现,到法国资产阶级的启蒙运动思想,欧洲观念被充实了越来越多的内涵和为欧洲人所普遍认同的价值准则,正是由于这些共同的欧洲观念,欧洲联合的思想才被赋予了最深厚的政治哲学基础。

第三,轴心国家的确立。轴心国家是区域经济一体化成功必不可少的条件。因为轴心国家可以在区域经济一体化中发挥领导和主导作用,通过提供公共产品将小国联系起来,如果没有轴心国,就不可能成功实现区域经济一体化[①]。在欧洲经济一体化过程中,"法德和解"与"法德合作"是欧洲联合和欧洲共同体形成的先决条件,法德合作成为欧洲一体化进程的基础和动力。1963年1月22日两国签订了《法德友好合作条约》,确立了法德合作思想,使法德联盟成为欧洲经济共同体的核心。法德合作帮助欧洲经济共同体和后来的欧盟克服了一个又一个困难,找到

---

① 参见:唐世平,《制度建设中的"领导"问题——以"10+3"为个案》,国际经济评论2004年5—6月期。

了缓和彼此矛盾的办法。在外交政策上的紧密协调也提升了两国在国际社会上的地位和影响力。比如2003年3月就美国在伊拉克动武问题上,两国一致的反战态度无疑为双方和欧盟的整体国际形象赢得了良好的声誉[①]。

第四,具备了制度性经济一体化的基础。制度性区域经济一体化要涉及到主权让渡和强制度约束。欧盟的发展道路是一条制度化的道路,它是以国际条约和法律作为巩固一体化成果和向前推进一体化的基础。它具有超国家性质[②],通过超国家职能机构来制衡、协调成员国之间各种民族国家利益矛盾,积累了平衡成员国利益、协商解决冲突和争端、处理国家之间关系方面的经验。

欧盟的"超国家职能性质"及多边经济合作的成功模式,为现代主权国家的适用范围以及现代主权国家在国际体系中的地位和作用提供了新的实践经验。一方面,区域经济一体化是主权国家在国家利益基础上的结合,但又以国家职能与职权的转移或让渡为其存在和发展的必要前提。另一方面在成员国向一体化组织转移部分国家主权过程中,欧洲一体化组织内部形成了一种机制,保障成员国对这些职能与职权的行使拥有监控权,维护了成员国国家主权的独立和平等[③]。

第五,区域内经济贸易联系紧密。欧盟各成员国之间的经济联系相当紧密,从欧盟的前身欧洲经济共同体的区域内贸易就可看出这一点,如表4-1所示,欧洲经济共同体1960年区域内部出口值占其总出口值的比例就高达49.4%,区域内进口值占总进口值的比例也高达45.9%。这一数字后来还不断提高,进出口的区域内贸易比例保持在60%以上。在投资一体化、要素市场一体化方面也是世界上程度最高的区域。

---

① 参见:范祚军,〈中国—东盟自由贸易区推进策略与欧盟经验借鉴〉,东南亚纵横,2004年第12期。
② 参见:朱虹,《欧盟超国家职能性质评析》,国际关系学院学报,2005年第2期,第24—27页。
③ 参见:戴炳然,《欧洲一体化中的国家主权问题》,复旦学报(社会科学版)1998年第1期。

表 4-1　欧洲联盟 1960—1980 年内部贸易的发展　　单位：百万 ECU

|  | 1960 | 1970 | 1975 | 1980 |
|---|---|---|---|---|
| 出口总值 | 23.6 | 76.4 | 158.7 | 330.3 |
| 占总出口量的% | 49.4 | 59.7 | 58.0 | 61.0 |
| 进口总值 | 23.8 | 77.7 | 159.3 | 329.3 |
| 占总进口量的% | 45.9 | 56.5 | 54.9 | 54.0 |

数据来源：摘自佟家栋教授的《欧盟经济一体化的发展道路论析》，南开学报 2000 年第 2 期，第 68 页。

### 4.1.2　EU 的路径选择

欧盟由于具备了以上这些优越的条件，尽管成员国对如何推进欧洲一体化也存在一些分歧和矛盾，但是总的来说，欧盟一体化的约束条件很少，这也注定了欧盟一体化路径选择相对容易并有其自身的鲜明特点。

从欧盟合作领域和层次来看，欧盟区域经济一体化是从《罗马条约》确立的关税同盟开始的。在这之后，欧共体从关税同盟又过渡到共同市场，从共同市场又提升到经济联盟，最终形成现在的经济与货币联盟。从历史的顺序看，共同体建立到 1968 年关税同盟的建成以及 1969 年共同农业政策的实施，应该看成是欧共体深化的第一个阶段；欧共体深化的第二个阶段是从 20 世纪 70 年代中后期开始，欧洲货币体系的建立使共同体变成了一个具有经济联盟性质的关税同盟；欧共体的第三次深化则从 80 年代中期至 90 年代前期，在这个阶段中，建立了欧洲统一大市场和欧洲经济货币联盟，使欧共体变成一个具有欧洲联盟性质的共同市场；第四次深化则是以 90 年代初期《马斯特里赫特条约》的签订和欧元的启动为标志，欧盟变成了一个趋向于完全经济一体化的经济货币联盟。欧洲联盟经济一体化不断深化的过程表明了其成员国逐步走向经济一体化的坚定决心和实际行动[①]。

从欧盟的推进路径来看，欧盟制度性一体化进程是以具体的协议或

---

① 参见：佟家栋，《欧盟经济一体化的发展道路论析》，南开学报 2000 年第 2 期，第 66—70 页。

条约作为基础,成员国都是在制度层面上进行结合来推进一体化。但这种制度的结合离不开成员国在经济上一定程度的融合和各种经济壁垒的消除,前者是以后者为条件的①。另外,随着成员国经济联系的加强,需要有相应的制度框架和组织机构来保障一体化取得的成果并进一步促进新目标的实现。制度的确立和实质性的经济融合是推进制度性一体化的两种力量,二者相互交织贯穿于制度性一体化的整个发展过程中。

欧盟的推进路径具有鲜明的层次性,遵循了区域经济一体化阶段理论所描述的演进规律:关税同盟→共同市场→经济货币联盟→完全经济一体化。欧洲一体化从一开始就选择从高层次的关税同盟进行,注定了成员国进行深度一体化的意愿。当关税同盟巨大的经济效应开始显现出来②,成员国要求提升一体化程度。欧共体通过共同商业政策将对外关税的制订权从成员国集中到共同体,关税收入全部归共同体支配。这意味着成员国要放弃其关税制定权,将部分主权让渡给共同体所设立的超国家机构。根据区域经济一体化理论,由于成员国各种政治经济因素相互联系,超国家机构具有功能外溢的特征,即在某一方面实现一体化后超国家机构又会提出另一些需要合作的领域,从而导致其他经济领域一体化的出现。超国家机构在一体化深化过程中拥有的权利越来越大,它通过制度建设来协调各方利益。欧盟正是在解决国家和集团利益矛盾的过程中不断地向更高层次发展。当然,欧盟每一次深化的原动力主要是来自于潜在的经济利益和交易成本的下降。

所以总的来看,欧盟的约束条件相对较少。主要的矛盾和分歧集中在经济一体化的利益分配,各国敏感行业的确定和过渡期的讨价还价,以及法德之间关于主导权的暗中争斗,但这些矛盾和分歧比起经济一体化的动力来说就显得微不足道。

---

① 参见:汤碧,《两种区域经济一体化发展趋势比较研究》,中国财政经济出版社,2004年6月,pp.58—59。

② 参见:樊莹,《国际经济一体化的经济效应》,中国经济出版社,2005年10月。

### 4.1.3 对 EAFTA 路径选择的启示

正如我们前面所谈,欧洲一体化成功推进与其一系列有利条件是分不开的,比如说较高程度的区域内贸易,成员国之间收入水平差距较小,欧洲面临外部竞争的压力,成员国之间政治制度及文化价值观念比较接近等。欧洲一体化是当今世界区域经济一体化的最高境界,是其他区域经济一体化组织难以超越的。但是欧盟经济一体化的实践可以给其他区域经济一体化组织带来很多可供借鉴的经验:

第一,政治外交关系是影响区域经济一体化路径选择的关键因素。政治和外交因素是一体化组织成功实现最重要的非经济基础,也决定了区域经济一体化组织能够实现的最终目标。良好的政治与外交关系有助于区域内成员国互信关系的建立,也大大减少成员国之间不必要的军事与政治外交成本,可以使成员国专注于实现经济一体化的各种利益。可以说,良好的政治外交关系在很大程度上决定了区域经济一体化能否实现及一体化利益实现的程度。欧盟的成功再次证明了非经济基础对区域经济一体化至关重要的影响。相对欧盟来说,东亚地区非经济基础的不足决定了东亚自由贸易区要在短期实现很困难,东亚各国应该共同努力增强经济一体化的非经济基础。

第二,具备共同利益是保证一体化推进的前提条件。共同利益是区域经济一体化的动力来源,尽管欧洲各国之间的矛盾也很多,但欧洲各国具有政治、安全、经济方面的共同利益。政治上在雅尔塔体系中面临美国与苏联两个超级大国的挤压而沦落为"二流国家"。欧洲安全也面临困境,成员国之间矛盾重重,经济遭受重创,各国急于恢复和壮大经济实力。这些共同利益促使西欧各国摒弃战争冲突而走向和解合作,欧洲一体化才不断取得重大进展。欧洲一体化的成功实践,不仅缔造了一个自主与和平发展的新欧洲,而且为包括东亚在内的其他区域经济一体化运作提供了宝贵的经验。东亚地区在全球化中也会有很多的共同利益,包括经济利益与区域政治安全利益,东亚国家应该求同存异、扩大共识和缩小分歧,为推进东亚区域经济一体化寻求利益结合点。

第三，货币一体化与贸易投资一体化应该同步推进。区域经济一体化包括贸易投资一体化和货币金融一体化。这两者在区域经济一体化中不同的排序对一体化的发展有不同的影响。欧盟在推动一体化从低层次向高层次演变过程中很好地处理了两者的关系。欧盟在20世纪70年代布雷顿森林体系崩溃后，果断地创建了欧洲货币体系，使成员国货币间的汇率保持在一个相对比较稳定的波动范围，没有因为货币汇率的大幅波动使欧共体成员国的宏观经济出现激烈波动，从而增强了成员国对经济一体化的信心，使欧共体能继续向更高层次发展。通过欧盟的实践，我们可以得出一个规律，即贸易投资一体化需要货币一体化（开始可能是低层次的合作），货币一体化有利于贸易投资一体化向前推进。东亚地区由于特殊的出口导向型经济发展模式，区域经济体的宏观经济波动较大，更需要建立一个有效的经济政策及货币一体化机制，特别是区域汇率协调机制。有学者甚至指出，东亚区域经济一体化的排序应该是先货币金融一体化而后贸易投资一体化[1]，尽管笔者不完全同意这种看法，但从中可以看出保持区域内成员国货币汇率的稳定对东亚各国经济合作是极其必要的。

第四，制度性一体化的可持续性优于非制度性一体化。制度性一体化是欧盟一个很重要的特点，欧盟在一体化推进过程中利用了一套有效的具有强约束力的制度安排来保证各成员国能够朝着预定目标而努力，也有效地协调了各成员国参与一体化所暴露出的矛盾与利益冲突，使欧盟一体化呈现出一种"自增强性"和"外溢效应"，欧盟能够从最初的欧洲煤钢联营体和关税同盟演进到经济与货币联盟，是与制度性一体化的强约束性分不开的。而非制度性一体化的推进速度相对较慢，产生的经济效应相对有限，甚至可能陷入进退两难的境地，对于一个缺乏主导国的南北型区域经济一体化组织来说更是如此。制度性一体化还可以作为一个强有力的激励和锁定机制推动成员国国内政治经济体制改革，从而促进经济发展。

---

[1] Richard Pomfret, "Sequencing Trade and Monetary Integration: Issues and Application to Asia", *Journal of Asian Economics* 16(2005), pp.105—124。

## 4.2　NAFTA 的约束条件及路径选择

北美自由贸易协定的签订表明美国、加拿大与墨西哥三国间自由贸易区形成。NAFTA 具有弱制度性、追求开放和突出经济一体化等特点。北美自由贸易区是世界上第一个由发达国家与发展中国家缔结的自由贸易区，NAFTA 的建立给美国、加拿大和墨西哥三国经济发展带来了积极效果。NAFTA 的成功原因、路径选择也有其特殊之处，它代表了当今南北型自由贸易区的一种独特模式——北美模式。

### 4.2.1　NAFTA 的背景及经济效应

北美自由贸易区的成立既有外部因素的影响，也有内部经济一体化的良好基础，主要包括以下几个方面①：

第一，欧洲和日本经济对美国形成的压力。90 年代初，日本经过战后几十年的高速发展，经济实力大增，1990 年日本人均 GNP 达 2.4 万亿美元，超过同年美国的 2.2 万亿美元的水平。日本许多行业和产品极强的竞争力对美国企业构成了挑战。另外，随着欧洲经济一体化的迅速推进，其成员国经济实力也开始提升，欧洲企业开始在世界范围内与美国企业展开竞争。比如欧洲统一大市场形成后欧洲企业充分利用市场一体化带来的规模经济效应，生产成本大幅度地下降，在很多产品生产上相对美国有比较优势。美国为了巩固和提高自己的国际地位，特别是阻止美国制造业竞争力的下降，增强与日本、欧洲国家企业的竞争，开始利用区域经济一体化，通过充分利用墨西哥生产要素成本优势来增强美国产品的国际竞争地位，从而提升本国企业相对欧洲、日本企业的竞争力。

第二，美国对外贸易战略的改变。过去美国一直是通过关贸总协定来倡导和维持全球多边贸易体系，希望通过多边贸易体系来减少和消除其他国家的贸易障碍，从而保证美国产品进入国际市场。但是多边贸易

---

① 参见：池元吉，《世界经济概论》，高等教育出版社，2003 年 8 月，第 385—386 页。

谈判由于集体决策困难而并非那么顺利,美国因此开始调整它的对外贸易战略,1985年美国与以色列签订自由贸易协定就反映了这一转变。美国20世纪80年代的经济实力相对变弱,产品竞争力开始下降,对外贸易赤字不断扩大。美国对外贸易政策中的保护主义色彩很浓,朝野公开承认自己的地位已经受到挑战,美国必须努力维护自己的经济利益,并使本国市场免受像日本这样一些竞争力较强国家的占领。建立北美自由贸易区,依靠巨大的内部市场,用差别待遇对付外部竞争,就是美国对这一对外经济战略的实践。

第三,三国有利的经济条件和经济联系。三国地理位置毗邻,语言、风俗习惯、价值观念比较接近,交通运输方便,经济上具有很强的互补性,相互依存度较高。就美国、加拿大而言,两国互为对方的第一大贸易伙伴。1986年,在美国的外贸进口中,加拿大占20%;同年,加拿大进口中有2/3是来自于美国。就美国、墨西哥而言,墨西哥当时是美国的第三大贸易伙伴。反过来墨西哥与美国的贸易占墨西哥贸易总额的2/3以上,1990年三国之间的贸易额达2370亿美元。在对外投资方面,美国对加拿大的对外直接投资总额1986年为502亿美元,占美国对外直接投资总额的1/5。美资约占墨西哥外资的2/3。美国还是墨西哥的最大债权国,占墨西哥所欠全部外债的35%。另外三国在经常项目上都有大量赤字,都需要增加出口,以改善国际收支不平衡。

当然,美国推动建立北美自由贸易区实际上也是为其将来主导美洲自由贸易区建设奠定基础,从而建立一个北起阿拉斯加南到阿根廷火地岛,有8.5亿人口的全美洲经济集团。

第四,一体化的经济效应相当明显。北美自由贸易区作为世界上第一个由经济发展水平差距悬殊的国家组成的南北型区域经济一体化组织,其10年来的实践总体上看是成功的。

北美自由贸易区建立后,墨西哥可以更多地利用美国、加拿大的资金和技术,改造其工业结构,创造新的就业机会,开辟新的市场,并解决长期以来债台高筑问题,可以说北美自由贸易区的最大受益国是墨西哥。具体来看,加入北美自由贸易区可刺激它的经济增长,降低通货膨胀率,促进对外贸易的增长,吸收更多的外资,实现美国和墨西哥之间生产和加工的一体化。对于加拿大来说,由于它在贸易上依赖美国程度较深,倘若两国置身于同一大市场中,减少关税和非关税壁垒,就可以有效地规避美国的贸易保护主义,巩固和扩大其美国市场,还可开发墨西哥市场。对美国来说,墨西哥的廉价劳动力和丰富的资源具有很大吸引力,在墨西哥投资可以使美国产品的生产成本降低;而且美国劳动密集型产业进一步南移,可加速美国国内产业结构的升级换代,提高产品的综合竞争能力。同时NAFTA还给美国带来了非经济效应,建立北美自由贸易区有助于墨西哥经济的稳定增长,从而有助于缓解长期困扰美国的墨西哥非法移民涌入美国的问题。此外,美国把墨西哥纳入北美自由贸易区,也是为了吸引拉美国家效仿,推动南北美洲经济一体化进程。

从实施效果来看,《北美自由贸易协定》推动了三国相互间的贸易与投资,见表4-2。北美自由贸易协定生效的5年间,加拿大、美国与墨西哥的商品贸易分别提高了80%及200%,加拿大与美国在墨西哥的投资则增加了73%及296%。墨西哥在国际贸易中的地位由1994年位居世界第21位上升到1998年的第14位。1998年墨西哥出口到美国的纺织品和鞋帽一度超过中国[①]。

表4-2　NAFTA的贸易效应:贸易创造与贸易转移(千美元)

| 贸易流向 | 贸易增加量 | 贸易创造 | 贸易转移 |
| --- | --- | --- | --- |
| 美国从加拿大的进口 | 1074186 | 689997 | 384189 |
| 美国从墨西哥的进口 | 334912 | 284774 | 50138 |
| 加拿大从美国的进口 | 63656 | 38444 | 25212 |
| 加拿大从墨西哥的进口 | 167264 | 3321 | 163943 |
| 墨西哥从美国的进口 | 77687 | 50036 | 27651 |
| 墨西哥从加拿大的进口 | 28001 | 902 | 27099 |

来源:David Karemera and Kalu Ohah,"An Industrial Analysis of Trade Creation and Trade Diversion of NAFTA", *Journal of Economic Integration*, September 1998, pp. 419—420。

---

① 2001年中国对美国的纺织品、鞋帽出口又重新回到第一的位置,超过了墨西哥。

当然加入 NAFTA 也给三国经济带来了不小的冲击,特别是给墨西哥经济带来了一些负面影响,比如说墨西哥农业受到相当程度的冲击,墨西哥民族工业陷入困境,墨西哥生态环境遭到破坏等。但总体来说,NAFTA 对墨西哥的经济利益(包括静态效应和动态效应)远远大于其他两国;而对于美、加两国而言则获取了静态经济效应。这种南北型区域经济一体化创新模式具有重要的借鉴意义①。

### 4.2.2 NAFTA 的约束条件与路径选择

至于北美自由贸易区的约束条件,由于美国在该协定中的绝对主导地位并能提供足够多的公共产品②,使得其区域经济一体化的约束条件大大减少。NAFTA 最主要的约束条件应当是美国与墨西哥各自国内利益集团的阻碍,特别是墨西哥国内民族主义意识对一体化的抵抗。因为历史上美国曾多次对墨西哥发动过战争,掠夺墨西哥的土地,所以墨西哥对美国一直怀有戒心,民族主义情绪很严重,对美国提议的任何经济一体化建议持消极态度,长期奉行不同美国结盟和"第三世界主义"的政策。只是后来由于墨西哥与其他发展中国家区域经济一体化没有成功③,反而与美国经济的联系越来越紧密,与美国经济的依存度越来越高。后来在萨利纳斯执政后,墨西哥才改变了过去的民族主义政策,提出了"新民族主义"理论,摒弃墨西哥所坚持的针锋相对反对霸权的政策,提出通过对话来"捍卫主权与民族国家",认为"在当今单极形势下,对抗对主权来说是无谓的冒险"。"在一个相互依赖的世界上,我们将不会为了保持更多的经济独立而关上大门,不顾外面的一切"④。墨西哥开始采取与美国"特殊接近"的政策。

北美自由贸易区的形成可以分成两个阶段,第一阶段是美国与加拿大自由贸易协定的签订,第二阶段是美、加、墨三国之间组成北美自由贸

---

① 参见:樊莹,《国际经济一体化的经济效应》,中国经济出版社,2005 年 10 月,第 267 页。
② 美国帮助墨西哥应对和解决 1994 年墨西哥金融危机就是一例。
③ 墨西哥曾经是 LAFTA 的成员,但 LAFTA 的发展受到了很多阻力,因此墨西哥开始调整自己的贸易战略,开始考虑与发达国家和区域外国家组建自由贸易区。
④ 来自萨利纳斯 1991 年 11 月 11 日国情咨文。

易区。从 1965 年美国与加拿大之间签订的《汽车自由贸易协定》,到 1992 年 12 月三国签署《北美自由贸易协定》,北美自由贸易区的产生经历了将近 30 年的时间。

美加之间的《汽车自由贸易协定》为加深两国经济联系和提升两国汽车贸易在国际市场上的竞争力起到了重要的作用。通过两国经济一体化,加拿大的汽车生产商获得了巨大的经济利益,经济效益大大提高。通过两国的专业化分工和同类产品的双向产业内贸易,加拿大汽车工人的工资提高了将近 30%,而汽车价格则从原来高于美国汽车 10% 左右的水平降低到与美国汽车价格接近的程度。由于在汽车产业合作的成功,加上欧洲、日本经济的迅速发展给美国与加拿大形成的巨大压力,两国在 1989 年 1 月 1 日又签订了《美加自由贸易协定》,该协议的签订大大加强了美国与加拿大之间的经济联系。《美加自由贸易协定》生效时,加拿大成为美国最大的贸易伙伴,每年两国间的贸易达 1500 亿美元,75% 的商品免税。协定规定到 1998 年要消除大部分保留的关税及非关税壁垒。由于条约的签订,加拿大的经济增长速度加快了 5%,美国加快了 1%,在两国的边境附近,还新创造出成千上万个就业机会。美加协定在服务贸易自由化方面也取得了很大成就,比如相互给予对方国民待遇,减少专业人才的跨境流动障碍。同时,减少各自在对方国家投资的限制。

在美加自由贸易协定生效一年后,美国决定将自由贸易区扩大到墨西哥。1990 年 6 月美国与墨西哥最高领导人会晤中,美国总统布什提出了这一建议。1991 年开始谈判,1992 年 12 月 17 日三国政府首脑签署了《北美自由贸易协定》。《北美自由贸易协定》一共包括 19 个主要条款,约 2 万条规定,主要涉及三国之间的商品贸易和投资自由化、知识产权保护、贸易争端解决等诸多方面,后来应美国的要求又加上了有关环境保护和劳动平行协议方面的内容。协议生效后,在关税与非关税方面,三国间约 65% 的制成品关税立即取消;在 15 年的过渡期内,最终完全取消所有产品的关税,同时还取消进口配额、许可证等各种非关税壁垒。在金融服务业和投资方面,协议规定各成员国要在农林、矿产、房地产建筑业、旅游、通信、金融和保险等领域互为国民待遇。墨西哥由此而开放了长期坚持的永久限制美国公司在墨西哥金融领域占有份额的立场,并开放了以往相对封闭的电信设备和服务市场。除此之外,《北美自由贸易协定》还规定了严格的"原产地规则",以防止其他国家利用墨西哥向美国和加拿大市场的渗透①。

### 4.2.3 NAFTA 对 EAFTA 路径选择的启示

第一,自由贸易区是南北国家经济一体化的理想形式②。北美自由贸易区三个成员国之所以选择一体化程度相对较低的自由贸易区,而不是一体化程度更高的其他形式,主要原因是因为自由贸易区是南北型区域经济一体化组织各成员国比较容易接受的一种形式,这种区域经济一体化形式要求成员国让渡主权相对较少,因此实施起来比较容易。另外因为美国是战后世界自由贸易的主要鼓吹者和推动者,推进多边贸易体系而打开其他国家的市场大门是美国对外贸易战略主要的着眼点,建立自由贸易区而非关税同盟也是符合美国战略的,自由贸易协定也可以使各国的经济政策保持较高的独立性。对于东亚各国来说,区域经济一体化也应服从于多边贸易体系,选择自由贸易区开展经济合作也是比较理想的一种形式。

第二,保持区域经济一体化组织的开放性极其重要。北美自由贸易区并没有提高对外关税壁垒,在 GATT/WTO 框架下,美国、加拿大和墨西哥三国削减并将继续削减其关税及非关税壁垒;而作为 APEC 的成员国,三国有关贸易与投资的自由化和便利化成果也将对非成员国开放,这些政策决定了北美自由贸易区有着很强的开放性。欧盟最近几年也开始不

---

① 参见:佟福全,《世纪之交的新视角——美洲经济圈与亚太经济圈沿革及趋势》,中国物价出版社,1996 年版,第 66 页、187 页。

② Schiff, Maurice and Alan Winters 在《区域经济一体化与发展》(郭磊译)中提出区域主义的拇指法则(Rules of Thumb),认为区域主义实践要遵循八项法则,一是使区域主义成为促进竞争的手段;二是发展中国家要尽量与发达国家达成区域安排;三是使区域安排有效合作;四是有效率的区域安排才能实现政治目标;五是区域安排不一定非要包括贸易优惠;六是注意区域安排中的交易成本;七是区域安排对成员国的税收影响不确定;八是不能期望 WTO 保证区域贸易安排不会对非成员国产生不利的影响。其中明确指出南北型区域经济一体化是一种较理想的区域经济一体化形式,而自由贸易区是南北型区域经济一体化较好的形式。

断地与区域外国家(地区)签订自由贸易协定。因此开放性是当今区域经济一体化一大潮流。考虑到东亚国家的出口市场主要是在区外,因此更应该保证东亚自由贸易安排对区域外国家的开放。

第三,区域经济一体化中主导国的重要性。从欧盟与北美区域一体化的实践中我们可以看到区域经济一体化的顺利推进离不开一个强有力的主导国。欧盟的成功得益于"法德和解"与法德合作,北美自由贸易区可以说是由美国一手主导和操纵的(加拿大加入北美自由贸易协定实际上是被动选择)。区域主导国的作用在经济一体化的进程中是十分重要的,它可以打破僵局,协调一体化各方的利益冲突[1];主导国可以引导和带动市场的发展。经济一体化最关键的动因之一是要求市场规模扩大,从而保证其中每个成员国都能面向一个巨大的市场,从而充分实现区域经济一体化带来的好处。区域主导者可以影响和说服各成员国开放市场从而保证区域内市场的发展。

## 4.3 APEC自由贸易区的约束条件及其路径选择

### 4.3.1 APEC自由贸易区的约束条件

第一,APEC成员国加入APEC的动因不尽相同。APEC各成员国加入APEC都有其各自的政治经济考虑。美国的战略表现在美国政府倡导的"新太平洋共同体",它是一个将美国在亚太地区的军事存在与美国在该区域的经济贸易利益结合在一起的共同体。克林顿政府"希望保持美国政策的实质——跨太平洋自由贸易和美军的继续留驻,以阻止任何其他军事大国的崛起,不管是中国、日本、俄罗斯还是印度"[2]。因此,"新太平洋共同体"既是一种多边安全机制,更是一种区域经济一体化体系,既

---

[1] 北美自由贸易区之所以能够达成协议实际上与美国协调好了各方的利益与关切有很大关系,墨西哥担心加入北美自由贸易区对其国内经济造成冲击,美国向墨西哥伸出援助之手,如美国帮助墨西哥克服1994年债务危机就有力地说明了这一点,所以墨西哥对加入NAFTA的顾虑大大减少。

[2] 参见:宋玉华,《开放的区域主义与亚太经济合作组织》,商务印书馆,2001年。

是经济共同体又是政治共同体。克林顿政府强调"新太平洋共同体"应是多边的和开放的,这一点对 APEC 原则的确立订下了基本的基调,从中也可以看出美国的亚太战略是从属于它的全球战略。美国的 APEC 战略意图是非常清楚的,美国要谋求在亚太区域的军事政治存在和继续发挥领导作用,同时通过贸易投资来获取经济利益并密切与其他国家的经济关系以应对欧盟的挑战,借助北美自由贸易区过渡或扩大为泛太平洋自由贸易区促进世界贸易自由化,促进美国式民主和价值观。总的来看,美国参与 APEC 的动因是比较复杂的,其政治动因和经济动因是同等重要的,政治动因甚至更明显。日本的亚太战略目标按照日本东京大学教授渡边利夫的观点是要与美国分享 APEC 的领导权,通过协调和加强对美经济与安全关系,以及发展和深化与东亚其他发展中国家的联系来实现其亚太战略目标。东盟对亚太经济合作反应冷淡,害怕合作会冲淡东盟在区域和世界中的存在意义,1990 年 12 月,马来西亚总理马哈蒂尔倡议成立东亚人自己的区域经济集团——"东亚经济集团",希望在没有美国的参与下发挥东盟的核心作用。俄罗斯的战略意图是积极推动亚太区域安全机制的建立和加强与亚太主要国家的关系。中国在亚太地区的利益主要在于维持一个和平和安全的国际环境,尽可能地与亚太各国和各区域尤其是主要大国发展经济合作和交流,以尽早实现社会主义现代化。

通过以上对各成员国亚太战略的分析可以看出,各国参与 APEC 的动因是比较复杂的,特别是政治因素与经济因素同时存在,政治因素在某种意义上甚至比经济因素更重要。

第二,APEC 成员国间存在巨大差异。APEC 成员国之间的差异很大,不仅表现在经济方面,而且也表现在政治制度、意识形态方面。经济方面是发达经济体与发展中经济体之间的巨大差异,发达国家人均 GDP 超过 3 万美元,而落后国家却只有几百美元,见表 4-3;经济制度上既有成熟的市场经济体制,也有转型经济和计划经济。在政治领域,既有发达的资本主义也有社会主义国家,意识形态和文化观念存在巨大的差异,可以说 APEC 是所有经济一体化组织中成员国差异最大的一个。正因为如此,APEC 至今合作效果不太理想。

### 4.3.2 APEC 自由贸易区的路径选择

正是由于 APEC 成员国数量多,各自的动机存在矛盾与冲突,加上 APEC 成员在社会政治制度、经济发展水平、经济体制和文化背景等方面的差异,使得 APEC 不能推行统一的模式,也不能以制度性方式来推进一体化。APEC 基本上是一个区域性的官方经济论坛。其推进进程不像欧盟那样具有很明显的层次性,而是充分考虑本地区的实际情况,以各成员国共同利益为出发点,优先选择贸易投资自由化和经济技术合作为目标,采取了一种不同于欧盟的推进方式,如表 4-4 所示。这种方式的主要特点就是承认多样性,强调灵活性、渐进性和开放性;遵循相互尊重、平等互利、协商一致、自主自愿的原则;各种合作都采取单边行动和集体行动相结合的机制来进行。

具体来看,APEC 经济合作更注重各国政府的协调而不搞强行的制度性安排,APEC 不把自己变成一个封闭性贸易集团,而主要是通过市场力量来促进本地区贸易投资自由化,加强亚太地区与整个世界市场的联系。另外,在自由化速度上采取了灵活的方式,允许成员国根据自身经济发展水平、市场开放程度和承受能力,在规定的时间里完成。最后,APEC 以循序渐进的方式推进贸易投资自由化这个长期目标,这样使各成员有时间和机会逐步调整自己的经济政策和产业结构,以适应经济发展的需要。

1993 年以后 APEC 推进合作的模式基本确定下来。APEC 贸易自由化是以领导人做出"承诺"的方式来推进,这种承诺因为都是领导人作出的,因此都会认真执行。在开展具体合作时,成员国不需要服从一个超国家的制度约束,它是依靠成员国的主动行为,实行"自愿选择,组织推动"。各自宣布自己的贸易和投资自由化以及消除跨国交易障碍的方案。然后各自采取单边行动(Individual Action Plan, IAP),在单边行动的同时还要执行集体行动(Collective Action Plan, CAP),各成员的单边努力将由 APEC 内部进行协调,单边努力的实际结果将受到共同的监督和评价,共同的监督和评价是鼓励而不是限制单边努力的手段。APEC 这种发展模式比较符合亚太地区的多样性特点,是建立在现实和实用基础上的。

### 4.3.3 APEC 对 EAFTA 的启示与教训

APEC 与东亚自由贸易区在很多方面具有共性，比如成员国之间的差异很大，东西冷战思维仍然存在，大国之间的战略和利益冲突时有发生等等。因此，APEC 推进地区自由贸易的做法对东亚自由贸易区有一定的借鉴意义，但是 APEC 成立以来在减少贸易壁垒、推进区域贸易自由化，以及加强成员体之间经济技术合作等方面没有取得期望的成果。

表 4-3 APEC 成员国宏观经济数据一览表
（截止到 2005 年 12 月 6 日）

| 成员国 | 面积(1000平方公里) | 人口（百万） | GDP（10亿） | 人均GDP | 出口额（百万） | 进口额（百万） |
|---|---|---|---|---|---|---|
| 澳大利亚 | 7692 | 20.5 | 743.7 | 36016 | 105877 | 118593 |
| 文莱 | 6 | 0.4 | 11.5 | 30415 | 5711 | 1618 |
| 加拿大 | 9971 | 32.2 | 1273.1 | 39135 | 360136 | 314436 |
| 智利 | 757 | 16.2 | 140.4 | 8570 | 39544 | 32321 |
| 中国 | 9561 | 1307.6 | 2554.2 | 1944 | 762327 | 660222 |
| 中国香港 | 1 | 7.0 | 188.7 | 26824 | 292328 | 300635 |
| 印尼 | 1905 | 219.2 | 351.0 | 1581 | 85660 | 57701 |
| 日本 | 378 | 127.7 | 4463.6 | 34955 | 595269 | 516202 |
| 韩国 | 99 | 48.3 | 877.2 | 18015 | 284419 | 261238 |
| 马来西亚 | 330 | 26.0 | 147.0 | 5570 | 140979 | 114626 |
| 墨西哥 | 1958 | 105.3 | 811.3 | 7594 | 213686 | 221269 |
| 新西兰 | 271 | 4.1 | 101.8 | 24566 | 21738 | 24541 |
| 巴布亚新几内亚 | 463 | 5.9 | 4.1 | 662 | 5194 | 1980 |
| 秘鲁 | 1285 | 27.9 | 89.3 | 3151 | 17269 | 13222 |
| 菲律宾 | 300 | 84.2 | 116.9 | 1361 | 41007 | 44052 |
| 俄罗斯 | 17075 | 142.7 | 975.3 | 6861 | 241244 | 85577 |
| 新加坡 | 1 | 4.4 | 133.5 | 30161 | 229682 | 200075 |
| 中国台湾 | 36 | 22.8 | 355.5 | 15472 | 188963 | 181743 |
| 泰国 | 513 | 65.1 | 194.6 | 2959 | 109848 | 118112 |
| 美国 | 9364 | 296.6 | 13262.1 | 44315 | 905978 | 1673455 |
| 越南 | 332 | 83.2 | 55.3 | 655 | 30966 | 38348 |

来源：www.apecsec.org.sg。

单边行动计划(IAP)尽管取得了较大成绩,但实际的"含金量"并不高,各成员国提出的单边贸易投资自由化承诺对本国来说大多是无关痛痒的,而且是受 WTO 规则约束的内容,有的只不过是稍作提前而已。如果贸易投资自由化行动损害到本经济体的利益,其效果便不理想。部门自愿提前自由化计划(Early Voluntary Sectoral Liberalization, EVSL)的命运更是悲惨。1998 年 11 月的吉隆坡会议本来要落实 9 个部门提前自由化计划,但都以失败告终。1999 年 9 月的奥克兰会议对部门自愿提前自由化计划只字未提,实质上已经宣告该计划的破产。经济技术合作方面比 APEC 贸易投资自由化成效更差。表4-5 是 1998 年提交给第十届部长级会议的《经济技术合作报告》中关于 APEC 经济技术合作活动项目的统计情况,从中可以看出,绝大多数的活动都带有"务虚"性质,这就充分说明,APEC 经济技术合作活动的目的"务虚"性质太多,而直接推动经济发展的"务实"项目太少[1]。

表 4-4　欧盟与 APEC 推进方式对比

|  | 动力机制 | 有无主权让渡 | 制度化 | 开放性 | 推进方式 |
| --- | --- | --- | --- | --- | --- |
| 欧盟 | 市场+政府 | 有 | 硬制度 | 相对封闭 | 统一推进 |
| APEC | 市场为主 | 无 | 软制度 | 开放 | 自愿选择 |

来源:自己整理。

表 4-5　APEC 经济技术合作活动项目分类

| 活动类型 | 项目数 | 百分比 |
| --- | --- | --- |
| 总计 | 238 | 100.0 |
| 其中:研究报告 | 62 | 26.1 |
| 培训和交流计划 | 54 | 22.1 |
| 研讨会和实习班 | 35 | 14.7 |
| 数据库和网络的开发 | 33 | 13.9 |
| 政策改革、标准设置、协调 | 33 | 13.9 |
| 混合或其他 | 21 | 8.8 |

来源:APEC:《1998 年提交给第十届部长级会议的经济技术合作报告》。

---

① 参见:宋少华,"南北型自由贸易区与发展中国家区域经济一体化"[博士论文],中国社会科学院研究生院,2001 年 4 月,第 65 页。

所以如果把 APEC 仅仅视作"官方经济论坛"的话,其效果还是相当不错,最起码达到了成员方之间相互协商和交流的目的,但如果按照区域经济一体化的通行标准来衡量,APEC 基本上是不成功的[1],中国社科院亚太所的陆建人研究员甚至建议 APEC 的目标重新确定为贸易和投资便利化[2]。目前 APEC 的贸易投资自由化进程基本限于停顿状态,经济技术合作仍在继续"务虚"。而且 2001 年 9.11 恐怖袭击事件发生后,APEC 的经济合作主题甚至有淡化之势,政治与安全问题成为 APEC 每届年会的重头戏,出现了"泛政治化"苗头。如果按目前的事态发展下去,APEC 的发展前景不容乐观[3]。鉴于此,东亚区域经济一体化必须在借鉴 APEC 有价值做法的同时,注意吸取它不成功的教训。

APEC 对东亚自由贸易区有借鉴意义的做法主要包括以下几个方面:一是合作机制的灵活性。APEC 由于成员太多,加上成员国政治经济文化方面的差异太大,同时也缺乏统一的"区域价值"和"合作理念",因此在一体化过程中必须考虑各成员国的特点,不能通过强求一致的模式来推进合作。采取灵活机制可以通过关注共同利益,抛开分歧和矛盾,来培养和创造信任以及缓解或消除紧张关系,从而进行平等互利的经济合作。二是重点关注区域经济问题。日本学者山泽逸平用"开放经济联合体(Open Economic Association)来描述 APEC 的性质,认为 APEC 合作的主要领域应是经济问题,而不讨论政治、安全问题。这一点对保证 APEC 顺利推进是至关重要的[4]。APEC 区域政治问题很复杂,成员国之间的立场差异大,要想通过 APEC 机制来解决政治安全问题很难。而亚太地区

---

[1] 参见 Lee Kyung Tae and Inkyo Cheong, 2001, "Is APEC Moving Towards the Bogor Goal?" p 16, KEIP Working Paper 01-03, Seoul, KIEP.

[2] 参见:陆建人,APEC2006:茂物目标能否如期实现?,中国社科院亚太所网站,2006 年 10 月。

[3] APEC 成员国中能实现《茂物宣言》目标的国家是越来越少,根据 APEC MAPA(1996)和 IAPs(1997—1999),MAPA(1996)中能够实现既定目标的国家数为 7 个(越南无法作出判定),IAP(1997)的数量为 7 个(越南无法作出判定),IAP(1998)数量为 8 个(包括越南),IAP(1999)的数量为 6 个(包括越南)。从中可看出能履行承诺的国家是越来越少。

[4] 美国911恐怖事件发生后,APEC 开始关注全球安全与反恐问题,APEC 的主题发生了一些变化,这也从侧面反映出 APEC 在经济主题上受到的阻力。

经济问题却是各成员国具有强烈合作意愿并有可能推进的主题。三是APEC机制的渐进性。正如《茂物宣言》和《大阪行动议程》所表述的："我们决心在不晚于2020年实现亚太地区的贸易投资自由化目标。实现目标的进度将考虑亚太经合组织成员体经济发展的不同水平,发达成员体实现这个目标不晚于2010年,发展中成员体实现这个目标不晚于2020年"。渐进性体现了亚太经济一体化的困难,也是解决存在困难的有效思路和办法。

目前APEC的发展前景面临很多不确定因素,APEC的不足之处对推进东亚自由区建设有以下几个值得吸取的教训:

一是APEC"开放的地区主义"机制应避免在东亚自由贸易区中出现。开放的地区主义具有以下特点:第一,内部贸易投资自由化成果原则上也适用于非成员国;第二,要为推动全球贸易自由化做出贡献,即不仅要减少区域内部贸易、投资的障碍,也要让内部自由化成果为GATT/WTO框架下的自由化行动发挥全面支持作用。开放地区主义的第一个特点在东亚自由贸易区中不应该出现。当然,东亚自由贸易区的精神应该严格与WTO自由贸易精神一致。另外需要注意的是,尽管东亚区域经济一体化不应该采取"开放的地区主义",但是应该遵循开放性原则①。

二是增强区域经济一体化的制度性和约束性。APEC经济合作不是通过在成员国间签署协议或条约的方式来进行,而是通过会议等形式在自愿的基础上协商一致,以声明和宣言的形式作出承诺来推进。另外APEC也没有超国家实体,不要求建立超国家的行政机构和决策机构,各个成员国拥有经济和管理的决策权。APEC在机制性和约束性方面的不足严重影响了其经济效应的实现。

三是变"单边主义机制"为具有约束性的统一推进机制。APEC成员国实行贸易投资自由化依赖于成员体之间的"伙伴压力"所产生的督促作用和"相互追赶效应"(Catch-up with each other)和"棘轮效应"(Ratchet

---

① 开放性原则是指东亚区域的贸易投资自由化成果不能自动被WTO成员方所享受,EAFTA保证在自由化进程中不提高对非成员国的贸易壁垒,EAFTA欢迎区域外国家与EAFTA加强合作。

effect)①。这种"软约束"机制很难保证自由贸易区的实现,容易导致"免费搭车"现象,抑制成员国的积极性。自由贸易区在本质上涉及成员国部分经济主权的让渡,因此必须强化其约束性②。

值得注意的是,近几年 APEC 正在由非制度性逐步走向制度性。比如 APEC 组织机构和高层会议的制度化,APEC 贸易投资自由化途径的制度化倾向,APEC 议事规则的硬性约束趋势。APEC 将加强其议事和决策的规范性,制定比较明确的行动规则,这将进一步增强 APEC 的制度性。

## 4.4 EU、NAFTA、APEC 自由贸易区的路径选择对 EAFTA 的启示

南北型自由贸易区是当今区域经济一体化最主要的形式,欧盟的"南下"与"东扩"使欧盟也具有南北型自由贸易区的特点。北美自由贸易区与提议中的"亚太自由贸易区"都具备明显的南北型自由贸易区特征③。我们可以说世界经济区域化进程中规模较大的区域经济一体化组织都将可能发展成为南北型经济一体化组织。但南北型经济一体化组织的建立可能遇到很多的障碍,比如成员国之间的经济发展水平差距巨大、经济结构不尽相同、政治经济制度差异较大等。因此如何推进南北型经济一体化组织的成功实现,同时保证一体化给区域内南北国家带来正面经济效应,这是摆在每个国家面前并需要深思熟虑的问题。通过以上对世界三大主要南北型自由贸易区的推进路径及其约束条件的对比分析,我们可以总结出南北型自由贸易区路径选择中的主要经验规律。

一、非经济因素是南北型自由贸易区成功的关键因素。自由贸易区

---

① 参见:廉晓梅,《APEC 区域经济一体化模式与发展前景研究》,博士论文,吉林大学,2003 年。

② Long Guoqiang and Zhang Liping,2002,"China:From Open Regionalism to Institutional Regional Arrangements?", Presented at the KIEP International Conference on Prospects for an East Asian FTA,Seoul,September.

③ 亚太自由贸易区的概念最早是由日本学者小岛清(Kojima)于 1965 年提出的。2006 年 APEC 越南河内会议中美国提出应该把"亚太自由贸易区"作为大会的主要议题之一,但招致多个成员国的反对,认为该问题只适合作为一个长期的议题。

的最终目标是实现成员国之间的自由贸易,因此成员国组建自由贸易区时要考虑自由贸易区经济效应的大小,但经济效应绝对不是自由贸易区可行性的唯一影响因素。按照国际政治经济学理论,经济合作是实现政治目的的手段,因此非经济因素是自由贸易区取得成功的关键前提。事实上,当今已经成功实现的自由贸易区其成员国之间的政治外交关系都比较和谐,正在建立的自由贸易区也都高度重视非经济效应。欧盟、北美自由贸易区和东盟的成功都印证了这一点。

东亚地区的情况也是如此。从经济效应角度来看,第3章的论证说明了"10+3"自由贸易区方案经济效果最好,从经济角度看应该顺利建成,但实际结果则相反,而经济收益相对较小的中国—东盟自由贸易区却率先成功实现,这就说明政治等非经济因素是决定自由贸易区成功的关键因素。

当然非经济因素包括很多方面,自由贸易区的非经济因素主要是指成员国之间的政治经济制度、外交关系、共同意识和区域安全机制等多个方面。在东亚地区,非经济因素特别是政治外交关系从目前态势看是一个极其不利的约束条件,这也注定了东亚自由贸易区推进的艰巨性、复杂性和长期性,它只能是东亚区域经济一体化的长期目标[1]。

二、自由贸易区需要强有力的领导者或主导者。对于制度性区域经济一体化组织,地区领导者或主导者的存在是一个必备的前提或基础[2]。强有力的领导者和主导者可以给自由贸易区提供发展机遇和协调合作过程中各方的利益冲突。欧盟的一体化是通过区域大国的联合来共同推进的,北美自由贸易区是在超级大国美国的强势主导下取得成功的。在东亚地区,目前的现状是任何单一大国都无法真正承担起主导者的角色,较小国家(如新加坡)和小国集团(东盟)正在积极推进和主导区域经济一体化。

三、要充分考虑南北型自由贸易区中发展中成员国的利益。尽管南

---

[1] EASG 于 2002 年提交给"10+3"首脑会议的报告《Final Report of the East Asia Study Group》中提到东亚自由贸易区可以作为一个中长期目标来实现。

[2] 参见:方壮志,区域领导者与区域经济一体化,《世界经济》,2002 年 12 期。

北型经济一体化比南南型经济一体化更趋向于使成员国收入水平收敛[①]。但由于成员国经济发展水平、经济体制和经济政策差别很大,南北型自由贸易区内部在实行贸易自由化和贸易政策协调时,往往会给不发达成员国带来短期的经济波动,某些政策实施后可能对不发达成员国的产业造成巨大的冲击,区域经济一体化的利益分配可能偏向发达成员。所以,在推进南北型自由贸易区进程中要建立一个能充分保障不发达成员国的利益补偿机制,类似于欧盟的发展基金和NAFTA中美国对墨西哥的经济援助。

为了激励不发达成员国参与自由贸易的积极性,要允许不发达成员方可以享受优惠待遇。因为这些国家的经济发展水平明显落后于发达国家,国内经济结构比较脆弱,大量产业不具备国际竞争力,因此应该根据不发达国家的可承受能力来推进贸易自由化和市场开放,在不发达国家遇到困难时发达成员国要提供必要的财政和技术援助。在进行贸易自由化过程中,要考虑不发达成员对贸易自由化的承受能力,允许不发达成员国循序渐进地推行经济自由化改革,给予这些国家较长的过渡期,为这些成员国国内经济结构的调整和市场主体调整提供相对充分的缓冲时间。

四、保持南北型自由贸易区的"开放性"和推进过程的渐进性。考察世界上主要的区域经济一体化组织,我们可以发现其发展趋势是越来越开放。欧盟是比较封闭的一体化组织,但欧盟的发展也呈现出"开放性"特点,比如说欧盟与墨西哥自由贸易协定谈判,欧亚会议的制度化,欧盟—地中海自由贸易区的建设都可以反映出这一特点。南北型自由贸易区的贸易自由化应该与多边贸易体制的自由贸易精神相一致,所以坚持一体化组织的"开放性"有利于世界经济的所有成员国。

---

[①] 比如20世纪80年代中期,爱尔兰、西班牙和葡萄牙的人均收入分别只相当于欧盟最富裕国家(德、法、英、意)的61%、49%和27%,到90年代末期分别上升到了91%、67%、38%。而东非共同市场、中美洲共同市场、西非经济共同体却都因为成员国之间收入分配不均而陷入困境。其中东非共同市场更因无法满足两个落后国家(乌干达和坦桑尼亚)的要求而在1977年被迫解散,见李向阳,"区域经济一体化的发展趋势与我国的参与战略",载于《世界区域化的发展与模式》(张蕴岭主编),世界知识出版社,2004年11月。

## 本章小结

本章对 EU、NAFTA、APEC 三个具有代表性的南北型自由贸易区的约束条件、路径选择以及两者之间的关系进行了对比分析。

研究结果表明，EU 几乎没有不可逾越的约束条件，相反 EU 特殊的历史背景、浓厚的区域意识与欧洲观念、轴心国家的确立、制度性经济一体化的良好基础、区域内很高的经济一体化程度为 EU 的成功提供了充分的有利条件。所以 EU 路径选择的限制因素很少，制度性经济一体化的起点很高并呈现出依次递进的"自增强性"特点。EU 路径选择对 EAFTA 的启示有以下四点：1. 政治外交关系是影响区域经济一体化路径的关键因素。2. 共同利益是保证经济一体化向前推进的动力基础。3. 货币一体化与贸易投资一体化应该同步推进。4. 制度性一体化的可持续性优于非制度性一体化。

NAFTA 是第一个具有代表性的南北型自由贸易区，NAFTA 之所以选择自由贸易区形式从贸易和投资层面来推进三国经济一体化是与其约束条件有关系的。北美自由贸易区的约束条件主要包括墨西哥民族主义和主权让渡困难，以及美国的多边贸易体系情结。北美自由贸易区的积极因素是三国有利的经济基础和良好的经济效应，以及美国的强势主导。NAFTA 对 EAFTA 的参考价值包括：1. 自由贸易区是南北国家经济一体化的理想形式。2. 保持区域经济一体化的开放性。3. 区域经济一体化中主导国的作用尤其重要。

相比 EU 和 NAFTA，APEC 的发展前景不容乐观。APEC 推进过程中面临较多的约束条件，比如成员国的参与动机各不相同、成员国各方面差异太大。APEC 的路径选择也与 EU、NAFTA 不同，它主要是走市场化经济合作道路，不搞制度性一体化。推进方式不是统一推进而是自愿单边行动，对外保持其开放性。由于 APEC 贸易投资自由化和经济技术合作效果不显著，目前要求对 APEC 进行改革的呼声不断。尽管如此，APEC 合作机制的灵活性、渐进性以及重点关注区域经济问题（政经分离）对

EAFTA 路径选择具有较好的借鉴意义。反过来,APEC 推进过程中遇到的严峻挑战为东亚自由贸易区的路径选择提供了教训。东亚自由贸易区的路径选择应避免采取 APEC 的"开放的地区主义"机制,要增强经济一体化的制度性和约束性,变"单边主义机制"为具有约束力的统一推进机制。

通过对 EU、NAFTA 和 APEC 的路径选择与其约束条件之间相互关系的研究,本书总结出南北型自由贸易区的路径选择具有以下特点:1. 非经济因素是南北型自由贸易区成功的关键因素。2. 自由贸易区需要强有力的领导者或主导者。3. 应充分考虑南北型自由贸易区中发展中成员国的利益。4. 保持南北型自由贸易区的"开放性"和推进过程的渐进性。

最后需要指出的是,由于东亚自由贸易区的非经济约束条件较多,东亚自由贸易区路径选择无法照搬欧盟模式和北美模式,东亚各国必须充分考虑东亚地区的实际情况,探索出一条有利于推进东亚自由贸易区实现的东亚模式。

# 第5章
# 东亚自由贸易区的最优现实路径选择

目前学术界关于东亚自由贸易区路径选择的方案非常多,有中国提议的"10+3"方案,也有日本大力倡导的16国方案[1],还有美国版的"APEC自由贸易区"方案[2]。每种方案具体的路径设计也不一样,比如说"10+3"方案就至少存在三种具体路径:一是"10+3"整体统合路径,指的是在现有的"10+3"合作机制基础上进行整体统合,以东盟为主导,最终建立东亚自由贸易区;二是3个"10+1"交融路径,即中日韩分别与东盟建立自由贸易区,并且同时寻求把三个"10+1"合拢成为东亚自由贸易区;三是"3+10"板块结合路径,即中日韩三国与东盟十国分别建立自由贸易区,在条件成熟的基础上实现东北亚和东南亚区域的联合[3]。

以上每种路径方案都有其内在的理由,本章将结合第3章和第4章的研究结论,同时结合东亚自由贸易区的约束条件,提出本人对东亚自由贸易区路径选择中应遵循的基本原则和具体的最优现实路径。

---

[1] 日本的方案又可看成是"10+3+3"方案,即在原来13国基础上把澳大利亚、新西兰和印度也包括进来。

[2] 中国社科院亚太所陆建人研究员对东亚各国的经济一体化战略进行了总结,认为东盟是"同心圆战略",中国是"面向大周边"战略,日本是"扩大版东亚共同体"战略,韩国是"东北亚时代"战略,印度是"JACIK"(即日本、中国、韩国、印度与东盟分别组建FTA)战略。

[3] 这种观点的代表人物是韩国学者Inkyo Cheong,具体内容可参见其论文《East Asian Economic Integration: Recent Development of FTAs and Policy Implications》,KIEP Policy Analyses 02-02, 2002.12。

## 5.1 东亚自由贸易区路径选择中应遵循的基本原则

本人认为,东亚自由贸易区由于存在诸多不利的约束条件,要想在短期内实现是不可能的,但由于东亚自由贸易区潜在的巨大经济效应和应对经济全球化的需要,东亚各国应该努力追求实现东亚自由贸易区。为了保证东亚自由贸易区的顺利推进和最终实现,各成员国应该恪守以下原则来推进东亚自由贸易区的实现。

### 5.1.1 利益分配均衡

通过前面的分析我们看到东亚自由贸易区的建立是能够给整个东亚地区国家带来正面的经济效应和政治效应。但是,如贸易政策对一国国内不同利益群体会造成不同的影响一样,任何形式的区域经济一体化也会对区域内各国产生非均衡的影响。一般来说,区域经济一体化组织中的小国及一国弱势产业可能会因为区域经济一体化而受到负面影响,不仅不能从区域经济一体化中获得好处,还要为一体化付出代价①。毫无疑问,经济一体化利益的非均衡分配会削弱区域经济一体化的动力,也会使已经建立起来的一体化组织面临越来越涣散的结局。因此从合作博弈的角度看,区域经济一体化必须寻找到一种能使博弈各方都能接受和获得利益的方案,使该方案不仅满足各个国家的理性条件,也满足集体理性条件,实现帕累托最优。

为了实现经济一体化利益分配的均衡,东亚区域经济一体化应该借鉴欧盟区域政策和社会政策方面的经验。欧洲在 2005 年 5 月 1 日东扩前成员国基本上都是发达国家,但各成员国之间也存在明显的发展不平衡问题。欧盟通过设立欧洲区域发展基金、结构基金、凝聚基金等一系列区域政策措施在一定程度上缓解了欧盟区域发展差距,促进了欧洲经济

---

① 韩国农民、渔民强烈抗议与美国进行双边自由贸易区谈判就反映了这一点。

的发展,也推动了欧洲一体化的进程①。欧盟东扩后10个中东欧国家加入欧盟,欧盟内部的区域发展不平衡矛盾将更加突出,欧盟发展面临新的挑战。为了防止出现区域经济发展差距加大,欧盟又进一步拟定了2007—2013年的区域政策发展规划。

实践结果表明欧盟实施区域政策取得了明显的成效,主要表现在以下几个方面②:一是欧盟国别与区域差距得到缓解。欧元区内最高收入与最低收入国的人均收入比例由1960年的3∶1降低到1997年的1.6∶1。二是推动了欧盟的经济增长。受援助地区的经济绝对量有所增长,欧盟成员国经济规模增大,农村区域经济发展条件得到改善,衰退区域产业转型进展顺利。三是促进了各成员国经济标准逐渐趋同,包括通货膨胀率、财政赤字和人均GDP。

东亚区域经济一体化应吸收借鉴欧盟的做法,对竞争力较弱的成员国实施一定程度的让步和给予适当的过渡期,应该通过地区发展和技术合作(Developmental and Technological Cooperation)以及建立和实施区域利益平衡机制来弥补小国的损失。比如可以考虑设立东亚区域发展基金(East Asia Regional Development Fund),缩小成员国经济发展差距,为区域经济一体化创造有利条件,只有这样才能避免由于一体化利益分配不均衡对一体化进程造成阻碍。

### 5.1.2 小国集团主导

东亚地区的政治经济结构与欧盟、北美地区有很大的不同,各经济体的经济发展水平和政治经济体制差异很大,小国通过组建联盟(如东盟)统一行动来与区域大国进行较量。而区域内的中国与日本由于各自的条件限制和相互竞争在近期还无法真正主导东亚经济一体化。东盟通过"大国平衡"策略成功地主导着东亚地区的经济一体化,目前已经形成了

---

① 欧洲区域发展基金(European Regional Development Fund)是1975年3月欧共体部长理事会上决定设立的。其主要目标就是促进欧共体经济和社会的整合,减少区域间或群体间的不平等。包括后来的欧洲结构基金、凝聚基金等都对促进区域发展起到了重要作用。
② 参见:张广翠,《欧盟区域政策研究》(博士论文),吉林大学,2006年8月,第202页—208页。

以"东盟共同体"为核心,以东盟分别与中、日、韩、俄、澳、印多个"10+1"机制为第一外围,以东盟加中、日、韩(10+3)为第二外围及东亚峰会为第三外围的"同心圆"战略①。

如果从东亚自由贸易区推进的角度来看,这种小国集团主导模式的出现是有其合理性和积极意义的。通过东盟的主导,东亚地区三个"10+1"最终将顺利建立起来,从而为东亚自由贸易区的建成创造有利条件。东亚各国特别是日本应该从地区利益出发,支持和帮助东盟在初期发挥其主导作用。东盟各国应该充分发挥各国领导人的政治智慧,因势利导,保证东亚自由贸易区向前顺利推进。

### 5.1.3 先易后难推进

制度性的区域经济一体化需要克服政治与经济上的重重障碍,不可能在短期内快速实现,必须遵循先易后难(Gradual Institution)原则去寻找各成员的共同利益。从最有可能实现的领域开始,逐步扩大合作的范围和层次。只要保证最初的合作能够成功,它就可以起到加快合作和坚定合作的"示范效应"和"牵引效应",使区域经济一体化的动力增强并产生"外溢功能",成员国合作的意识就能够进一步提高,合作的条件和可能性内生地得到强化。

欧盟的发展实践证明了这一点。二战后,尽管欧洲各国确立了要进行欧洲联合,但对于应选择什么样的合作方式进行合作存在很大的分歧,到底是走"联邦主义"和"邦联主义",还是"功能主义"?考虑到"联邦主义"和"邦联主义"所涉及的问题过于敏感,因此欧洲联合最终成功地采用了"功能主义",在各国具有共同利益的领域中进行合作。由于"功能主义"强调专业领域事务的"非政治性",所以这种合作容易让各国政府将各自的主权转移到技术性主管当局,因而实施起来相对比较容易。实践证明,"功能主义"方法相比"联邦主义"和"邦联主义"的方法具有多重

---

① 参见:陆建人,亚洲新的"权力中心",社科院亚太所网站,2006.2.7。

优势①。另外一个问题就是欧洲联合具体应该选择哪些领域来进行？被称为"欧洲第一公民"的法国人让·莫内提出"应从误会最多之处着手，在最容易重犯错误之处做起。只要我们大家都能消除对德国工业统治的恐惧心理，欧洲联合的最大障碍也就消除了。唯一的办法是，在把德国工业从战败国被歧视的地位解脱出来的同时，把法国的工业与德国的工业都放在同一起点上。这样，才能为欧洲的谅解创造必要的经济条件和政治条件，才能对欧洲的统一起到积极的促进作用"。"如果战胜国与战败国共同达成协议，联合经营共有的天然气资源，法德两国之间的联系将会变得多么牢固，将会为两国新的合作开辟多么广阔的前景，将会为欧洲各国人民提供多么良好的榜样！"②莫内的提议使欧洲联合选择从煤炭和钢铁、农业、能源等领域开始进行。"区域经济一体化事关国家主权和前途命运，……不能操之过急，要寻找最佳突破口，……先易后难，由局部到整体，在坚实经济基础上促进互利共赢稳步推进是区域经济一体化发展的基本规律。"③

东亚地区的经济一体化刚刚开始，关于具体的合作领域与路径还没有达成共识。东亚区域经济一体化由于不利的非经济因素的存在肯定会面临很多难题，不可能一下全面铺开，必须要遵循先易后难的原则寻找合作的突破口。应该选择东亚国家有共同利益的重点产业进行合作，以点带面，逐步扩大④。从地域看，应该次区域合作先行，从局部到整体，然后再扩展到整个区域。

---

① 陈艳在其博士论文《欧洲治理与制度变迁》中提到，功能主义的多重优势体现在：首先，由于所提建议是仅仅局限于某项具体问题及具体领域的有限合作，从而比那些主张"自上而下"推动欧洲一体化的建议在政治上容易实施；其次，它回避了民族国家、国家主权等敏感问题，避免了"联邦主义"和"邦联主义"所激起的民族情绪。

② 参见：欧洲第一公民——让·莫内回忆录，成都出版社，1993年，第328页。

③ 参见：伍贻康，欧洲一体化融合协调经验及其启迪，太平洋学报，2005年1月，第24—32页。

④ 比如很多学者提到东亚经济合作可以先从能源领域和环境保护行业开始。因为日本能源利用效率是中国的近6倍，日本应该加大向中国等国家转让节能和环保技术，同时加强与俄罗斯及本区域的能源开发合作，共同努力解决东亚能源紧缺问题。

### 5.1.4 多边框架下对外开放

目前,世界各大区域都在加快签订优惠贸易安排协定。美国已经完成和正在进行16个自由贸易协定项目,重点在美洲、亚太、中东地区构筑其自由贸易区网络(FTA Network)①。在欧洲地区,欧盟也一直利用FTA政策接纳更多的成员国和扩大欧盟在中南欧地区的影响。2000年来,欧盟除了深化本区域的一体化外,还与非欧洲国家签订了12个双边自由贸易协定,另外还有7个双边及区域协定正在商谈中,6个贸易协定处于被提议阶段②。尽管美国与欧盟的优惠贸易协定的特征与目的各有不同,但美国与欧盟在主导区域贸易自由化进程中,都采取了对外开放的原则。欧盟加速了与东南欧国家、亚洲和部分美洲国家(如智利)建立自由贸易区安排,美国与新加坡、澳大利亚、以色列和智利,以及最近又加快了与中东国家建立优惠贸易安排,从中可以看出自由贸易区建设的目标不是封闭的而是开放的。尽管欧盟的封闭性特征相对北美自由贸易协定更明显,但欧盟与区域外国家或地区加快贸易自由化的趋势相当明显③。

多边框架下对外开放是当今世界区域经济一体化组织的重要特征。这里的对外开放是指区域经济一体化组织的贸易投资自由化应按照多边主义原则(Harmony with the Multilateral Trading System)来进行,保证区内贸易投资自由化不仅要减少区域内的贸易投资障碍,还要为减少全球的贸易投资障碍作出积极贡献,不能将区域组织变成内向的、排他性的自由贸易区。笔者认为,东亚自由贸易区推进过程中的开放性应该包括以下两点:1. 区域内双边FTA对区域成员的开放。2. 东亚自由贸易区对区域外国家的开放。

坚持东亚自由贸易区在多边框架下的对外开放有利于防止东亚自由

---

① 参见:《2007 Trade Policy Agenda and 2006 Annual Report of the President of the United States on the Trade Agreement Program》,美国贸易代表处网站。

② 以上数字来源于 Gary Clyde Hufbauer and Yee Wong: Prospects for Regional Free Trade in Asia, Institution of International Economics working paper series WP05-12,2005.10.

③ 参见:汤碧,《两种区域经济一体化发展趋势比较研究》(博士论文),南开大学经济学院,2004。

贸易区轮轴—辐条困境(Hub-Spoke Dilemma)的出现。纵观目前日本的自由贸易安排战略,日本志在争夺东亚区域经济一体化的主导权,东亚地区的一体化有可能出现以日本与中国为轮轴、其他小国为辐条的轮辐结构,见图5-1。这种分别以日本与中国为轮轴的轮辐结构对东亚自由贸易区的成功建设会带来致命的打击,因为这种结构将使东亚自由贸易区的经济效应大大减弱[①]。首先,轮辐结构产生的"意大利面条碗效应"(Italian Spagetti Effect)使各个双边自由贸易协定条款不一致,从而增加经济交易的成本,阻碍区域间经济活动的开展。其次,这种结构也将大大抑制自由贸易区带来的竞争效应。因为不同的辐条国之间的市场是被隔离的,无法形成统一的市场,竞争效应只能在轮轴国与辐条国之间产生。第三,这种结构将不利于辐条国工业发展而有利于轮轴国经济。而从整个地区的综合效果来看,这种轮辐结构自由贸易协定将大大削弱贸易自由化的正面效果,也无法激励东亚地区中小国家参与到东亚自由贸易区建设中来。

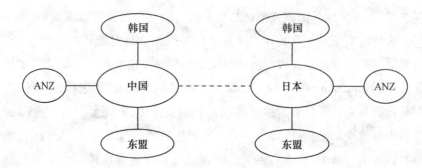

图 5-1 东亚双边自由贸易区的轮轴—辐条结构图

注:1. ANZ是指澳大利亚与新西兰。2. 图中实线表示可以实现的双边FTA。虚线表示中日不进行合作而无法实现双边自由贸易区。

此外,东亚地区由于区域经济外向型特征及美国因素的存在,决定了东亚自由贸易区必然遵循多边框架下对外开放的原则。东亚自由贸易区是东亚国家间在贸易投资领域的自由化安排,但不能禁止东亚国家与区

---

① 参见 Richard E. Baldwin,"The Spoke Trap:Hub and Spoke Bilateralsim in East Asia",KIEP CNAEC Research Series 04-02.

域外其他国家的合作,也欢迎区域外国家与东亚国家甚至整个东亚自由贸易区进行合作。东亚地区国家要向世界传送一个明确的信号,东亚自由贸易区将奉行开放、面对市场和透明的方针。

### 5.1.5 建立汇率协调机制[①]

20世纪90年代后东亚市场型经济一体化程度不断提高,2002年以后制度性经济一体化安排加速建立,使得东亚地区的经济一体化越来越明显。经济一体化的发展必然要求商品相对价格和货币相对价格保持稳定,从而必然产生汇率协调的需求。

理论上看,稳定汇率与区域经济一体化存在相互影响和相互制约的关系。区域经济一体化的维持与深化需要区域内双边汇率的稳定,而汇率稳定的实现反过来也有助于区域经济一体化向纵深发展。不同的经济一体化阶段需要不同的汇率合作机制,这一规律在欧盟经济一体化实践中表现得很清楚。

97年东亚金融危机的爆发使东亚国家意识到区域汇率合作对稳定宏观经济的重要意义,开始采取了一系列机制来构筑区域宏观经济与金融安全网。东亚地区目前已有的汇率稳定机制主要是"清迈倡议"下的双边货币互换机制。货币互换机制主要是多国货币共同参与的机制,它是协议国之间按一定的额度互相交换其货币,一旦某国发生了金融或货币危机而外汇储备不足时,参加货币互换的各国就把交换的一定数额货币兑换成美元来支援危机国家[②]。东亚地区货币互换机制有力地维护了本区域的金融稳定,但它只是稳定各国汇率的紧急救援机制。

为了真正达到稳定区域宏观经济的目标,东亚各国应该进一步加快建立区域汇率协调机制(East Asia Exchange Rate Coordination Mechanism)

---

[①] 建立汇率协调机制可以看成是功能层面的合作(functional cooperation)。类似的合作还有很多,比如能源、环境保护、跨国犯罪等,本人认为功能层面的合作有利于东亚国家互信关系的建立并对制度性经济一体化起到激励作用。

[②] 截止到2006年10月,东亚双边货币互换总额超过750亿美元,见 Database on the Cooperation Progressing in the Asean Plus Three and Asean Plus One Cooperation Frameworks,2006,东盟网站。

和共同钉住货币篮子制度,消除区域经济和金融不稳定的货币根源①。

## 5.2 东亚自由贸易区最优现实路径选择

本节将结合前面对东亚自由贸易区的经济基础和约束条件的分析,提出东亚自由贸易区的最优现实路径。

### 5.2.1 通过金融货币合作稳定区域经济

1997年的东南亚金融危机对东亚经济产生了消极影响,自此以后,东亚国家开始认识到地区经济体宏观经济稳定和金融货币合作对区域经济一体化的重要作用,并且从欧元区的区域金融货币合作实践中吸取了成功经验,开始加强地区金融货币合作。

东南亚金融危机发生以来,东亚各国在区域金融货币合作上进行了有益的尝试。东亚在地区监督机制的合作发展上进展顺利,先后建立了"马尼拉框架"集团、"10+3"监督机制、"私人资本流动监控"工作组、东盟"10+3"早期预警系统等。另外,在危机救助机制方面也进行了富有成效的探索,先后提出了亚洲货币基金、新宫泽构想、东亚货币基金、亚洲借款安排等制度和想法。尤其值得一提的是东亚在金融领域的合作成效显著。为了提高区域危机自救能力,2000年5月签订"清迈协议",截止到2007年7月,双边货币互换机制下的总金额达到830亿美元,东亚外汇储备库总规模高达1200亿美元;东亚区域债券市场近年来发展也很快,2003年6月已经开始发行亚洲债券基金;东亚地区在汇率政策协调和共同外汇市场干预,建立汇率合作机制,甚至建立亚洲货币单位方面也取得了巨大进展。

考虑到东亚地区金融货币合作的需要、合作的现实性可能性和合作成本,本人认为,东亚地区目前的金融货币合作重点首先是应该放在加强

---

① 类似的观点参见:1.何慧刚,《最优货币区理论与东亚货币合作问题研究》,中国财政经济出版社,2005年9月,第274页。2. EAVG于2001年发布的"Toward an East Asian Community: Region of Peace, Prosperity and Progress"。

汇率政策方面的信息沟通与行动协调,避免出现"以邻为壑"的后果。具体可以从以下五个方面来逐步进行①:1.确立信息共享和共同监督机制。2.建立东亚经济政策协调机制。3.扩大区域性融资便利机制。包括:在现有的次区域多边合作框架下完善多边货币互换体系,在整个区域内发展双边互换安排(BSA),建立全区域范围的多边货币互换体系,进一步完善和发展清迈倡议。4.建立区域性紧急救援机构。5.加强各国金融部门的合作,推动区域内金融市场一体化。东亚地区金融货币合作更长远的安排应该是建立地区汇率稳定机制和建立东亚单一货币区。现阶段的核心目标是避免东亚地区出现金融货币危机,以及提高东亚地区应对金融货币危机能力。

### 5.2.2 继续增强东亚自由贸易区的经济基础

尽管东亚地区市场型经济一体化已经达到很高的程度,在有些经济一体化指标上甚至高于NAFTA和欧盟,但东亚经济体在国际贸易和国际投资领域还依然存在诸多障碍和壁垒,东亚各国应该通过紧密合作与协调来减少和消除这些不利于促进区域贸易和区域投资的政策举措。从目前东亚区域贸易与投资存在的问题看,东亚各国应该从集体单边贸易自由化与贸易便利化两方面入手来继续巩固东亚自由贸易区的经济基础。

#### 5.2.2.1 集体单边贸易自由化

区域贸易自由化的方式有很多,比如单边关税削减、区域成员集体关税削减、多边自由化等,每种自由化方式给成员国带来的经济效果是不完全一样的。

根据单边贸易自由化的一般均衡分析,我们知道单边关税削减尽管减少了关税收入,但是经济资源得到了更有效的配置,一国的整体福利水平得到提高。如果单纯考虑静态效果,在第1章的理论综述部分我们已经知道,实行单边关税削减比组建区域经济一体化组织可带来更多的福利。但是,单边关税削减可能导致某些成员国贸易条件恶化和国内产业

---

① 何慧刚,最优货币区理论与东亚货币合作问题研究,北京:中国财政经济出版社,2005年9月,p.263。

发展受到抑制。

因此一个国家往往不实行单边贸易自由化政策,而是在区域或多边框架下进行贸易自由化,因为在多边框架下进行贸易自由化,单边贸易自由化的损失可以减少或得到一定的补偿。如果多个国家同时进行集体性关税削减,各国的总体福利将会增加,各国的产出、出口量和区域贸易额将会上升。如果能够在成员国之间建立一种对称性的补偿机制,可以保证成员国都能从多边关税削减中得到正的福利。而多国关税削减可以避免出现单边关税削减带来的负面效应,保证成员国产业结构的正常发展。另外,集体关税削减在新的模块化生产体系中效果更明显,因为在该体系下,集体关税削减可以使中间投入品的成本因关税削减而降低,这将提高产业的竞争力和产出水平。

下面我们通过囚徒困境模型来说明集体贸易自由化的优势所在[①],见图5-2。假设某区域组织中只有 A 和 B 两个国家,在单边贸易自由化情况下削减关税的国家要付出成本,而其他国家却可以免费搭车,享受自由化的利益。在这种情况下,双方都采取不合作的策略是纳什均衡,但这并不是最理想的结局。因为策略组合 I(合作,合作)可产生更多的收益,对双方来说都比 IV(不合作,不合作)好,但由于博弈双方都存在偏离合作的倾向,只要一方妥协,另一方马上会采取更有利于自己的选择,从而使妥协方得到最坏的结果,使得合作解不可能出现。这就说明对于一个区域经济组织来说,各成员国应该进行集体贸易自由化。而要实施集体贸易自由化,只有通过建立制度性合作机制才能实现。

|   | A 合作 | A 不合作 |
|---|---|---|
| B 合作 | I (8, 8) | III (−2, 10) |
| B 不合作 | II (10, −2) | IV (4, 4) |

图 5-2 关税削减囚徒困境模型

---

[①] 参见:汤碧,"两种区域经济一体化发展趋势比较研究"(博士论文),南开大学经济学院,2004。

#### 5.2.2.2 贸易投资便利化

贸易便利化与贸易自由化不同,贸易便利化是指通过简化货物和服务贸易跨境流动的手续,为国际贸易活动提供非歧视性的商业竞争环境。广义来说,贸易便利化是指降低或消除非关税壁垒;狭义而言,贸易便利化是指取消、简化或统一商品及各种要素跨境流动的程序以有效地降低各种流通成本以及与以上程序相关的时间成本。贸易便利化所涉及的内容很多,包括以下多个方面:快捷便利的通关程序,透明的海关估价制度,无纸化贸易与电子商务,放宽政府采购市场准入,简化商务旅行,统一产品的标准,保护知识产权,制定公平非歧视竞争政策,放松管制,完善原产地规则和争端解决机制等。

国务院发展研究中心曾经对"中日韩三国贸易便利化问题"进行过研究。课题组通过调查问卷与访谈的形式,对中国企业向日韩出口遇到的主要贸易障碍进行了调查。结果表明,中国对日本出口的主要贸易障碍包括技术性贸易壁垒、临时保障措施、法律法规透明度不够、商务人员往来签证困难等。中方对韩国出口的主要障碍包括:关税问题、进口招标制度、歧视性技术保护措施、法律法规透明度差、进口数量限制等。韩国对日本出口的主要障碍包括技术性贸易壁垒、许可证、高额关税等。韩国对中国出口的主要障碍包括复杂的通关手续、高额关税、许可证、配额及数量限制等。日本对中国出口的主要障碍包括法律法规不透明、海关效率低、高关税等。

现在国际贸易中的关税水平已处于较低的水平,非关税壁垒受到 WTO 机制的限制而逐步减少,相反贸易便利化措施对国际贸易的促进作用很大。比如在标准方面,东亚各国对外贸易都能从产品标准合作中获益,比如东盟成员国之间签署两个相互认可标准从而避免双重测试和一致性评估。运输与物流对促进贸易的作用是显而易见的。根据 Wilson (2002) 的估计,东亚地区还存在相当大的减少运输成本的空间,微小的运输改进就能导致从新兴东亚国家向 APEC 其他国家高达 500 亿美元的额外出口,而对于进口效率提高的效果更大①。新兴东亚在贸易便利化措施方面最温和的改进就能够增加贸易额 2000 亿美元。海关通关就是最明显的例子,在一些东亚国家如新加坡,贸易单证只需要 15 分钟就能通关,船货的海关单证和通关需要两到三天;而马尼拉的海关通关至少要五天,雅加达则需要七天。

因此东亚地区各国政府应该进一步促进各国之间的贸易便利化,为东亚区域贸易的开展创造良好的环境,具体可从以下几方面入手②:

1. 东亚各国政府机构之间要充分交流与贸易有关的法律法规和执行程序,并建立相关的电子信息库,以便于信息共享和企业查询。

2. 建立和加强各国政府间的贸易协调机制(如经委会)。减少突发事件对正常贸易关系的不利影响,减少不必要的贸易摩擦。

3. 完善检验检疫协调机制。有关机构建立定期会晤和协商机制,及时沟通解决检验检疫方面出现的突发问题。

4. 加强海关合作。加强三国关税政策的协调、透明和非歧视;非关税措施的简化、透明和非歧视;协调和简化海关通关制度;加强海关廉政;促进电子海关的发展,促进各国海关间的数字共享。

5. 为商务人员往来提供便利。考虑建立向各国政府推荐的商务人员提供免签待遇的制度,简化签证申请手续、缩短办理时间,为促进三国间贸易往来和经济发展提供有效的便利条件。

另外,投资便利化问题也是推进东亚自由贸易区需要高度关注的问题。东亚市场型经济一体化和区域生产网络的形成与东亚地区内 FDI 和产业分工是高度关联的,东亚自由贸易区的建成必然有赖于区域内相互直接投资,因此各国协调外资政策,消除跨国投资的壁垒也是推动东亚自由贸易区建成的有利举措。

---

① Wilson, John, Catherine Mann, Yuen Pau Woo, Nizar Assanie, and Inbom Choi, 2002, "Trade Facilitation: A Development Perspective in the Asia Pacific Region", World Bank Working paper presented to APEC, World Bank, Washington, D. C., Processed.

② 参见孙晓郁所著《中日韩经济合作的新起点》中"关于中日韩贸易便利化的调研报告"部分,商务印书馆,2004 年 7 月。

### 5.2.3 进一步扩展区域内贸易

#### 5.2.3.1 降低消费品的关税,推动最终产品的区域一体化

东亚区域内贸易扩张是建立在垂直专业化分工基础上的中间产品贸易扩张,区域内对最终产品尤其是消费品的吸纳程度很低,从而区域外对最终产品的需求是区域内贸易扩张的原动力。东亚区域内消费品的一体化程度低主要有以下两个原因。其一,东亚国家实行差别化的关税政策。为了吸引外资和鼓励出口,东亚国家采取了倾斜性的贸易政策——免除出口商品生产中所需要的原材料、零部件和半成品的进口关税,而单纯进口消费品仍然保持较高的关税税率。东亚以此差别关税政策增强其作为跨国公司生产基地的区位优势,从而导致中间产品的区域内大规模流动。而以消费品为代表的最终产品需求方面,东亚区域内的贸易规模仍然停留在很低的水平。例如,虽然WTO的《信息技术协议》要求成员方将信息技术产品的进口关税逐步降为零,但是,21世纪初,泰国、马来西亚对家电产品征收大约30%的高关税;印尼、台湾和菲律宾也征收15%左右的关税。消费品的高关税阻碍了区域内贸易的进一步发展。其二,东亚区域内的市场规模狭小。以信息设备和家电产品为例,2002年东亚(不包括日本)信息设备的人均销售额为28美元、家电的人均销售额为9美元,大大低于EU(分别为214美元和60美元)和NAFTA(分别为280美元和81美元)的水平(郑京淑,2005)。所以,购买力不足也是阻碍区域内最终产品贸易发展的另一个因素。由此,目前东亚的一体化不是制度上的一体化,而是生产上的一体化。这里生产上的一体化属于外源性的一体化,基础是不牢固的,难以持续健康的发展。

从实现东亚区域内贸易持续稳定发展的目标来看,有必要进行一些制度创新来扩大最终产品的区域内贸易。应该看到近年来由于中国加入WTO、区域内发展中国家收入水平迅速上升、区域内多种双边和多边贸易协定的签订,东亚发展最终产品贸易的条件正在得到改善。但是由于东亚国家/地区之间经济发展水平落差大、产业竞争力相差悬殊,短时期内大幅度地开放国内市场是不现实的、也是不可取的。有鉴于此,采取局部

性的、渐进的一体化措施可能是务实的探索。比如,在经济发展水平较高的日本和"四小"之间进一步开放消费品市场,顺利建成中国—东盟自由贸易区等,都可以促使东亚区域内贸易的潜力更充分的挖掘出来。

应当看到,为履行加入WTO的承诺和减少贸易顺差,中国已经大幅度地降低了平均关税(见表5-1,并且有选择地逐步降低了消费品的进口关税。比如,在以往严格保护的汽车领域,2002年时,中国汽车进口关税还有80%左右,在进口车的售价中,近三分之一是关税。根据WTO的规定,自2006年1月1日起,中国整车关税综合税率水平已从之前的30%减为28%,到2006年7月1日又减至25%;与此同时,变速器、减震器、散热器、离合器、转向器等车用零部件的关税税率由13.5%—12.9%降至10%。在家电领域,自2007年6月1日起,国家海关总署下调了20类家电产品及其零部件的关税。总体上,家电类产品的进口关税下调到6%—17%,零部件的进口关税下调到2%—6%。中国还需要广泛的降低关税为2010年的中国—东盟自由贸易区做准备。

表5-1 中国历年进口关税算术平均税率

| 年份 | 税率 | 年份 | 税率 |
| --- | --- | --- | --- |
| 1992 | 43.2% | 2000 | 16.4% |
| 1993 | 36.4% | 2001 | 15.3% |
| 1994 | 35.9% | 2002 | 12.0% |
| 1995、1996 | 23.0% | 2003 | 11.0% |
| 1997、1998 | 17.0% | 2004 | 10.4% |
| 1999 | 16.78% | 2005、2006 | 9.9% |

资料来源:《中华人民共和国海关进出口税则》各年。

目前,自由贸易区已成为大国开展战略合作与竞争的重要手段,正在加速改变世界经济和政治格局。这是因为自由贸易区已经超越了经济范畴,兼有外交、政治方面的战略意义。它通过更加优惠的贸易和投资条件,将成员的经济利益紧密联系在一起。经济利益的融合又加强了成员之间的政治、外交关系,形成各种利益共同体。这一趋势使国家之间的竞争演变为各个利益集团之间的竞争。在世界各国特别是大国竞相发展自由贸易区的形势下,如果我国置身局外或落于人后,在日趋激烈的国际竞争中就会处于不利境地。为此,党的十七大报告第一次将自由贸易区建设提高到战略高度,指明了发展自由贸易区是中国加入WTO之后进一步以开放促改革、以开放促发展的新途径。

#### 5.2.3.2 为区域内贸易扩张营造良好的环境与条件

东亚各经济体应该从以下几方面促进东亚区域内贸易的发展。第一,应该通过进一步降低东亚各国的非关税壁垒,提高中国和东盟四国的经济发展水平及采取措施应对技术性贸易壁垒。第二,以贸易便利化为切入点促进东亚地区性经济合作组织的发展。第三,应调整对外开放战略。提倡渐进适度的对外开放,优化和提升出口结构,增加对进口的重视,积极合理引进国际直接投资。第四,应通过加强信息沟通与经济协调,完善区域融资便利机制,培育亚洲债券市场,推动汇率合作,加强政治互信推动东亚金融合作的实质性进展。第五,应通过加大物流设施及网点的建设与合作,加强物流的信息化和标准化建设,加快第三方物流的发展推动现代物流建设与合作。

### 5.2.4 近期目标:尽快促成区域大国双边自由贸易区

东亚地区的现实情况决定了整合13个国家一步到位形成东亚自由贸易区是不可能的。本人认为双边自由贸易协定是最终实现东亚自由贸易区不可逾越的必经之路。东亚自由贸易区的近期目标应该是充分考虑成员国政治经济方面的约束条件,兼顾一体化的经济效应,推进区域内双边自由贸易协定的达成。值得指出的是,中日之间由于政治文化与FTA战略上的巨大差异,双边自由贸易区的形成将不可能在近期实现[①]。

#### 5.2.4.1 日本——ASEAN自由贸易区(JAFTA)

日本与ASEAN都是对方重要的贸易和投资伙伴。2005年东盟与日本的贸易额为1538.3亿美元,其中东盟对日本出口额为727.6亿美元,

---

① 根据日本外务省2002年10月公布的"日本FTA战略",日本FTA战略的初期阶段没有把与中国缔结FTA作为目标,日本FTA战略的实施步骤是"南联新加坡,北结韩国",同时实行跨洲的双边FTA战略。目前日本正与东盟、墨西哥、智利、韩国、澳大利亚、印度等国家进行自由贸易谈判。

进口额为810.7亿美元。2005年东盟吸收日本的FDI为31.6亿美元。

在中国—东盟自由贸易区的拉动和推动下,日本—ASEAN自由贸易区取得了明显的进展,2003年11月5日,日本与东盟发表了《日本—东盟领导人关于框架性经济连携构想的共同宣言》,双方已经就双边自由贸易区的意义、内容、途径、目标以及签署经济连携协定(EPA,Economic Partnership Agreement)的原则和准备行动等问题达成了共识。日本、东盟打算按照"积累方式"来推动双边自由贸易区建设,即先由东盟老成员国(新加坡、马来西亚、泰国、印度尼西亚、菲律宾、文莱)与日本先进行贸易和投资自由化,东盟新成员国可以晚些时间参加,最终建立日本—东盟自由贸易区[①]。

日本与东盟组建自由贸易区对推进东亚自由贸易区建设具有积极的意义。从地区意识来看,日本与ASEAN自由贸易区的达成反映出日本东亚意识的增强,而这种东亚意识对于东亚自由贸易区的成功实现是尤其重要的。尽管日本与东南亚国家也存在历史恩怨与领土争端,但日本非常注意维持与东南亚国家良好的政治外交关系,日本一直是按照"福田主义"[②]所确定的基本原则处理与东盟的政治经济关系,以经济关系为纽带,在政治和地区安全等方面加强与东盟的合作。日本和东盟的政治关系总体上处于良好状态,东盟各国都非常欢迎日本重回亚洲。

从经济层面来看,日本与东盟建立自由贸易区可以给双方带来正面的经济效果。日本是东盟最重要的贸易伙伴和外资来源国,东盟对日本经济的依赖程度较大。对日本来说,日本—东盟自由贸易区由于两国产业结构极强的互补性使其静态经济效应和动态经济效应都会很明显。根

---

① 日本与新加坡已经于2002年1月正式签字,11月30日正式生效,该协定规定日新两国贸易额98%以上的商品实现完全自由贸易,该协定除了贸易与投资自由化外,还涉及到服务贸易、科技与研发、IT产业与信息化、知识产权保护、金融服务、观光旅游、中小企业、教育等方面的全面经济合作,日本政府对该协议比较满意,表示要以日新协定为样板,与东盟其他国家达成双边自由贸易协定。日本与泰国以自由贸易协定为主要内容的经济合作协定也于2007年4月4日签订。

② "福田主义"是指1977年日本首相福田纠夫在马尼拉发表演说,曾表示日本作为亚洲的一员,要坚持与亚洲各国平等合作原则,实行和平外交,不做军事大国,与东南亚各国心心相印,建立平等的伙伴关系,在所有领域成为真正的朋友。

据日本方面的测算,日本—东盟自由贸易区的建成可以使日本对东盟的出口额增加200.22亿美元,东盟对日本的出口额增加206.30亿美元。另外,由于日本的能源进口绝大部分都是通过马六甲海峡,双边自由贸易协定的签订也有利于日本的能源安全。

日本—ASEAN自由贸易区将会成为推动东亚自由贸易区建设的积极力量。但应指出的是,为了使日本—东盟自由贸易区朝向有利于东亚自由贸易区推进的方向发展,东盟应该积极充当东亚自由贸易安排的主导者,保证日本—东盟自由贸易区与东亚自由贸易区在原则、标准、机制上的一致。

目前,日本—ASEAN自由贸易区需要克服的一个难题就是日本农产品的高关税问题。因为日本有些农产品关税税率相当于禁止性关税(见表5-2),日本农产品市场开放将直接影响日本—东盟自由贸易区的最终达成。

表5-2 日本部分农产品2004年的关税税率

| 产品 | 关税税率% | 产品 | 关税税率% |
| --- | --- | --- | --- |
| Konnyaku potato | 1705 | Barley | 256 |
| String bean | 1083 | Wheat | 252 |
| Rice | 778 | Flour | 249 |
| Peanut | 593 | Silk | 245 |
| Butter | 482 | Starch | 234 |
| Sugar | 325 | Beef | 50 |

来源:Nibon Keizai Shimbun,2005年11月7日。

#### 5.2.4.2 韩国—ASEAN自由贸易区(KAFTA)

2003年10月韩国与东盟在韩国 东盟领导人峰会上同意对两国经济关系进行研究,韩国提出建立双边自由贸易区。2004年3月8日双方在雅加达就建立自由贸易区进行了首次专家会谈,4月16—17日又进行了第二轮会谈,对自由贸易区谈判的领域、程序等进行了商议,到8月双方共进行了五次会谈。双方于11月在老挝召开的韩国—东盟首脑会议上提交了研究报告。2005年9月,在印尼召开的"10+3"经济部长会议上,东盟建议2005年开始与韩国进行自由贸易区谈判。韩国—东盟自由贸易区协定于 2006 年 5 月签订,货物贸易协定于 2006 年 8 月 24 日签订。东盟提议 2009 年对非敏感商品完全取消关税,韩国表示将认真考虑东盟的建议。

尽管韩国和东盟之间经济依赖程度相对于中日两国要低,但韩国—东盟自由贸易区对双方来说也具有重要意义。对于韩国来说其主要意义在于:应对近几年来自中国、日本及其他经济体的挑战;分拆韩国的海外市场,避免市场过于集中在美、日、中手里;改变韩国对东盟顺差下降的趋势,见表 5-3。而对于东盟来说,东盟与韩国之间的经贸关系还有很大的潜力,比如缩小与韩国之间的贸易赤字。

表 5-3　三种 10+1 对中日韩宏观经济影响　　单位:%,亿美元

| FTA 形式 | 国家 | GDP 变动 | 出口 变动 | 进口 变动 | 贸易 平衡 | 贸易条件 变动 | EV |
| --- | --- | --- | --- | --- | --- | --- | --- |
| 中国+东盟 | 中国 | 2.40 | 48.08 | 51.99 | 42.10 | -2.87 | 74.00 |
|  | 日本 | -0.05 | -2.19 | -1.15 | -63.00 | -1.15 | -150.89 |
|  | 韩国 | -0.15 | -4.26 | -3.48 | -14.05 | -1.20 | -38.71 |
| 日本+东盟 | 中国 | 1.49 | 19.45 | 25.08 | -70.15 | -8.79 | -286.52 |
|  | 日本 | 0.38 | 30.38 | 34.69 | 87.51 | 5.64 | 816.08 |
|  | 韩国 | -0.35 | -9.67 | -7.55 | -37.44 | -3.40 | -107.09 |
| 韩国+东盟 | 中国 | 1.61 | 24.29 | 28.87 | -34.67 | -7.37 | -208.14 |
|  | 日本 | -0.04 | -2.13 | -1.10 | -61.98 | -1.21 | -155.75 |
|  | 韩国 | 0.79 | 28.12 | 25.87 | 46.82 | 7.16 | 230.08 |

来源:张伯伟,《东亚经贸合作安排:基于可计算一般均衡模型的比较研究》,南开大学经济学院,2005 年 9 月。

韩国—东盟自由贸易区的成功实现将会大大推进东亚自由贸易区向前发展。因为韩国—东盟自由贸易区建成对东亚其他双边自由贸易协定的签订将产生强有力刺激和带动效果,同时对东亚意识的培育也能起到实质性的推动作用。

### 5.2.4.3　中国与韩国双边自由贸易区(CKFTA)

目前中日韩三国之间,特别是中日两个地区大国之间因为复杂的政治、经济、战略等原因而一直没有形成制度性经济一体化安排,使东北亚及东亚一体化严重落后于北美和欧洲地区。考虑到近期中日两国缺乏进

行制度性合作的充分条件,东北亚区域的中韩两国如果能够在制度性合作方面率先突破,将会对日本参与东亚地区的制度性合作带来压力,从而有利于加快东北亚制度性经济一体化安排的形成,从而最终实现东亚自由贸易区。

从目前中韩两国的经济基础来看,中韩组建自由贸易区是极有可能的。首先,两国之间的贸易投资依存度很高。在贸易方面,双边贸易额近几年每年都以高于20%的速度增长,双边贸易额在2005年达到1119.30亿美元,中国向韩国出口达到351.1亿美元,增长速度达到26.2%。中国自韩国进口达到768.2亿美元,增长速度为23.4%,2005年中韩贸易中方赤字为417.1亿美元(见表5-4)。目前韩国是我国第四大贸易伙伴,中国是韩国的第一大贸易伙伴。

表5-4 中韩近几年双边货物贸易　　　　　　　单位:亿美元

| 年份 | 中国出口 | 出口增长率(%) | 中国进口 | 进口增长率(%) | 贸易总额 | 中韩贸易差额 |
| --- | --- | --- | --- | --- | --- | --- |
| 2000 | 127.99 | 44.3 | 184.55 | 34.9 | 312.54 | -56.56 |
| 2001 | 125.20 | -2.2 | 233.89 | 26.7 | 359.10 | -108.69 |
| 2002 | 154.90 | 23.8 | 285.77 | 22.2 | 440.67 | -130.87 |
| 2003 | 200.90 | 29.4 | 431.30 | 51.0 | 632.31 | -230.40 |
| 2004 | 278.18 | 38.4 | 622.49 | 44.3 | 900.67 | -344.31 |
| 2005 | 351.10 | 26.2 | 768.20 | 23.4 | 1119.30 | -417.10 |

资源来源:联合国贸易数据库 comtrade,2005年的数据来自中国商务部网站。

在投资方面,韩国已经成为我国最主要的外资来源国之一。2004年以来韩国已成为我国实际利用外资第三大来源国,中国已连续三年成为韩国的第一大投资对象国。截止到2005年年底,中国吸收韩国FDI合同金额为703亿美元,实际到位的资金为311亿美元。中国近几年也积极对韩国进行投资,截止到2005年年底,中国对韩国的非金融类直接投资已达到15.2亿美元,2006年呈现加速增长的趋势,韩国成为我国对外投资的第四大国。

其次,从两国经济结构来看也具有较强的互补性。中韩经济结构的互补性主要是由于两国生产要素禀赋差异造成的,中国有960万平方公里的土地,人口约13亿,而韩国的面积不到10万平方公里,人口约4500万,韩国人均土地拥有量(0.30英亩)约为中国(0.76英亩)的一半。而1999年人均资本拥有量韩国为2427.5美元,中国为282.7美元。因此我们可以看出,在生产要素方面,中国有劳动力成本优势、土地优势、市场优势和后发优势,韩国有技术、资金和工业管理优势。在产业分工上,中韩之间的分工比较复杂,总的来说,两国产业互补性与竞争性并存,互补性特征更明显,另外就是两国的加工贸易与产业内贸易量较大[①]。两国产业互补性与要素禀赋结构息息相关,韩国在IT业、重化工业、机电产品、机械设备及精密仪器、汽车、金属制品及钢铁、船舶、化工产品等方面具有比较优势,中国在纺织服装、家具、鞋类等劳动密集型产品上具有比较优势。两国产业竞争性主要表现在部分资本技术密集度相对较低的制造业领域。近几年中韩两国的产业内贸易水平(包括水平型与垂直型)呈现逐步提高的趋势,主要是由于中韩两国之间的加工贸易与区域生产网络下的新型生产分工所引起的。

中韩双边自由贸易区成立能够带来明显的经济效应。中韩自由贸易区具有明显的南北型自由贸易区的特征,经济合作效果从静态效应看应该是贸易创造效应大于贸易转移效应,两国对外贸易规模在一体化后将会有明显的扩大,一体化的动态经济效应也很明显。韩国KIEP学者Zhang Jianping利用自己建立的估算自由贸易区静态效应的局部均衡模型(Partial Equilibrium Model)对中国—韩国自由贸易区的经济效应进行了定量分析。结果发现中韩FTA对大多数行业都能产生明显的贸易创造效应,贸易创造效应大致是各行业2003年从韩国进口额的5%—15%,对于那些进口量比较大的行业,比如机械电子、食品、烟草行业,贸易创造效应还要更大。而中韩FTA的贸易转移效应相对较小,只占到其他国家向中国出口总额的0.5%,对于韩国来说只占到它向中国出口的3.9%,也就是说中韩FTA的静态效应总体为正。另外,根据南开大学经济学院薛敬孝和张伯伟两位教授利用CGE(可计算一般均衡模型)对"东盟单独

---

① Zhang Jianping, "Analysis on the Issues of and Prospects for a China-Korea FTA", KIEP CNAEC Research Series 06-04, 2006年11月30日。

建立FTA基础上中、日、韩不同形式FTA的宏观经济影响"的估算也可以看出,中韩FTA对两国总体上能够产生积极效果,特别是对韩国经济。

在动态效应方面,由于两国特殊的产业结构和市场结构,理论分析可以知道其规模经济效应、FDI效应、竞争效应会比较明显。双边FTA建立也将使两国产业分工和产品垂直分工进一步深化,带动两国产业内贸易比例的提升。在技术进步方面,两国也可以充分发挥各自的优势进行技术合作,提升两国生产技术水平。

中韩自由贸易区的政治收益也很明显,比如有利于打破由日美同盟、韩美同盟形成的安全圈和由中国—东盟自由贸易区构建的经济圈之间的对立,从而有利于东亚地区经济与安全合作机制的建立。

中韩两国政治外交关系目前保持良好态势,双边FTA的政治障碍较小,所以中韩两国应该加快双边FTA的建设。目前在东北亚地区,日韩FTA经过5轮谈判后陷入僵局,中日之间由于政治关系紧张、日本农产品市场保护、日本对区域主导权的争夺、日本FTA战略偏差等问题不可能在短期进入议程,因此从近期来看,中韩FTA应该成为东北亚自由贸易区建设的序幕。而且更为重要的是,为了防止东亚地区的经济一体化陷入分别以中日为轮轴的轮辐结构中去[1],韩国应承担中间协调者的重任,在开放原则下加快中韩双边自由贸易区的建设,为东北亚自由贸易区的成功推进打下基础。

中韩自由贸易区启动的主要障碍包括农业问题、制造业竞争与"产业空洞化"问题、中小企业竞争与就业问题、中韩贸易逆差、政治因素等,这些障碍其实可以通过贸易投资自由化得到解决。比如在农业问题上,我国可以加大向韩国资本开放的力度,吸引韩国企业投资我国农业;允许韩国农产品市场逐步开放,韩国加大向我国输出其国内优质农产品的力度。在制造业方面,实际上我国企业还无法对韩国企业形成挑战,韩国经济主要问题是如何在高附加值环节上与美日竞争,而中韩自由贸易区的建立对韩国产品国际竞争力的提高是可以带来正面效果的。政治因素也是中

---

[1] Richard E. Baldwin, The Spoke Trap: Hub and Spoke Bilateralism in East Asia, KIEP Research Series 2004-02,2004年12月25日。

韩自由贸易区建成需要克服的一个问题,主要是韩、美、中三角关系问题和韩国国内对中国崛起的担心①,韩方应通过各种渠道向韩国民众宣传中韩自由贸易区的积极效应,发挥领导人的政治智慧,排除各种不利因素。而中韩贸易逆差问题的解决更依赖于两国贸易自由化行动。中日两国政府应该争取在2007年启动中韩自由贸易区谈判②。

### 5.2.4.4 日本—韩国自由贸易区(JKFTA)

日韩自由贸易区是东亚地区最早提出的自由贸易区,1998年10月韩国总统金大中访问日本与日本前首相小渊惠三进行会谈时双方决定缔结日韩FTA。1998年12月到2003年10月双方对FTA的可行性进行了共同研究,对尽快缔结双边FTA达成了共识。2003年6月日本首相小泉与韩国总统卢武铉会谈时决定于2003年年底开始进行谈判,争取两年内达成协议。但日韩双边自由贸易区谈判并不顺利,双方第六次谈判于2004年11月3日结束,原定于2005年1月举行的第七次谈判迟迟没有启动,日韩FTA谈判遇到了阻力。谈判阻力主要是由于双方在农产品、水产品市场开放和产品的"原产地问题"上没有达成一致意见,另外也与两国政治外交关系紧张和产业结构互补性较差有很大的关系。日本—韩国自由贸易谈判受挫说明东亚地区大国双边FTA谈判需要克服的阻力很多。

日本与韩国双边FTA从长期看可以给两国带来积极的经济效益。KIEP和IDE对日韩FTA的经济效应进行了计量分析,结果显示FTA在短期虽然可能造成韩国对日贸易赤字的增加(见表5-5)。但从长期看,因日本直接投资和技术转移的增加,再加上两国之间全面经济合作和市场统一后的竞争效应、规模经济效应和生产要素的配置效应,日韩两国特别是韩国将在福利水平、GDP增长和增加世界贸易方面得到好处(表

---

① 韩国已与美国签订了双边自由贸易协议,笔者认为韩美FTA谈判成功可以激励尽快启动与中国的自由贸易谈判。

② 韩国总统卢武铉2006年11月2日参加"大韩贸易投资振兴公社(KOTRA)"会议发言中也提到这一点。目前韩国政府正考虑与中国、欧盟等重要经济体进行自由贸易谈判。温家宝总理2007年4月11访问韩国时谈到希望尽早提出互利双赢方案,为最终建立中韩自由贸易区奠定基础。

5-6),日韩FTA也将对两国GDP产生正面影响(日本的效应更明显)(见表5-6)。因此两国政府应该继续推动双边FTA谈判重启。两国的政界、商界和民间都应该加强沟通与交流,意识到FTA的经济与政治外交效应,构筑良好的国内民意基础,两国工商界要加强联系,意识到日韩FTA对提升两国经济竞争力的作用。总之日本与韩国应该发扬2002年合作承办世界杯那样,淡化分歧,加深理解与互信,争取早日达成日韩FTA。

表5-5 日韩FTA关税削减的静态效果

| | | KIEP | IDE | | | KIEP | IDE |
|---|---|---|---|---|---|---|---|
| 韩国 | 福利水平% | -0.19 | 0.34 | 日本 | 福利水平% | 0.14 | 0.03 |
| | GDP% | -0.07 | 0.06 | | GDP% | 0.04 | 0.00 |
| | 对日贸易(亿美元) | -80.90 | -38.85 | | 对韩贸易(亿美元) | 60.90 | 38.85 |
| | 世界贸易(亿美元) | -15.43 | -2.7 | | 世界贸易(亿美元) | — | 54.79 |

来源:日本外务省,日韩FTA共同研究会报告书,2003年。

表5-6 日韩FTA关税削减的动态效果

| | | KIEP | IDE | | | KIEP | IDE |
|---|---|---|---|---|---|---|---|
| 韩国 | 福利水平% | 11.43 | 7.09 | 日本 | 福利水平% | — | 9.29 |
| | GDP% | 2.88 | 8.67 | | GDP% | | 10.44 |
| | 对日贸易(亿美元) | -4.40 | -24.6 | | 对韩贸易(亿美元) | | 24.60 |
| | 世界贸易(亿美元) | 30.14 | 408.00 | | 世界贸易(亿美元) | | 182.00 |

来源:Inkyo Cheong (2001)。

需要指出的是,在推进东亚自由贸易区建设的近期阶段,中国与日本不可能签订双边FTA协定,这种局面的出现对韩国和东盟各国来说都是非常不利的。因此,为了东亚自由贸易区的实现韩国和东盟各国分别与中国与日本签订自由贸易协定时应保证它对中日两国都是开放的,另外要协调简化原产地规则,保证双边FTA的透明开放,防止出现"意大利面条碗效应",从而为双边自由贸易协定整合成东亚自由贸易区创造条件。

### 5.2.5 中期目标:努力实现中日韩自由贸易区

#### 5.2.5.1 中国—日本自由贸易区(CJFTA)

中国—日本自由贸易区能否顺利建成直接决定了东亚自由贸易区的最终命运。中国社科院世界经济与政治研究所研究员沈骥如认为[①],中日如果能和解并组建双边自由贸易区,东亚自由贸易区甚至东亚共同市场是完全有可能实现的,东亚将与北美、欧盟共同成为推动世界经济发展的三个发动机;如果中日不能和解,东亚自由贸易区将难以实现,更不用说共同市场。韩国学者 Jin-Young Chung(2006)认为,中日两国如果不能进行有效合作,东亚地区自由贸易区的发展将形成以中国和日本(包括美国)为主导的两个对立自由贸易区板块[②]。著名国际经济学家 Richard E. Baldwin 2004 年在韩国 KIEP 做访问学者期间写了一篇文章《The Spoke Trap: Hub and Spoke Bilateralism in East Asia》。在该文中,Baldwin 认为由于东亚地区特有的政治经济结构,东亚地区的双边 FTA 正向轮轴—辐条结构方向演进,东亚地区自由贸易协定的发展路径很可能是以日本与中国为轴心国的两大经济圈(East Asia Bicycle),中国与日本各自与东盟(ASEAN)、韩国(Korean)和澳新自贸区(ANZFTA)组成轮辐式的自由贸易区。这种状况的出现对东亚各国经济发展和东亚自由贸易区的建设都是不利的,因此各国必须努力避免出现轮轴—辐条结构自由贸易区[③]。

正如第三章里所论证的,中日自由贸易区建设具有良好的经济基础。中日两国 2005 年 GDP 总量根据联合国的统计数据分别为 25542 亿美元和 44636 亿美元,两国 GDP 之和占东亚 13 国 GDP 总量的 79%。两国之间的贸易情况如表 5-6 所示,2005 年双边贸易量为 1844.4 亿美元,2006 年双边贸易量突破 2000 亿美元。中日之间贸易强度与贸易结合度也都

---

[①] 参见:沈骥如,"中日实现心灵和解,共同创造东亚未来",《山东大学学报》(哲社版),2004 年第 1 期。

[②] Jin-Young Chung, "South Korea and the Future of East Asia Regionalism: which path ahead?", Kyung Hee University, 2006 年 11 月。

[③] 反 FTA 轮轴—辐条结构的策略有组建关税同盟、FTA 联盟、新加坡式的单边自由贸易等,对东亚地区比较适宜的方式应该是 FTA 联盟方式。

要高于中韩、日韩以及中日韩三国与东盟的贸易强度与贸易结合度,这些都说明中日双边经贸关系已经达到非常密切的程度。另外,日本对中国 FDI 的规模也是非常大的,1951—1989 年日本对华 FDI 的总量仅为 24.74 亿美元,而 2005 年日本对华 FDI 高达 88.75 亿美元,占 2005 年全年 FDI 的 12.3%。

尽管中国与日本之间经济依存度很高,两国达成自由贸易区的经济基础非常雄厚,但中日自由贸易区却迟迟不见动静,远远落后于欧洲及北美大国之间的自由贸易区建设,也落后于东亚地区的其他双边自由贸易区。目前,韩日之间、中韩之间的自由贸易谈判都已经从学术研讨阶段进入政府协商阶段。而中日 FTA,由于两国政治外交关系、农产品市场开放、区域主导权争夺、中国威胁论、经济利益冲突等原因使日本对中日自由贸易区采取了消极态度①。特别是在政治外交关系上,由于日本不能正确对待中日历史问题和日本首相参拜靖国神社使两国政治关系冷淡,国民感情恶化。

表 5-7　中日之间的贸易情况　　　　　单位:亿美元

|  | 2004 年 | 2005 年 | 2006 年 1—11 月 |
| --- | --- | --- | --- |
| 中国向日本出口 | 735.1 | 839.9 | 832.4 |
| 中国自日本进口 | 943.7 | 1004.5 | 1043.5 |
| 进出口贸易总量 | 1678.9 | 1844.4 | 1875.9 |
| 贸易增长速度% | 25.7 | 9.9 | 12.5 |

数据来源:中国海关统计。

尽管中日自由贸易区签订还存在"政冷"及其他不利因素,但并不等于中日之间不存在经济合作的可能性。中日双方一直在为推动中日自由贸易区达成从而实现东亚自由贸易区而努力。中国前总理朱镕基最早于 2002 年 11 月向日本提出建立自由贸易区的主张。温家宝总理于 2004 年

---

① 日本外务省(www.mofa.go.jp)发布的《日本的 FTA 战略》中指出,日本初期不会考虑与中国缔结自由贸易协定,原因有如下四点:一是中国入世时间太短,日本需要观察中国履行入世承诺的情况;二是日本方面认为参与国之间政治外交关系应该十分密切,或有密切发展的潜力,日本与中国在政治、外交、安全等方面存在很多障碍,未来关系难以预料;三是中国社会主义市场经济发育不成熟,投资与知识产权难以得到保护;四是日本与美国把中国视为潜在竞争对手。

11月在第八次东盟与中日韩领导人会议上表示:"建立自由贸易区是经济一体化进程中不可逾越的阶段。"考虑到中日关系目前停滞甚至有倒退的危机,吴仪再提中日自由贸易区,如果这一进程能启动,将为中日关系打破僵局创造了新的空间,也为包括所有东亚经济体在内的东亚自由贸易区消除最大的障碍。吴仪提出,中日可以先行进行能源合作、建立钢铁等产业联盟,为中日经贸关系的发展打开一扇窗户。

日本贸易振兴机构理事长渡边修说:中日"政冷"并没有直接导致"经冷",但要想进一步发展经济关系,必须有良好的政治关系推动,也需要国民的理解。从现在开始,中日国民之间应加深理解和信任,政治上让对方更放心。渡边修还认为中日自由贸易谈判有望在2008年启动。2006年11月1日日本首相安倍晋三在接受美国媒体采访时表示,将考虑与中国签订经济伙伴协定①(EPA)。中国外交部随后也作出了积极回应,表示愿意就自由贸易区问题同日方开展共同研究。

因此,笔者认为,尽管中日之间在短期无法签订自由贸易协定,但只要中日两国能够改善两国间的政治关系②,将政治与经济分开,建立互信,首先通过功能性合作为双边自由贸易区的建立打开希望之门,两国自由贸易区将会在相对较长时期内顺利实现。在中日自由贸易区建设前要积极促成中韩自由贸易区的尽早实现,在中日自由贸易区谈判过程中,要采取灵活态度和先易后难的原则,中日两国在国内利益集团的作用下达成自由贸易区还是有可能的③。

---

① 经济伙伴协定也称为 EPA(Economic Partnership Agreement),它是比自由贸易区更高层次的一体化形式,除涉及到贸易自由化外,还涉及双边投资合作、知识产权保护、公平竞争政策等更广泛的内容。

② 笔者认为中日关系的走向总体趋势会是越来越好,理由有以下几点:1. 双方共同利益越来越多。2. 经济发展是两国第一要务。3. 日本"正常国家"目标实现后两国合作理念会增强。4. 世界经济板块竞争的压力。5. 中国经济崛起和FTA战略实施对日本的拉动作用。温家宝总理2007年4月12在访问日本时确立的中日战略互惠关系和建立中日经济高层对话机制就是一个好兆头。

③ 根据E. Grossman 和 A. Helpman 的利益集团在经济一体化中的作用模型,自由贸易区可以保证国内有足够的出口商获利并在政治上支持政府,从而增加自由贸易区成功的可能性。Robert E. Baldwin 也认为,区域贸易安排造成的贸易和投资转移促使非成员国利益集团对本国政府施加压力,要求加入区域贸易安排(如果它是开放的),或者达成自己的区域贸易安排。

#### 5.2.5.2 实现中日韩自由贸易区(CJKFTA)

东亚最主要的国家就是中日韩三国,三国经济在世界经济和全球贸易中占有相当重要的地位(见表5-8)。三国经济总量占东亚地区总量90%以上,东亚自由贸易区的成功在很大程度上取决于这三国之间的合作。只要中日韩三国之间能够进行合作,东亚自由贸易区的成立就水到渠成。当然,从目前的政治经济情况来看,三国要越过东盟直接进行合作有一定的难度[①],因此三国之间合作机制的建立需要一个相对漫长的过程。

表5-8  中、日、韩三国经济的重要性

| 2000年 | 占GDP比重 | | 占贸易比重 | |
|---|---|---|---|---|
| | 世界 | "10+3" | 世界 | "10+3" |
| 中国 | 3.1 | 16.2 | 3.2 | 21.6 |
| 日本 | 14.8 | 68.0 | 6.4 | 33.7 |
| 韩国 | 1.5 | 7.0 | 2.3 | 12.6 |
| 中日韩 | 19.8 | 91.2 | 11.8 | 67.9 |
| 中国 | 5.0 | 26.5 | 15.0 | 32.7 |
| 日本 | 10.2 | 53.6 | 13.0 | 28.4 |
| 韩国 | 1.8 | 9.4 | 6.1 | 13.3 |
| 中日韩 | 17.0 | 89.5 | 34.1 | 74.3 |

数据来源:根据世界银行及WTO的数据自己整理。

从三国自身的经济利益和东亚地区利益来看,中日韩三国自由贸易区的形成从长期看是有必要并具有可行性的。前面第3章的分析表明三国自由贸易区的经济效应相当明显。由于三国特殊的国情,中日韩自由贸易区的实现路径和产业合作应该充分考虑到东北亚地区的特殊性。在实现路径上,由于中日两个大国之间关系复杂而不稳定,所以应该考虑让韩国率先与中国与日本分别达成自由贸易协定,在中韩、日韩自由贸易区健康发展的基础上,中日两国就会有动力去追求实现中日自由贸易区。三国在形成自由贸易区的过程中,对各国产业政策进行充分协调,

---

[①] 有人提出让韩国作为领导者来推动建立中日韩三国间的自由贸易区,笔者认为这是高估了韩国的实力,但韩国可以成为中日韩自由贸易区的重要推动力量。

发挥各自的要素优势和一体化的规模经济效应,促进三国互补性产业体系的形成,提高三国产品在世界上的竞争力。

具体到合作产业选择上,三国应重点选择事关地区经济安全的重大问题来展开合作,比如先行开展能源、IT和环境保护领域的功能性合作。随着东亚地区国家经济规模的扩大和人均收入水平的提高东亚地区能源问题日益突出。近几年,中日之间关于石油管道铺设和东海油气田开发的冲突就可反映这一点。事实上,中日两国如果能够在能源供给和能源利用方面进行紧密合作,两国能源竞争问题应该是能够得到顺利解决。比如三国应该组建东北亚能源共同体,协调区内能源的开发和利用,确保市场有序、价格稳定和政策协调。在能源技术方面,日本如果能够把其高效利用能源的技术有偿转让给中国,帮助中国降低能耗,提高能源利用效率,就可以大大缓解东亚地区能源紧张问题。此外,三国在IT和环境保护行业也可以充分进行合作。日本和韩国放开其IT技术市场,通过IT企业在区域内广泛的技术扩散来降低本地区制造业的生产成本,提高区域内产品相对欧美同类产品的竞争力。同时环境保护行业由于污染越境问题越来越突出,三国合作的必要性也是相当明显的。通过开展功能性合作,中日双方的信任程度将得到提高,并很可能因功能性合作而外溢到制度性合作。

随着中国经济体制改革的不断深入,中国入世承诺的严格执行,日韩农产品市场的改革与开放,中日政治关系的稳定,中日韩三国经济一体化程度的加深,中日韩达成东北亚自由贸易协定是有可能的。

为了推动中日韩自由贸易区的建设,实现东北亚的区域经济一体化,可以采取如下措施:第一,化解政治危机。要通过政府间的外交手段特别是首脑会谈来化解双方矛盾和外交争端。同时加强民间交流、政党交流以增进相互了解,为三国经济合作提供良好的民意基础。尤其是中日两国应该捐弃前嫌,建立平等、互信、合作的关系,才能面向未来,从而推进东北亚甚至是整个东亚地区的一体化。第二,要利用各国的比较优势,深化产业分工。三国应该在已经形成的生产网络基础上,明确自己的产业转型目标,做到区域内产业互补,经济依存度更加提高。日本必须继续保持自己在高级研发和高级服务产业中的地位;中国也要通过加大自主创新力度稳固自己在工业制造中的地位,并实现向高端制造业转型;韩国应该大力发展服务业和金融产业;东亚其他国家充分利用自身优势参与东亚产业分工,为日本、中国、韩国产业发展做配套。第三,推进重点领域的合作。除了贸易投资领域,三国较为紧迫的合作领域是金融、能源、节能环保、防灾技术合作。第四,以次区域合作推动东北亚整体合作。第五,以中韩合作为突破口促进中日韩自由贸易区的进程。由于韩国在推动东北亚合作上与中国的立场比较接近,中国 FTA 前期研究已经结束,中韩先行达成 FTA 的可能性非常大。而中韩两国如果相互妥协,达成协议,必将形成突破从而打破东北亚合作缓慢的僵局,促使日本采取积极的行动,加快中日韩自由贸易区的建设。第六,加强中美对话。中国要充分利用各种对话机会阐明中国立场,打消美国对东北亚和东亚一体化的顾虑,可以考虑让美国通过某种适当的方式与途径发挥积极作用。

我们可喜地看到,2011 年 5 月 21 日—22 日在日本东京召开的第四次中日韩领导人会议上中日韩三国领导人作出如下决定:因势利导,进一步开放市场,降低关税和非关税壁垒,全面拓展海关、质检、运输、人员出入境等领域的合作,为区域内贸易发展营造良好环境。建设中日韩自贸区是三国产业界的共同愿望,官产学联合研究取得积极进展,有望年内提前完成,明年(2012 年)启动正式谈判。日本首相鸠山由纪夫 2009 年 12 月 30 日发布了未来十年的经济增长计划,鸠山由纪夫表示,日本将减少对美国的经济依靠,并打算加强和亚洲国家的贸易关系。他表示,日本打算在 2020 前和亚洲国家建立起自由贸易区。

### 5.2.6 远期目标:通过"10+3"机制,建成东亚自由贸易区

东亚区域经济一体化的最终目标是建立包括东亚 13 国在内的东亚自由贸易区,从而追求贸易自由化的最大收益。在中期目标实现后,东亚自由贸易区的建设将会加速,最终将通过"10+3"机制来实现。这是因为:

第一,东亚自由贸易区最棘手的难题已得到解决。前面已经提到,东

亚自由贸易区建设中最不利的约束条件就是中日关系和日美同盟。只要中日两国能够精诚合作,搞好中日自由贸易区的建设,整个东亚自由贸易区的推进会越来越快。在政治经济分离的条件下,中日两国将共同主导东亚自由贸易区建设。

第二,东亚自由贸易区巨大的经济利益和较低的贸易障碍将使自由贸易区的约束条件日益减少。正如第3章所谈,如果加上动态经济政治效应,东亚自由贸易区的总体效应巨大。2003年6月,世界银行发表一份东亚经济报告,呼吁加快东亚经济一体化进程。据世行的估计,如果东亚各国实行了这份研究里讨论的政策,特别是农业、服务业、物流和贸易便利化方面的政策,那么在10年内一体化的收益有可能达到3000亿美元左右或GDP的10%。另外,在本人看来,东亚自由贸易区的约束条件将会随着时间变化而不断减少,中美日三角关系将会在日益紧密的经济联系约束下得到比较明显的改善①。

第三,中期合作的成功将成为推进东亚自由贸易区建设强大的动力。东亚的区域经济一体化具有"自增加性"特点②,随着东亚区域经济一体化程度的加深,必然会强化各国对制度性合作的意愿和预期,反过来必然促使民间对政策当局施加压力,从而为东亚自由贸易区建设提供强大的民意基础和动力。东亚国家特别是中日两国只要能成功迈出合作的第一步,东亚自由贸易区的建设就指日可待。

## 5.3 实现东亚自由贸易区大致的时间估计

东亚自由贸易区实现时间的估计应该综合考虑APEC茂物目标(APEC Bogor Goal)的实现时间、东盟自由贸易区的进程和三个"10+1"及东亚各个双边自由贸易协定的实现时间,甚至还取决于多边贸易体系

---

① 笔者认为,中美日三国之间经济、政治、安全领域的共同利益将越来越多,这将使东亚自由贸易区的地缘政治约束条件大大减少。

② 丁一斌,"东北亚经济合作的模式选择及前景",《世界区域化的发展与模式》(张蕴岭主编),世界知识出版社,2004年11月。

的进展和世界其他区域经济一体化安排的情况。APEC 要求发达成员在 2010 年实现贸易投资自由化,发展中成员在 2020 年实现贸易投资自由化。东盟自由贸易区将在 2008 年前建成。中国—东盟自由贸易区建成时间是 2010 年,韩国—东盟自由贸易区与日本—东盟自由贸易区有望在 2010 年之前达成并开始实施。综合以上时间节点,笔者认为,区域内大国双边自由贸易协定有望在 2015 年之前达成,中日韩自由贸易区有可能在 2020 年前达成并开始实施,而东亚自由贸易区有可能在 2025 年之前达成并开始实施。

## 本章小结

通过第 3、4 章的分析,我们知道东亚自由贸易区的经济基础、约束条件与 EU、NAFTA 不尽相同,东亚地区尽管具备了良好的区域经济一体化的经济基础和经济效应,但东亚地区缺乏自由贸易区必备的非经济层面的条件(第 3 章),因此东亚自由贸易区的建设只能是一个长期渐进的过程。在东亚自由贸易区推进过程中,最关键的一步是中日自由贸易区。中日两国政府要共同培育自由贸易区的政治、社会、文化基础,在中国—东盟、中国—韩国、日本—东盟、韩国—东盟、日本—韩国自由贸易协定的带动下,在一个相对长的时期最终实现东亚自由贸易区。

要保证东亚自由贸易区的顺利实现需要协调各国的行动,特别是要保证目前的双边自由贸易协定(Bilateral FTA)朝着东亚自由贸易区方向推进,避免出现自由贸易区的轮轴—辐条结构。东亚地区的自由贸易安排应遵循以下五个原则:利益分配均衡、小国集团主导、多边框架下对外开放、先易后难推进、建立汇率协调机制。利益分配均衡原则是要保证 FTA 的经济利益能够在成员国间相对合理和均衡地分配,从而激励各国积极参与东亚自由贸易区的建设。小国集团主导原则对于东亚地区大国近期无法主导东亚经济一体化是很有必要的。多边框架下对外开放原则是指要保证双边自由贸易协定不针对特定第三国,保证双边自由贸易协定对第三国是开放的。先易后难推进原则是指要根据各国的经济政治条件选择可行的合作领域和方式,渐进推进自由贸易协定的签订。建立汇率协调机制原则是为了避免东亚金融危机的再次出现,保证东亚实体经济(贸易和投资)的健康发展,降低经济活动的交易成本。

具体来说,东亚地区应该坚持集体单边贸易自由化和贸易投资便利化,促进区域内贸易进一步扩张,按照近期、中期、远期三个阶段来推进东亚自由贸易区的建成。

近期目标是实现五个双边 FTA,包括中国—东盟、中国—韩国、韩国—东盟、日本—东盟、日本—韩国双边自由贸易区。各个双边自由贸易协定的签订可以在 2010 年前完成。

中期阶段的目标是东北亚自由贸易区的形成。这是东亚自由贸易区建设的关键环节,随着中日经济依存度的不断提高和中日两国在 APEC 机制和 WTO 多边贸易谈判机制下关税税率的不断下降,以及两国政治关系的稳定,只要妥善处理好敏感产品和行业,中韩自由贸易区有望在 2015 年前达成,中日韩三方之间的自由贸易协定可以在 2020 年前签订并实施。

远期目标是通过"10＋3"机制达成东亚自由贸易协定。东盟在 2008 年前实现 AFTA,中日韩三国在 2020 年前签订东北亚自由贸易协定,然后东南亚 FTA 与东北亚 FTA 进行融合,从而实现东亚自由贸易区,东亚自由贸易区可以在 2025 年前达成并开始实施。

# 第 6 章
# 我国的应对策略和参与途径探讨

东亚自由贸易区的建立将对世界和中国政治经济格局产生重大影响，它将表明世界经济三大板块的最终形成，全球贸易投资结构将重新洗牌，各个经济体将面临更加激烈而又直接的竞争。我国作为东亚自由贸易区最重要成员之一，应充分认识东亚自由贸易区对我国经济发展的重大意义以及为促成东亚自由贸易区的实现应发挥的作用，同时筹划我国应对东亚自由贸易区的策略和参与东亚自由贸易区的途径。

## 6.1 东亚自由贸易区对我国经济发展的意义及我国的作用

改革开放以来，我国经济实现了持续、快速、健康的发展，如果按照单一经济体排名，我国名义经济总量排在全球第 3 位，按购买力换算排名世界第二。但是也应该看到，经济快速发展并没有使我国经济结构发生实质性变化，经济发展对外资外贸的依赖程度还是较高，外资外贸对 GDP 的拉动作用还是很大，特别是在目前国内消费与需求无法得到迅速提升的情况下，积极参与经济全球化和区域经济一体化仍然是保证我国经济可持续发展的极为重要的条件。

东亚自由贸易区作为南北型自由贸易区，其潜在的巨大经济效应将对我国经济发展产生重要影响。东亚自由贸易区的实现将为我国贸易出口创造有利条件，将增加和改善我国吸收外资的数量和质量，也有利于我国技术引进和技术进步以及工业化的推进,更为重要的是它将对我国的经济体制改革和制度创新提供强大的动力。

从产业竞争角度看,目前世界各国都在利用区域经济一体化来提升其产业的竞争力。东亚地区因为没有制度性一体化安排而削弱了各国的产业和产品在国际市场上的竞争力,严重影响了地区各国的经济发展。因此,东亚自由贸易协定的签订将进一步提升东亚各国和我国产品在世界市场上的竞争力。

从政治角度看,东亚自由贸易区将从经济层面把东亚国家捆绑在一起,大大减小该区域发生政治军事冲突的可能性,同时还能够提升我国在世界政治中的发言权和影响力。

因此,我国应积极应对全球区域经济一体化潮流,发挥地缘优势,从自身条件出发积极参与东亚各种区域经济一体化安排,尤其要注意发挥作为东亚重要成员和经济大国的作用,积极推动东亚自由贸易区的建设。

具体来看,我国应从经济、政治、区域合作等层面发挥自身在东亚自由贸易区中的重要作用。首先是经济上的"发动机作用",中国世界排名第三的 GDP 规模、巨大的市场潜力、加入 WTO、经济持续高速增长使得我国对东亚其他国家的经济拉动效应越来越明显[①],这是因为我国与东亚其他国家的经济联系程度越来越紧密,中国经济高速增长通过对外贸易和 FDI 带动了东亚其他国家的经济发展。日本能摆脱长达 12 年的经济衰退,与扩大对华出口和投资不无关系;中国取代美国成为韩国最大出口市场,对韩国经济快速复苏和增长起了重要作用;东盟国家更是搭上"中国经济快车",通过与中国建立自由贸易区,分享到了中国经济繁荣的红利。其次中国在东亚地区政治安全机制构建中正发挥"主力军"作用。随着中国经济实力和国际地位的不断提高,以及中国"睦邻、安邻、富邻"周边政策的实施,中国在推动东亚地区各国政治互信和地区安全机制建立上的作用将越来越明显,为和平东亚的构建发挥自己的重要作用,中国

---

① 世界银行 2006 年 11 月 13 日发布的《东亚经济半年报》指出:中国超过 10% 的经济增长率为东亚地区总体增长奠定了基础。快速增长的中国经济继续成为整个地区经济增长的重要引擎。

在朝鲜核问题"六方会谈"中的表现充分证明了这一点。另外,我国还是东亚区域经济一体化举足轻重的参与者和推进者。目前,日本局限于日美同盟和狭隘的地区合作观;东盟因为自身实力和地区影响力不够,虽然积极性很高,但在推进东亚经济合作的后期将显得力不从心。而我国作为正在崛起中的大国,推进区域经济一体化符合自身发展的需要,因此将会采取更加积极的姿态推进东亚地区制度性一体化,从而拉动东亚其他国家参与东亚自由贸易区建设。

## 6.2 我国应对东亚自由贸易区的策略

东亚自由贸易区对中国来说具有重大战略意义,是我国应对世界政治经济变革的有效工具,我国应积极促成它的早日实现。但由于约束条件很多,东亚自由贸易区很难在短期实现,因此中国必须学会"两条腿"走路,处理好区域经济一体化与多边贸易体系、国内经济一体化与区域经济一体化的关系,使二者良好互动,同时创造条件推动东亚自由贸易区成功实现。

### 6.2.1 进一步降低消费品的关税,推动最终产品的区域一体化

东亚区域内贸易扩张是建立在垂直专业化分工基础上的中间产品贸易扩张,区域内对最终产品尤其是消费品的吸纳程度很低,从而区域外对最终产品的需求是区域内贸易扩张的原动力。东亚区域内消费品的一体化程度低主要有以下两个原因。其一,东亚国家实行差别化的关税政策。为了吸引外资和鼓励出口,东亚国家采取了倾斜性的贸易政策——免除出口商品生产中所需要的原材料、零部件和半成品的进口关税,而单纯进口消费品仍然保持较高的关税税率。东亚以此差别关税政策增强其作为跨国公司生产基地的区位优势,从而导致中间产品的区域内大规模流动。而以消费品为代表的最终产品需求方面,东亚区域内的贸易规模仍然停留在很低的水平。例如,虽然 WTO 的《信息技术协议》要求成员方将信息技术产品的进口关税逐步降为零,但是,21 世纪初,泰国、马来西亚对

家电产品征收大约30%的高关税;印尼、台湾和菲律宾也征收15%左右的关税。消费品的高关税阻碍了区域内贸易的进一步发展。其二,东亚区域内的市场规模狭小。以信息设备和家电产品为例,2002年东亚(不包括日本)信息设备的人均销售额为28美元、家电的人均销售额为9美元,大大低于EU(分别为214美元和60美元)和NAFTA(分别为280美元和81美元)的水平(郑京淑,2005)。所以,购买力不足也是阻碍区域内最终产品贸易发展的另一个因素。由此,目前东亚的一体化不是制度上的一体化,而是生产上的一体化。这里生产上的一体化属于外源性的一体化,基础是不牢固的,难以持续健康的发展。

从实现东亚区域内贸易持续稳定发展的目标来看,有必要进行一些制度创新来扩大最终产品的区域内贸易。应该看到近年来由于中国加入WTO、区域内发展中国家收入水平迅速上升、区域内多种双边和多边贸易协定的签订,东亚发展最终产品贸易的条件正在得到改善。但是由于东亚国家/地区之间经济发展水平落差大、产业竞争力相差悬殊,短时期内大幅度地开放国内市场是不现实的、也是不可取的。有鉴于此,采取局部性的、渐进的一体化措施可能是务实的探索。比如,在经济发展水平较高的日本和"四小"之间进一步开放消费品市场,顺利建成中国—东盟自由贸易区等,都可以促使东亚区域内贸易的潜力更充分的挖掘出来。

应当看到,为履行加入WTO的承诺和减少贸易顺差,中国已经大幅度地降低了平均关税(见表6-1),并且有选择地逐步降低了消费品的进口关税。比如,在以往严格保护的汽车领域,2002年时,中国汽车进口关税还有80%左右,在进口车的售价中,近三分之一是关税。根据WTO的规定,自2006年1月1日起,中国整车关税综合税率水平已从之前的30%减为28%,到2006年7月1日又减至25%;与此同时,变速器、减震器、散热器、离合器、转向器等车用零部件的关税税率由13.5%—12.9%降至10%。在家电领域,自2007年6月1日起,国家海关总署下调了20类家电产品及其零部件的关税。总体上,家电类产品的进口关税下调到6%—17%,零部件的进口关税下调到2%—6%。中国还需要广泛的降低关税为2010年的中国—东盟自由贸易区做准备。

表 6-1  中国历年进口关税算术平均税率

| 年份 | 税率 | 年份 | 税率 |
| --- | --- | --- | --- |
| 1992 | 43.2% | 2000 | 16.4% |
| 1993 | 36.4% | 2001 | 15.3% |
| 1994 | 35.9% | 2002 | 12.0% |
| 1995、1996 | 23.0% | 2003 | 11.0% |
| 1997、1998 | 17.0% | 2004 | 10.4% |
| 1999 | 16.78% | 2005、2006 | 9.9% |

资料来源:《中华人民共和国海关进出口税则》各年。

目前,自由贸易区已成为大国开展战略合作与竞争的重要手段,正在加速改变世界经济和政治格局。这是因为自由贸易区已经超越了经济范畴,兼有外交、政治方面的战略意义。它通过更加优惠的贸易和投资条件,将成员的经济利益紧密联系在一起。经济利益的融合又加强了成员之间的政治、外交关系,形成各种利益共同体。这一趋势使国家之间的竞争演变为各个利益集团之间的竞争。在世界各国特别是大国竞相发展自由贸易区的形势下,如果我国置身局外或落于人后,在日趋激烈的国际竞争中就会处于不利境地。为此,党的十七大报告第一次将自由贸易区建设提高到战略高度,指明了发展自由贸易区是中国加入WTO之后进一步以开放促改革、以开放促发展的新途径。

### 6.2.2 处理好与多边贸易体系、中华自由贸易区的关系

#### 6.2.2.1 东亚自由贸易区与全球多边贸易体系的关系

全球化与区域化目前并行于世界经济发展进程中,东亚国家如何处理好这两者的关系,使东亚国家能够获取最大化利益是一个必须考虑的问题。

两位著名的国际经济学家对区域经济一体化与多边贸易体系关系的观点具有重要的启发作用。Bhagwati考察了区域化与多边自由化两种贸

易自由化方式的时间路径和福利效果[①],他认为多边贸易自由化实现的福利最大,而区域经济一体化的福利变化相对初始状态可能为正也可能为负,取决于贸易创造与贸易转移的相对大小。如果区域经济一体化组织不扩大成员,福利水平不会增加;如果区域经济一体化组织能扩大成员或合并,福利可能会接近多边自由化下的福利水平甚至好于存在免费搭车的多边贸易谈判结果。在这种情况下,区域经济一体化的发展对多边贸易体制可以起到建设性的补充作用,二者是相互促进的关系。Krugman 考察了区域经济一体化组织数量和规模对世界福利的影响。结果表明区域经济一体化组织的数量与世界福利之间呈现 U 型曲线关系[②]。当一体化组织的数目为 1 或者规模很大时,与全球自由贸易时情况一样,世界福利水平最高。当区域经济一体化组织数量很多,区域贸易协定并不排斥多边贸易体制,世界福利水平也很高。当世界上只有 3 个区域经济一体化组织且规模都比较大时,贸易扭曲和贸易报复的可能性较大,世界福利水平最低。

  Bhagwati 和 Krugman 的研究结果表明多边贸易体系在推进全球贸易自由化中的重要作用是不可否定的,多边贸易体系还是要优于板块式的区域经济一体化,成员国应该努力保证多边贸易体系的正常运转。另外,目前世界范围的区域经济一体化发展态势对多边贸易体系很可能产生不利影响,容易在成员国与非成员国之间产生冲突,从而影响多边贸易体制。而要减少这种负面影响,就应该协调一体化与全球化的关系,减少一体化组织的歧视性做法,使区域经济一体化能够与多边贸易体系相辅相成,从而推进全球的贸易自由化。

  WTO 总干事拉米 2007 年 1 月在参加印度工商峰会时曾有过精辟的论述:如果把多边贸易体系看成是咖哩沙司,区域贸易安排好比咖哩沙司中的胡椒,加入少量的胡椒可以使沙司味道更鲜美,但光有胡椒或者好胡

---

[①] J. Bhagwati, "Regionalism and Multilateralism: an Overview", *New Dimensions in Regional Integration*, Jaime De Melo and Arvind Panagariya, eds. Cambridge University Press, 1933.

[②] Paul Krugman, "Regionalism versus Multilateralism Analytical Notes", *New Dimensions in Regional Integration*, Jaime De Melo and Arvind Panagariya eds. Cambridge University Press, 1993.

椒与糟糕的沙司配在一起,结果将是一场灾难,所以协调好多边贸易体系与区域贸易安排的关系是非常重要的。

具体到东亚地区,根据前面对东亚自由贸易区路径选择约束条件的全面分析可以看出,东亚地区的经济一体化应该做到与多边贸易体系互相补充互相促进①,如果考虑东亚国家对美国、欧洲地区市场的高度依赖时更应该强调多边贸易体系的价值。应该把东亚区域经济一体化看成是最终实现全球经济一体化的一个中间阶段,使东亚经济一体化对多边贸易体系起到强化作用。

澳大利亚国立大学(Australia National University)的澳大利亚—日本研究中心(AJRC)的学者 Jane Drake-Brockman 利用 GTAP(Global Trade Analysis Project)对中国参与各种经济一体化组织的经济效应作了定量分析,结果发现 WTO 多边贸易体系可以累计使中国 GDP 增加 100%,茂物目标可以使中国 GDP 增加 61%,"10+3"机制可以增加 41%,中日韩自由贸易区可以增加 35%,中国—香港—台湾的经济一体化可增加 28%,而中国—东盟自由贸易区可以使 GDP 增加仅 7%。从中可以看出,对于中国来说还是要把与世界其他国家一道促进多边贸易自由化作为我们的行动目标,要呼吁重启多哈发展回合谈判,继续巩固和完善多边贸易体系,追求全球贸易投资自由化的实现。要保证东亚自由贸易区的发展方向与多边贸易体系的方向一致,通过东亚自由贸易区建设来为多边贸易体系作贡献。

### 6.2.2.2 中华自由贸易区和东亚自由贸易区的关系②

东亚自由贸易区应该成为我国区域经济一体化战略的重心,但是由于东亚自由贸易区不是短期就能顺利实现。因此,我国在推动东亚自由

---

① 即采用"双轨"制(two-track approach,双边主义与多边主义)来推动东亚经济一体化。

② 海内外关于两岸四地自由贸易安排有影响的构想有:1987 年 11 月香港大学亚洲研究中心陈坤耀教授提出的"中国圈";1988 年美国印弟安纳博尔大学经济学教授郑竹圆提出的"大中华共同市场";1991 年 11 月台湾"经济部"部长萧万长提出的"两岸共同市场";1993 年世界银行提出的"中华经济区"等。

贸易区建立的进程中,要同时加强两岸四地的合作①,争取建成中华自由贸易区(China Free Trade Area,CFTA)。

中国经济在改革开放后获得了很快的发展,在世界经济中的地位日益提高,大陆的经济发展也有力地拉动了香港、澳门以及台湾地区的经济增长,大陆与香港、澳门、台湾经济一体化程度已经很高。

在贸易方面,港澳台是大陆最重要的贸易伙伴,2005年大陆与港澳台贸易总额为2298亿美元,占内地对外贸易额的14.8%。大陆是台湾的第一大出口市场,2005年内地从台湾进口高达747亿美元。根据我国商务部台港澳司计算,2005年台湾外贸对两岸贸易依存度为20.04%,大陆外贸对两岸贸易依存度为6.42%,台湾对大陆出口贸易依存度为28.36%,大陆自台湾进口贸易依存度为11.31%,台湾自大陆进口贸易依存度为11.00%,大陆对台湾出口贸易依存度为2.17%,从中可以看出大陆与台湾经济联系是非常紧密的。在投资方面,港澳台资金占内地引进外资近一半,近几年台资、港资在大陆的投资有增无减。

根据世界银行的数据,2005年两岸四地的GDP总量为27593亿美元,其中中国大陆为22289亿美元,台湾为3459亿美元,香港为1777亿美元,澳门为68亿美元,两岸四地已经形成一个巨大的整体市场;见表6-2。这样一个巨大市场是我国最宝贵最明显的比较优势,能否让此优势发挥出来是未来中国经济持续、快速、健康发展的重要因素。从这个角度看,中国应该充分挖掘中华区内市场一体化及贸易自由化的好处。中国两岸四地大市场具有许多其他区域经济一体化组织所不具备的条件,比如相同的语言和文化体系。两岸四地大市场建成后将会大大降低交易成本,并通过规模经济效应和生产网络化效应带来积极的经济效应。

两岸四地经济一体化是两岸经济发展的客观需要,是受经济利益驱动的不可阻挡的潮流。两岸四地是一个巨大的潜在市场,中国大陆、香

---

① 中国社科院财贸所的于立新(2002年)提出,我国区域经济合作的战略目标应该是:根植本土,加速两岸四地的合作进程;立足亚洲,谋求与周边国家形成区域或次区域经济合作组织;突破疆界、跨越洲际,构筑全球合作网络。

港、台湾的产业结构互补性很强①,具有许多天然的一体化条件。两岸经济一体化之后的经济效应将十分巨大,而且经济一体化对两岸统一和"一国两制"政策也能产生正面影响。因此对中国来说,建立东亚自由贸易区之前加快国内两岸四地紧密经贸安排是当务之急。从约束条件来看,两岸四地紧密经贸安排建立起来也相对比较容易,只要按照先易后难、大陆适当让步的原则,两岸四地经济一体化程度必将进一步提高,中华区内市场潜力将被挖掘出来。两岸四地经济一体化也将对东亚自由贸易区产生正面推动作用。

表6-2 2005年中华自由贸易区的经济指标　　　　币种:美元

| | GDP（10亿） | 人均GDP | 人口（百万） | 货物贸易额（百万） | 服务贸易额（百万） | 贸易额占GDP的比重 |
|---|---|---|---|---|---|---|
| 中国大陆 | 2228.9 | 1740 | 1304.5 | 1422117 | 133658 | 69.8% |
| 中国台湾 | 345.9 | 16170 | 22.9 | 382435 | 58720 | 127.5% |
| 中国香港 | 177.7 | 27670 | 6.9 | 592963 | 94120 | 386.7% |
| 中国澳门 | 6.8 | — | 0.5 | 6387 | 9371 | — |

数据来源:根据世界银行数据整理。

### 6.2.3　为促成东亚自由贸易区实现应采取的策略

东亚自由贸易区通过"10+3"机制而实现是符合我国和东亚各国的国家利益,为此我国应采取以下策略来促成东亚自由贸易区的实现。

#### 6.2.3.1　非经济层面营造良好的氛围

世界经济政治格局正在发生复杂而深刻的变化,区域经济合作是大势所趋。欧洲与北美板块已经形成并在不断深化与扩张,两大板块形成都是从地缘政治经济角度出发的。东亚国家(包括日本)是不可能真正被纳入到欧美两大板块中去的,如果再把中国崛起引起的东西方冲突考虑进去更是如此。因此从世界政治经济演进趋势看,在全球多边贸易体系无法向前推进或推进速度很慢时,东亚必须建立自己的区域经济合作

---

① 根据南京大学于津平教授对东亚国家与中国进出口贸易互补性的实证分析结果,中国台湾的出口与中国大陆的进口具有极强的互补性。

机制,区域大国应该发挥其影响力来推动东亚自由贸易区的建设。

中国作为东亚地区最重要的成员国,在推进东亚自由贸易区建设过程中应该从全球竞争与获取区域利益出发,通过策略性行为来引导东亚自由贸易区向良性方向发展,争取促成东亚自由贸易区。

第一,构筑经济合作的政治基础,增强与日本、东盟的政治互信。政治基础及互信关系的建立是东亚自由贸易区成功的关键,Cheow(2001)提出"只要东亚大国(日本与中国)关系不能稳定下来,东亚进行区域经济合作是不可能的"。

为此中国应该与东亚各国共同努力构筑经济合作的政治基础。我国要继续坚持与邻为善、以邻为伴的周边外交方针,奉行睦邻、安邻、富邻的周边外交政策,增进中国与东亚国家的睦邻友好和政治互信。在区域安全问题上,大力倡导安全观;本着互谅互让的精神和搁置争议、共同开发的原则,解决与周边国家的领土争端。在坚持外交原则的前提条件下,努力发展与东亚国家和组织之间的伙伴关系,坚持通过对话解决彼此间分歧,加强相互间的沟通与磋商,努力为推动东亚区域经济一体化奠定坚实的政治基础。

我国尤其应该改善和加强与日本、东盟的双边关系。首先,中国必须搞好与日本的关系。中国与日本经济的地缘中心都应该是在亚洲,两国应合作主导东亚经济未来[1]。两国要尽快提升双边政治外交关系,采取一种求同存异的方式在多边框架下继续合作,而不应该是各自行动。两国通过真诚合作来消除戒备,改善两国间的不信任关系,最终寻求达成战略性伙伴关系。为了避免中日对抗,美国从中渔利,也为了建立相对良性互动的亚太地区中日美三边关系,中国应该在战略上努力争取日本,推动中日关系发生积极的变化。为此,我们要思考与面对以下四个大问题[2]:第一,如何认识日本要变成一个"正常国家"。中国当然要警惕日本右翼与军国主义势力的复活,这不是过度反应,而是日本右倾的现实迫使中国

---

[1] 如果以中日两国 2005 的 GDP 为基数,中国经济一直保持 8% 的年增长率,日本经济的年增长率假设为 3%,中国名义 GDP 总量可以在 2020 年超过日本。

[2] 庞中英,论中日关系中的美国因素[J],《国际经济评论》,2005 年 5—6 期,pp.48—51。

作出的正当反应。日本具有一夜之间武装成为超级军事大国的巨大实力。反恐战争后,日本国内立法已经赋予自卫队超出日本和平宪法外的权限。这些不可避免要引起中国对日本在地区与全球安全中寻求更大的角色的深刻担心。如果"正常国家"的指标是变成一个重新武装的军事大国,且可能导致与中国在地区安全事务上的冲突,特别是日本能够在今后的台湾海峡与南海问题上进行干预,这样的"正常国家"将是中国的噩梦。不过,如果一个重新正常化的日本有所摆脱美国的影响,越来越变成亚洲的一部分,在地区经济、政治与安全事务上加强与中国的协调,起到建设性的维持地区稳定与繁荣的作用,并显示出它是与中国以及其他亚洲国家长期友好共存、而不是与中国为敌(包括假想敌与潜在敌人)的态势,那么,中国应谨慎地欢迎这样的"正常国家"。第二,如何让中日成为东亚经济合作的共同推动力量。为增强竞争力,日本制造业已经纷纷转移到中国大陆生产。中国加入WTO后,日本服务业也将更多地进入中国市场。在战略上有所紧张的同时,中日经济关系却不可避免地在深化。2002年3月,中日两国财政部门签订了货币互换协定,这符合东亚经济与金融合作的精神,有助于两国在金融领域合作规模的扩大。象日本与韩国准备建立自由贸易区一样,中国与日本也可以探讨建立"更加密切的经济关系"(CLOSER ECONOMIC RELATIONS)的方式。中日经济关系的开展应该越来越多地在业已存在的东亚地区合作框架下进行,这样有利于把两国关系纳入东亚地区主义进程,让两国更多地为共同的"东亚"地区而合作。日本的经济未来不在美国而在亚洲。20世纪80年代的以日本为中心的亚洲"雁行模式"已经不复存在,日本应该面对现实,努力重新融入东亚,在东亚经济重建中决定其21世纪的真正大国地位。这一点,中国应该令人信服地传达给日本。第三,如何加强与日本社会之间的关系。中国要高度重视日本国内的和平主义与反战主义力量。日本是否重新武装与修改和平宪法,关键取决于日本国内民主机制是否具有这样的约束力,取决于日本的和平主义与反战主义力量。日本人民是决定日本是否修改现行和平宪法的主要因素。中国要加强中日民间交流与公共外交,努力建立两国社会之间的可持续友好关系。第四,如何推动中日美三角关系的相对良性互动。以合作与斗争并重争取中美关系回到交流(所谓互相"接触")的轨道。在日美关系不断加强的情况下,中日关系的实质性改善将越来越取决于美国因素。如果中美关系持续紧张,中日关系也势必将紧张。改善中美关系当然有助于改善中日关系。对于中国来说,改善中日关系的最理想的结果是中美日三国关系有所等边化与良性互动化。

其次,要消除东盟对中国崛起的疑虑。中国要向东亚国家保证不会寻求霸权,这些国家也必须认识到,总是怀疑中国发展的意图是不利于东亚意识的形成。

第二,妥善处理好东亚自由贸易区的主导权问题。正如第3章所谈,东亚区域经济一体化正面临主导权之争。中日作为东亚两个核心大国,在历史上是本区域实力最强的国家,目前又出现了"双强崛起"的趋势①,在未来相当长时期都将难以接受对方的主导地位。东盟曾以平衡策略发挥了"小国集团领导大国"的作用,但由于它的经济实力与影响力有限,使它难以真正有效地推动东亚经济一体化。

本人认为要真正解决好东亚自由贸易区主导权之争,关键在于东亚各国应该正视中国经济崛起对全球和区域经济的重大意义,意识到东亚自由贸易区中长期阶段将离不开中国主导作用的发挥,日本单独主导东亚自由贸易区是不可能,这是因为:1. 我国持续快速的经济增长产生的巨大国际效应与地区效应②。中国经济快速增长使东亚地区的经济结构正发生巨大变化,中国经济的重要性已经赶上甚至将在未来几年超过日本。在东亚地区,东盟10国、韩国、日本经济增长中的中国因素越来越明显,目前中国与东亚国家的双边贸易基本上都是逆差。中国从这些国家进口原材料和中间品,为这些国家的产品出口提供市场。2. 我国与东盟各国良好的政治外交关系已经形成。中国在东亚金融危机中的良好表现,2002年11月4日签订的《南海各方行为宣言》,2003年10月签署的

---

① "双强崛起"是指中国经济的迅速崛起和日本要成为具有"正常"军事权利的政治强国。
② 参见:华民,"中国经济增长究竟对世界经济产生了怎样的影响",世界经济,2005年第3期。

《东南亚友好合作条约》,使中国与东盟各国的政治互信大大提高,中国负责任的大国形象已经建立起来,中国与东亚各国的关系大大改善。相反,日本经济的相对影响力下降,国内贸易保护主义,"10+6"区域合作模式对东盟各国的冒犯,使得日本在东盟的综合影响力相对下降。3. 我国市场化经济改革和民主制度的完善增加了东亚各国与我国进行双边贸易自由化的信心,中国—东盟自由贸易区的签订已经证明了这一点。

总的来说,日本应该调整甚至改变它的冷战思维,正视世界和东亚经济发展以及区域合作中的"中国因素",以经济利益为重,真诚与中国合作,共同推动东亚自由贸易区成功建立,否则日本能从中国崛起中获得的利益将大受影响,东亚自由贸易区的进程将大大受阻。

在东亚自由贸易区建设的初期,由于中日两国都难以给东亚地区提供足够的公共物品①,东亚地区不可能像 EU 和 NAFTA 那样通过"德法和解"和发挥美国的核心作用来实现自由贸易区,所以应该考虑在地区大国的支持下,继续让东盟发挥主导作用。

第三,妥善处理好"美国因素"。美国对东亚区域经济一体化的态度是从其全球战略来考虑的,为了防止美国在东亚地区霸权的衰弱,美国一定会积极介入到东亚区域经济一体化中来。一方面,美国会对东亚区域合作机制采取有选择地予以支持或反对。另一方面,美国会以 APEC 自由贸易区方式或者与东盟国家进行合作参与到东亚区域经济一体化进程中来。但笔者认为,由于东亚地区目前日益增多的双边 FTA,东亚复杂而又特殊的政治环境以及中美、日美的战略冲突等客观存在,美国要想通过 APEC 介入东亚区域经济一体化从而形成以美国为中心的东亚经济一体化安排是不太可能的。

为促成东亚自由贸易区的实现并关注美国在东亚的利益,我国及其他东亚国家应该加强与美国政府的沟通,明确指出东亚区域经济一体化和美国在东亚的利益不是完全排斥或不可调和的,东亚区域经济一体化的目标

---

① 区域经济一体化组织中大国能提供的公共产品主要包括国际贸易运行机制、军事安全保障、区域金融体系的建立和运行等各个方面。

也并非是要排斥美国,东亚自由贸易区对美国是非歧视的[①]。对于美国来说,一个自由化程度更高、更加完善的东亚贸易体系对美国是有利的[②]。

#### 6.2.3.2 贸易安排层面发挥我国的引导示范作用

第一,加快我国对外签订自由贸易协定的步伐。加入WTO后我国加快了融入经济全球化的速度,一方面是通过全球多边合作来保证中国在更大范围、更广阔的领域和更高层次上参与全球经济,另一方面是通过加快区域经济一体化战略来保证我国经济利益的实现。在参与区域经济一体化中,考虑到东亚自由贸易区的建成需要较长时间,近期中国应该加快建立双边自由贸易区的步伐。中国参与双边FTA应成为我国对外经济合作战略体系一个重要组成部分,要保证双边自由贸易与区域化、全球化有机结合,并服务于国家的整体战略利益。

中国与其他国家建立双边自由贸易区应该同时追求经济利益和政治利益。经济角度应该重点考虑对方的经济规模、经济发展水平、与我国的经贸关系、要素禀赋以及两国距离等情况。重点选择那些经济规模较大,经济发展水平与我国存在差距,与我国的经济贸易关系良好,要素禀赋互补的周边国家来建立双边自由贸易区。政治方面应该重点选择那些国内政局稳定,在世界政治中影响力较大,与我国政治外交关系友好,有助于中国实施外交和区域安全战略的国家。

目前中国参与区域经济合作的情况如表6-3,中国之所以选择与这些国家进行自由贸易区谈判的主要考虑或是为了周边及地区安全,或是为了能源安全,或是为了经济利益,总体来看是符合我国国家利益的。但应该指出的是,相对东亚其他国家来说,我国在双边自由贸易协定谈判上效率较低,谈判项目时间太长,对亚太地区特别是东亚地区的双边自由贸

---

① 笔者2006年11月27日参加中国人民大学"和谐东亚建设"国际研讨会上向韩国著名的经济学家郑德龟教授提出该问题,他认为美国在东亚有强大的影响力,美国参与东亚区域经济合作有利于东亚的发展。温家宝总理在2005年吉隆坡10+3会议上也谈到:中国无意谋求东亚合作主导权;中国反对在本地区搞自我封闭或排他性集团,支持10+3与美国、欧盟及其他域外国家和组织加强与东亚的沟通与对话。东亚自由贸易区建成也有利于解决中美贸易冲突,因为参与自由贸易会有利于中国建立更加透明和公平的竞争机制,东亚自由贸易区也能给美国经济带来利益。

② 参见:范洪颖,《东亚大趋势——经济区域主义》(博士论文),辽宁大学,2006年。

谈判关注得不够。

表 6-3　中国 2001—2006 年已实施和正处于谈判中的 FTA

| 自由贸易安排名称 | FTA 类型 | 启动年份 | 目前进展情况 |
| --- | --- | --- | --- |
| 已生效实施的： | | | |
| 　香港、澳门 CEPA | 双边 | 2003 | 实施中 |
| 　中国—东盟 FTA | 双边 | 2001 | 实施中 |
| 　智利 FTA | 双边 | 2006 | 实施中 |
| 　巴基斯坦 FTA | 双边 | 2006 | 实施中 |
| 　亚太贸易协定 FTA | 区域多边 | 2006 | 实施中 |
| 正在谈判的： | | | |
| 　海湾合作委员会 FTA | 双边 | 2004 | 第 4 轮谈判 |
| 　新西兰 FTA | 双边 | 2004 | 第 11 轮谈判 |
| 　新加坡 FTA | 双边 | 2006 | 第 1 轮谈判 |
| 　南部非洲关税同盟 FTA | 双边 | 2004 | — |
| 　澳大利亚 FTA | 双边 | 2005 | 第 8 轮谈判 |
| 　冰岛 FTA | 双边 | 2006 | 第 1 轮谈判 |

来源：根据有关资料整理而成。

我国目前是 APEC 重要成员国，"10＋3"机制的核心力量，上海合作组织的主要成员，大湄公河次区域经济合作的大国，我国还是亚洲与其他洲跨洲进行经济合作的重要推动力量。在这些经济一体化安排中，"10＋3"自由贸易区对中国经济带来的正面影响最大（见表 6-4），因此我国还是应该以亚太地区作为自己参与区域经济一体化的核心区域。

在具体选择谈判国家时，笔者认为还应该从它们对中国经济政治的战略意义和轻重缓急出发，应该按照"亚太互补性大国"的对象选择原则促成中国与亚太国家的双边自由贸易协定[①]，即在巩固中华自由贸易区的基础上，重点与韩国、俄罗斯、日本、印度、澳大利亚、新西兰等国家展开双边自由贸易区谈判[②]，特别是与韩国的自由贸易谈判应早日开始，通过中韩自由贸易区来带动东亚自由贸易区加速建立。

---

① 互补性大国是指与中国经济发展水平与要素禀赋结构存在互补关系的亚太地区重要国家。

② 中国与这些国家间的双边自由贸易谈判总体滞后，目前只与澳大利亚和新西兰展开了谈判。而日本已经与澳大利亚、印度、韩国进行过谈判，尤其是日本与印度于 2007 年 1 月启动的双边自由贸易谈判值得中国深思。

表 6-4　各种 FTA 对中国经济的影响

| FTA 形式 | GDP(%) | 出口(%) | 进口(%) | 贸易均衡（亿美元） | 增加值（亿美元） |
|---|---|---|---|---|---|
| 中国 + ASEAN | 2.40 | 48.08 | 51.99 | 42.10 | 74.00 |
| 日本 + ASEAN | 1.49 | 19.45 | 25.08 | -70.15 | -186.52 |
| 韩国 + ASEAN | 1.61 | 24.29 | 28.87 | -34.67 | -208.52 |
| 中日韩 | 3.83 | 89.29 | 91.73 | 185.91 | 349.36 |
| 中日 | 3.34 | 77.14 | 78.48 | 173.67 | 293.64 |
| 中韩 | 1.76 | 34.11 | 27.89 | 8.09 | -15.76 |
| 日韩 | 1.47 | 21.17 | 25.72 | -42.44 | -222.61 |
| 中日韩 + ASEAN | 4.27 | 102.76 | 106.44 | 186.35 | 452.02 |

来源:徐长文,中国的 FTA 实施策略与东亚区域经济整合,《中国 21(爱知大学现代中国学会)》,2005(3),Vol.21.41—45。

双边自由贸易协定的内容框架有不同形式,为了保证我国能尽快与上述提到的国家建立双边自由贸易区,中国应该灵活与对方谈判商定自由贸易协定的内容,没有必要追求完全的自由贸易,应该选择双方都可接受的领域与内容进行合作。

需要注意的一点是,为了应对全球自由贸易安排的竞争,我国要根据 WTO 原则来完善国内相关经济领域的市场化改革,比如进一步完善市场经济体制,加快金融体系改革,解决好垄断问题,搞好知识产权保护等,从而激励更多的国家与中国建立自由贸易区。

第二,建设好中国—东盟自由贸易区。从近期来看,中日要变成真心的合作伙伴还比较困难,美国、日本还会把中国看成是其竞争对手,这就决定了东盟在中国区域经济一体化战略中的重要性。中国—东盟自由贸易区的建立在经济上可以进一步增强双边宏观经济的相关度[①],也可以赢得东南亚国家的信任。发展良好的中国—东盟自由贸易区以及良好的双边政治关系对日本来说会激励它以更积极的姿态参与并加快与东亚国家签订双边自由贸易协定,从而促进东亚自由贸易区建设。

---

[①] 根据日本学者渡边利夫对 1971—2002 年亚太地区国家之间实际 GDP 相关性分析,发现中国与东盟国家宏观经济的相关性都不高,这从另一侧面说明中国—东盟自由贸易区的重要意义。

目前中国—东盟自由贸易区进展顺利,发展态势良好。在货物贸易方面,早期收获计划获得成功,东盟国家得到实惠。我国对东盟国家第1次降税已经完成,涉及到3408个8位数关税税号,2006年东盟国家降税产品对我国的出口平均增长19.4%,2007年我国还要进行第二次降税,目前我国对东盟最惠国平均关税税率为5.81%,大大低于我国总的最惠国平均关税税率9.8%的水平。2009年双边货物贸易关税税率将降为2.4%,中国—东盟自由贸易区将于2010年如期实现[1]。在服务贸易方面,2007年1月14日在菲律宾宿务召开的中国—东盟领导人会议上,中国与东盟国家签订了《中国—东盟自由贸易区服务贸易协定》,该协定将从2007年7月1日起生效。中国与东盟10个国家都制订了各自的具体开放计划。2007年中国还要启动《中国—东盟投资协定》的谈判。

中国—东盟自由贸易区下一步合作的重点应放在贸易便利化、能源合作、双边直接投资,基础设施建设和次区域经济合作上去,通过帮助东盟国家提高经济发展能力来巩固双边经贸关系。在推进合作过程中,注意照顾到东盟新成员国的特殊利益及各国的具体需求,使东盟各国从合作中得到更多的实惠和好处,使合作持续深入下去。

第三,实现我国外贸可持续发展,引导东亚区域内贸易良性循环。我国外贸取得了巨大的成就,贸易的基本现状可以用十二个字来概括:增速快、规模大、结构偏、顺差大。在肯定我国外贸成就的同时,我们也应该看到我国外贸发展中存在以下的问题:(1)大而不强。(2)成本代价大,能源资源环境透支。(3)质量与效益不高,贸易条件恶化。(4)外贸依存度高,贸易风险和不确定性增强。

当今世界贸易竞争态势:(1)市场竞争白热化,贸易保护主义加剧。(2)要素成本日益上升。(3)贸易转型升级是主流和大趋势。

为了解决外贸发展中存在的问题,应对国际贸易新竞争形势,必须转变外贸发展方式。转变外贸发展方式的基本战略是实现从"出口导向"战略到"可持续发展"外贸战略的转变,促进外贸更加全面、协调和可持

---

[1] 数字来源于2007年2月5日中国商务部国际司在中国现代国际关系研究院所作的"中国自由贸易谈判进程和中国企业走出去"的报告。

续发展。外贸可持续发展的基本特征为:总体规模可观,贸易结构优化,进出口质量与效益提升,可持续发展潜力大,资源能源可支撑,环境友好,发展战略鲜明,政策体系完备的贸易可持续发展格局。

促进外贸可持续发展的政策建议主要包括:1. 内需与外需协调并重发展。过去,政府把过多的资源投入到投资和出口中去,结果由于消费不足,经济发展遇到障碍。我国是储蓄大国,同时也是内需小国,由于消费拉动明显不足,中国的消费率长期徘徊在50%上下,远低于70%左右的世界平均水平。众所周知,外需不稳定,为了减缓国际经济波动可能对我国经济造成的影响,应稳定我国的对外贸易依存度。目前的首要任务就是积极扩大内需,将我国的工业制成品的出口建立在满足国内需求的基础之上。在满足国内市场的前提下形成我国工业制成品的比较优势,降低对国外市场的依赖程度,自己掌控企业的生存状况。2. 调外贸结构,实现总量平衡。在"调结构"方面,出口着力调整和优化贸易结构,促进自主创新、产业升级和区域协调发展。优化出口产业和产品结构,提升我国战略性新兴产业的国际竞争力,扩大机电产品、高新技术产品和绿色低碳产品出口,鼓励劳动密集型产业提高附加值;优化货物贸易和服务贸易结构,积极承接服务外包;优化贸易方式结构,延长加工贸易产业链,促进加工贸易向中西部转移。加大进口政策和产业政策的协调互动,扩大国内有需求的能源资源、先进技术、关键设备和零部件进口,促进能源环保产品进口。总体上实现进出口平衡。3. FDI政策思路与政策调整。以往我国FDI政策目标是吸引外资,弥补中国内地投资不足,创造大量就业机会。但现在我国的投资环境已发生了巨大的变化,FDI不仅仅是资金来源,而是能带动我国产业结构升级,促进经济可持续发展。所以,我国应凭借市场的巨大潜力,敢于对外资说"不";提高其进入门槛,加强实质性审核,重点审核技术含量与资源环境消费两方面,从而建立外资绩效评价体系。4. 培育外贸高端要素和核心竞争新优势。

我国虽然是一个制造大国,但由于缺乏核心技术,我国也是一个创新小国。所以我国应着力培育外贸高端要素和核心竞争新优势,实现由"中国制造"向"中国创造"的跨越,向微笑曲线两端转移,实现基于要素的比较优势向基于知识、技术、品牌、服务、人力资本的比较优势的转变。
5. 加大自主创新力度,促进贸易发展方式本质转变。我国的自主创新能力不足,我国企业的平均研发强度只有1.7%,而工业化国家科研研发强度2002年为2.1%。6. 发展战略性新兴产业,实现传统产业技术升级。新兴产业包括新一代信息技术、节能环保新能源、生物技术、高端装备制造、新材料、新能源汽车等。据资料显示,美国20世纪80年代经济持续高速发展,35%来自于新兴产业的发展,65%来自于传统产业的技术升级和生产率的提高。因此我国应注意突破关键核心技术,催生和发展新兴产业,同时处理好和传统产业技术改造升级的关系。8. 加工贸易转型升级,服务贸易大力发展。摆脱加工贸易陷阱,延长加工链条,提升加工贸易档次和附加值,提高加工贸易产业关联度,改变主体结构,通过加工贸易形成自有技术、自主品牌。发展生产性服务业(物流、金融、电子商务),发挥信息技术的作用。

## 6.3 我国参与东亚自由贸易区的途径

正如前面所谈,东亚区域经济一体化是在区域内产业分工与发达国家向发展中国家的对外直接投资基础上逐步实现的,东亚自由贸易区的建成将会使东亚地区各国之间的产业分工关系日益深化,其形式将包括产业间分工、产业内分工和产品间分工,因此笔者认为我国最终还应从产业层面来参与东亚自由贸易区,实现我国经济和产业竞争力的提升,力争利用东亚自由贸易安排实现以下目标。

第一,积极参与区域产业分工,形成多层次产业体系。从历史上看,日本、"亚洲四小"和东盟正是利用自身生产要素优势积极参与国际分工,不断调整自身的产业结构,推进工业化进程,实现经济高速增长。东亚自由贸易区的形成过程必将也是世界和东亚产业结构重新调整的过程,中国应未雨绸缪,借鉴"亚洲四小"、东盟调整产业结构的成功经验,适应国际产业转移的趋势,参与各个层次的产业分工协作,承接发达国家与"亚洲四小"的产业转移,加速实现产业升级。在巩固劳动密集型产业竞争优势的基础上,利用美国、欧盟、日本、"亚洲四小"对中国直接投资的增加和深化的机会,大力引进资金和技术,提高投资的技术含量和增加对高新技术产业的投资,发展资金密集型产业和技术含量较高的技术密集型和知识密集型产业,取得后发优势,加速工业化进程①。

第二,完善"引进来"和"走出去"体系,实现我国在东亚区域内的双向投资。过去,我国经济通过利用外资获得了高速发展,已经积累了一定的资本。为了充分获取经济一体化的规模经济效应和区域生产网络化效应,我国应加大资本"走出去"的力度,实现国内资本在东亚地区的跨国界流动,利用东亚地区的区位优势与自由贸易安排的制度优势,积累我国企业跨国经营的经验,从而为应对欧美企业的竞争奠定基础。除了充分利用贸易自由化来扩大出口外,应加大我国企业在东南亚地区的投资力度,形成区域内贸易与投资的良性互动。

为了增加东亚区域内相互投资,我国应与其他国家加快签订双边投资协定,保证投资来源国企业在东道国的国民待遇地位,改善各国的吸收外资环境②,建立有效的双边及多边投资争端解决机制。

第三,积极参与东亚区域生产网络,提升我国产业内贸易水平。产业内贸易源自产品差异和规模经济,体现了更高的生产力发展水平。产业内贸易正在取代产业间贸易成为国际贸易利益的主要来源,对一国经济发展作用明显。一方面,水平产业内贸易通过产业内分工和相互让渡国内市场,确保厂商实现规模经济,同时给消费者提供更多的消费品种,增加消费者福利;另一方面,垂直产业内贸易有助于发展中国家实现产业升级和技术进步,分享现代科技成果及其扩散效应,促进一国的技术进步并刺激新兴产业的形成。

---

① 张安之:"东亚产业圈与中国产业结构调整战略研究",《湖南师范大学社会科学学报》97 年第 26 卷。

② 根据世界银行的调查,在美国投资创办一家企业,大致需要 5 道程序、4 天的时间、210 美元的申请费用。中国大陆需要 12 道程序、46 天的时间和 135 美元的费用。在韩国需要 12 道程序、33 天的时间和 1776 美元的费用。在日本需要 11 道程序、31 天的时间和 3818 美元的费用。这些费用相当于人均收入的比重,在美国仅为 0.6%,而在中日韩这三个国家分别达到 14.3%、10.5% 和 17.9%。

为了提升我国产业内贸易水平,中国应该立足于全球及东亚地区跨国生产网络,巩固已有的比较优势,大力发展垂直产业内贸易。要不断积累资金、技术、知识等要素优势,提高在跨国生产网络中的地位,逐步向高质量的垂直产业内贸易转移,并积极拓展水平产业内贸易。如果用微笑曲线来表示的话,就是要由生产制造环节向前后价值链环节延伸,在巩固我国生产制造环节优势的同时向附加值更高的研发设计、品牌管理和营销环节转移,由生产中的加工组装环节向上游零部件的设计和生产环节转移。

第四,抓住产业转移机遇,实现我国产业集聚①。产业集聚是指基于价值链分工的企业在某一空间的集合,产业集聚可以产生十分明显的经济效果,比如可以提高区域制造业的竞争能力。产业集聚可以在封闭经济中通过内生性资源的利用和自主发展能力来培育,也可以通过引进FDI和区域经济一体化来形成。Park和Markusen认为,区域经济一体化极有可能形成产业集聚。欧盟和北美自由贸易区建立后FDI产业集聚效应是很明显的,比如意大利的佩萨罗、波吉邦西、威尼斯区域的家具工业区,北美自由贸易区美墨边境制造业集群。在我国,外资和台商最初在福建和珠三角地区设立工厂,形成东莞外资集聚区,后来又开始向江苏和上海转移,也形成一定的产业集聚。Krugman和Venables也认为区域经济一体化安排通常会促进产业集聚(Industry Cluster)②,因为区域经济一体化安排可以扩大市场规模,可以更有效地利用企业之间的链条。

我国应通过利用东亚经济一体化和国际产业转移的机遇,通过政策引导来实现我国产业集聚,比如促成我国与日本、韩国环海经济带产业集聚的形成。

---

① 关于区域经济一体化对产业集聚的积极效果可参见Soon-Chan Park等的研究论文"Geographic Concentration and Industry Characteristic: An Empirical Investigationd of East Asia.", KIEP Working Paper 04-12,研究结果发现贸易壁垒的减少和自由贸易区规模经济效应有利于产业集聚。

② 美国与墨西哥一体化后大量美国工厂向墨西哥边境或者靠近边境的城市转移,美国边境城市与墨西哥边境城市之间形成了制造业集聚。

## 本章小结

自由贸易安排是全球经济发展不可扭转的大趋势,东亚地区自由贸易安排也将不断提速。尽管存在较多的约束条件,东亚自由贸易区巨大的经济效应和其他非经济效应将诱使东亚各国逐步跨越各项约束条件,最终在双边自由贸易协定的基础上实现东亚自由贸易区。

作为南北型自由贸易区,东亚自由贸易区将为提升我国出口商品竞争力创造更有利的条件,能使我国吸收更多的外资,同时对我国产业技术进步和技术引进产生积极影响,更将为我国经济改革和制度创新提供强大的动力。中国作为世界及东亚地区越来越有影响力的经济体,将在东亚自由贸易区的推进中发挥不可替代的大国作用,将引领东亚自由贸易区的未来。

考虑到东亚自由贸易区最终建成需要相对长的时间,因此在推动东亚自由贸易区成功实现的同时,我国应在全球和中华区两个层面同步推进贸易投资自由化。我国要协调好东亚自由贸易区与多边贸易体系、中华自由贸易区的关系,双轨并行,各有侧重,为我国经济持续发展创造条件。

为促成东亚自由贸易区的实现,我国应在非经济层面营造良好氛围和在贸易安排层面发挥我国的引导示范作用。在非经济层面,为防止东亚自由贸易区轮轴——辐条结构的出现,我国应与东亚其他国家共同努力,构筑双边和区域良好的政治基础,增强成员国政治互信;不与日本争夺区域经济一体化主导权,在推进初期让东盟和韩国来主导和居间协调;要妥善处理好"美国因素"。在推进的中后期,我国应与日本共同主导东亚自由贸易区进程。

在贸易安排层面,要按照"亚太互补性大国"原则确定我国 FTA 对象国,加快与亚太地区国家签订双边自由贸易协定的步伐,特别是与韩国和俄罗斯的双边自由贸易协定应早日进入官方谈判议程;要建设好中国—东盟自由贸易区,使其标杆和示范效应发挥出来。

在参与东亚自由贸易区的具体途径上,我国应选择从产业层面去嵌入。要积极参与区域产业分工,形成多层次产业体系;要完善"引进来"和"走出去"体系,实现我国在区域内的双向投资;要积极参与东亚区域生产网络,提升我国产业内贸易水平;要抓住产业转移机遇,实现我国产业集聚。

# 参考文献

中文部分：

1. 康拉德·阿登纳，《阿登纳回忆录》(第3卷)[M]，上海人民出版社，1973年。
2. 让·莫内，《欧洲第一公民——让·莫内回忆录》[M]，成都出版社，1993年。
3. Peter Robinson，戴炳然等译，《国际一体化经济学》[M]，上海译文出版社，2000年9月。
4. 宋少华，"南北型自由贸易区与发展中国家区域经济一体化"(博士论文)[D]，中国社科院研究生院，2001年4月。
5. 张荐华，《欧洲一体化与欧盟的经济社会政策》[M]，商务印书馆，2001年7月。
6. 王振锁、李钢哲，《东亚区域经济合作：中国与日本》[M]，天津人民出版社，2002年3月。
7. 金熙德，"后雁行模式时代的中日关系"[J]，世界经济与政治，2002年第8期。
8. 方壮志，"区域领域者与区域经济一体化"[J]，世界经济，2002年第12期。
9. 于立新、王佳佳，"区域经济合作：战略目标与模式选择"[J]，商务部网站，2002年12月26日。
10. 徐长文，《中国领跑东亚区域经济合作》[M]，中国海关出版社，2003年1月。
11. 刘昌黎，"日本与东盟自由贸易区的进展评析"[J]，当代亚太，2003年第4期。
12. 耿协峰，《新地区主义与亚太地区结构变动》[M]，北京大学出版社，2003年。
13. 韩彩珍，"东北亚地区合作的制度分析"(博士论文)[D]，中国人民大学国际关系学院，2003年。
14. 尹枚，"区域主义理论与东亚区域主义实践"(博士论文)[D]，暨南大学东南亚研究所，2003年。

15. 王红霞,"建立中华自由贸易区的可行性及框架安排研究"(博士论文)[D],对外经济贸易大学,2003年。

16. 屈子力,"东北亚贸易共同体的可行性及其模式"(博士论文)[D],南开大学,2003年。

17. 杨小凯、张永生,《新兴古典经济学与超边际分析》(修订版)[M],社会科学文献出版社,2003年。

18. 吉尔平著、杨宇光等译,《全球政治经济学——解读国际经济秩序》[M],上海人民出版社,2003年。

19. 王正毅、张岩贵,《国际政治经济学——理论范式与现实经验研究》[M],商务印书馆,2003年。

20. 于津平,"中国与东亚主要国家和地区间的比较优势与贸易互补性"[J],世界经济,2003年第5期。

21. 池元吉,《世界经济概论》[M],高等教育出版社,2003年8月。

22. 廖少廉、陈雯、赵洪,《东盟区域经济合作研究》[M],中国对外经济贸易出版社,2003年9月。

23. 史智宇,"东亚产业内贸易发展趋势的实证研究—对发展我国与东亚产业内贸易的政策思考"[J],财经研究,2003年9月。

24. 叶静怡,"东亚区域经济合作的约束条件及主导力量"[J],《北京大学学报》(哲学社会科学版),2003年11月。

25. 沈骥如,"中日实现心灵和解,共同创造东亚未来"[J],《山东大学学报》,2004年第1期。

26. 车维汉,"雁行形态理论研究评述"[J],世界经济与政治论坛,2004年第3期。

27. 黄卫平、彭刚,《国际经济学教程》[M],中国人民大学出版社,2004年3月。

28. 汤碧,《两种区域经济一体化发展趋势比较研究》[M],中国财政经济出版社,2004年4月。

29. 刘秀莲,"东北亚区域经济合作中的国家利益纷争"[J],中国社科院世界经济与政治研究所网站,2005年4月25日。

30. 田中青、王伟军、钟乃仪,《共赢:崛起中的东亚经济合作》[M],上海人民出版社,2004年4月。

31. 唐世平,"制度建设中的'领导问题'——以'10+3'为个案"[J],《国际经济评论》,2004年5—6月期。

32. 吴欣,"当代跨国公司全球生产体系与中国企业的国际化选择"(硕士论文)[D],浙江大学,2004年。

33. 薛敬孝、张伯伟,"东亚经贸合作安排:基于可计算一般均衡模型的比较研究"[J],《世界经济》,2004年第6期。

34. 张帆,"论东亚区域经济一体化的模式选择与发展前景"(博士论文)[D],武汉大学,2004年。

35. 史智宇,"中国东盟自由贸易区贸易效应的实证研究"(博士论文)[D],复旦大学,2004年。

36. 孙晓郁,《中日韩经济合作的新起点》[M],商务印书馆,2004年7月。

37. 张幼文,《世界经济学》[M],立信会计出版社,2004年8月。

38. 程伟,《世界经济十论》[M],高等教育出版社,2004年9月。

39. 江瑞平,"构建中的东亚共同体:经济基础与政治障碍"[J],《世界经济》,2004年第9期。

40. Maurice Schiff & L. Alan Winters,郭磊译,何帆校译,《区域一体化与发展》[M],中国财政经济出版社,2004年10月。

41. Kathie Krumm & Homi Kharas,赵中伟、王旭辉译,何帆校译,《东亚一体化:共享增长的贸易政策议程》[M],中国财政经济出版社,2004年10月。

42. 〔日〕小泽一彦、孙新,《21世纪中日经济合作与展望》[M],社会科学文献出版社,2004年11月。

43. 朱乃新,"东亚经济区域化:轴心的缺失与重构"[J],《当代亚太》,2004年第11期。

44. 张蕴岭,《世界区域化的发展与模式》[M],世界知识出版社,2004年11月。

45. 李文,《东亚合作的文化成因》[M],世界知识出版社,2005年1月。

46. 朱彤,《APEC贸易自由化、便利化问题研究》[M],南开大学出版社,2005年2月。

47. 孟夏,《亚太区域贸易安排研究》[M],南开大学出版社,2005年2月。

48. 蔡鹏鸿,"东亚双边自由贸易区的国际政治经济学分析"[J],当代亚太,2005年第3期。

49. 郑京淑,"东亚的区域内贸易发展及其动力机制研究"[J],《南开经济研究》,2005年第4期。

50. 刘文祥、向宇,"日本参与东亚自由贸易区的政策评析"[J],国际问题研究,2005年第4期。

51. 胡俊芳,"中日韩自由贸易区贸易效果的实证分析"(博士论文)[D],复旦大学,2005年。

52. 杨权,"新地区主义范式及其对东亚经济一体化的解释"[J],世界经济研究,2005年第4期。

53. 刘翔峰,"建立中韩自由贸易区的必要性及前景分析"[J],当代亚太,2005年第4期。

54. 姜运仓,"东亚区域经济合作研究"(博士论文)[D],中共中央党校国际战略研究所,2005年5月。

55. 向宇,"论东亚经济合作中的领导问题"(博士论文)[D],北京大学,2005年。

56. 王少普,"日本的新区域主义及中国的外交选择"[J],社会科学,2005年第6期。

57. 金成男、〔韩国〕赵宗柱,"东亚区域经济合作的现实与模式"[J],世界经济与政治论坛,2005年第6期。

58. 杜群阳、宋玉华,"东亚经济周期与次区域经济周期存在性检验"[J],《国际贸易问题》,2005年第8期。

59. 张捷,"东亚国际分工体系的演变与中国的政策选择"[J],当代亚太,2005年8月期。

60. 冯昭奎,"建设东亚共同体的十大关键因素"[J],外交评论,2005年8月。

61. 樊莹,《国际区域一体化的经济效应》[M],中国经济出版社,2005年9月。

62. 李向阳,"东北亚区域经济合作的非传统收益"[J],国际经济评论,2005年9—10月期。

63. 中国世界经济学会,《世界经济学沿问题报告》[M],社会科学文献出版社,2005年9月。

64. 陈霜华,《21世纪的10+3区域经济合作》[M],上海财经大学出版社,2005年9月。

65. 何慧刚,《最优货币区理论与东亚货币合作问题研究》[M],中国财政经济出版社,2005年9月。

66. 丁一兵、李晓,"经济冲击的对称性与区域经济合作:东亚与其他区域的比较研究"[J],吉林大学经济学院工作论文,2006年。

67. 刘晨阳,《中国参与双边FTA问题研究》[M],南开大学出版社,2006年1月。

68. 范爱军,"东亚自由贸易区建立的影响因素及其途径选择"[J],理论学刊,

2006年1月。

69. 伍贻康,"东亚一体化发展态势和内外条件的点评"[J],亚太经济,2006年1月。

70. 张蕴岭,"中国同东亚的经济一体化与合作"[J],当代亚太,2006年第1期。

71. 孟夏、宫占奎,"中国参与FTAs的进展与效应分析"[J],亚太经济,2006年1月。

72. 〔日〕西川博史,"日中韩三国经济合作的现状与课题"[J],世界经济与政治,2006年第1期。

73. 刘昌黎,"尽快启动中日自由贸易区进程"[J],现代日本经济,2006年第2期。

74. 李秀敏、李淑艳,"东北亚国家贸易引力模型实证检验及潜力分析"[J],东北亚论坛,2006年3月。

75. 于潇,"东亚地区自由贸易协定进程中的日中竞争"[J],现代日本经济,2006年第4期。

76. 朱锋,"日本为什么对中国这么强硬"[J],现代国际关系,2006年第4期。

77. 陈勇,《新区域主义与东亚经济一体化》[M],社会科学文献出版社,2006年6月。

78. 张鸿,《区域经济一体化与东亚经济合作》[M],人民出版社,2006年6月。

79. 王凤玲,"日本的区域经济一体化战略研究"(博士论文)[D],吉林大学东北亚研究院,2006年。

80. 范洪颖,"东亚大趋势—经济区域主义"(博士论文)[D],辽宁大学经济学院,2006年10月。

81. 赵晋平,"FTA:我国参与区域经济合作的新途径"[J],www.cafta.org.cn。

82. 马成三,日本的FTA战略与"中国因素"[J],国际贸易,2008年第5期。

83. 袁波.金波,"10+6"与"10+3",孰难孰易——基于东盟5个"10+1"FTA的比较分析[J],国际贸易,2010年第12期。

84. 钟海涛.袁波,东盟FTA战略的新进展及其影响[J],国际贸易,2010年第1期。

85. 李坤望、宋立刚,"中国的贸易扩张及其对亚太地区贸易增长的影响"[J],《经济学(季刊)》,第5卷第2期(总第20期),2006年1月,第591—608页。

86. 平新乔、郝朝艳,"中国出口贸易中的垂直专门化与中美贸易"[J],《世界经济》,2006年第5期,第3—11页。

87. 任志祥、宋玉华,"我国与东亚区域内贸易及经济周期的协动性研究"[J],《国际贸易问题》,2004 年第 5 期,第 34—37 页。

88. 史智宇、易行健、唐建伟,"东亚产业内贸易的发展趋势"[J],《世界经济》,2003 年第 12 期,第 40—44 页。

89. 尹翔硕、俞娟、吴昊,"进口贸易与经济增长——关于中国的实证",《世界经济文汇》[J],2005 年第 4 期,第 115—120 页。

90. 喻旭兰,"经济周期同步性与东亚金融合作的可行性研究"[J],《经济研究》,2007 年第 10 期,第 82—94 页。

91. 肖长培,东亚经济一体化发展模式与路径研究[D],厦门大学,2009 年 1 月。

**英文部分:**

1. Anderson K. ,1986, *The Political Economy of Agricultural Protection: East Asia in International Perspective*, London and Sydney: Allen and Unwin.

2. Andrew Elek, Beyongd Free Trade Agreements: 21$^{st}$ Century Choices for East Asian Economic Cooperation, AJRC Pacific Economic Papers NO. 336, 2003. 2.

3. A. Panagariya & R. Findlay, A Political-Economy Analysis of Free Trade Areas and Customs Unions, in R. C. Feenstra, G. M. Grossman & D. A. Irwin, eds. , *The Political Economy of Trade Policy* (Cambridge, Mass. : MIT Press, 1996), pp. 265—287.

4. Australian-Japan Research Center of the Auatralia National University, the Genesis of APEC: Australian-Japan Political Initiatives, AJRC Pacific Economic Papers NO. 298, 1999. 12.

5. Athukorala, Prema-chandra and Yamashita, Nobuake, "Production Fragmentation and Trade Integration: East Asia in a Global Context", *The North American Journal of Economics and Finance*, 2006, 17(3), pp. 233—256.

6. B. Balassa, *The Theory of Economic Integration*, Homewood Ill. Irwin, 1961.

7. Bhagwati Jagdish and Arvind Panayariya (1996), Preferential Trading Areas and Multilateralism-Strangers, Friends or Foes?, in J. Bhagwati and A. Panagariya (eds), The Economics of Preferential Trade Agreements, American Enterprise Institute, Washington DC, pp. 1—55.

8. C. Fred Bergsten, The New Asian Challenge, *Institute for International Economics*, March 2000.

9. C. Fred Bergsten, Embedding Pacific Asia in the Asia Pacific: The global impact

of an East Asia Community, Speech at the Japan National Press Club, Tokyo, September, 2005.

10. Cheong, Inkyo, 2001b, the Economic Effects of China's Entry to the WTO and Policy Implication, KIEP Research Paper 01-03, Seoul: KIEP, in Korea.

11. Cheow, Eri Teo Chu, 2001, "How to define a Region of Closer Economic Co-operation in Asia?, Presented at the International Conference on Regional Economic Co-operation in Asia: Challenges for Europe, Organized by the Vienna Institute for International Economic Studies, Vienna, October.

12. Dong-Chon Suh, Regional Integration in Northeast Asia: Problems and Prospects, 2003.

13. Eisuke Sakakibara and Sharon Yamakawa, Regional integration in East Asia: challenges and opportunities, Global security research center, Keio University.

14. Gloria O. Pasadilla, Preferential Trading Agreements and Agricultural Liberalization in East and Southeast Asia, PIDS Discussion Paper Series, NO2006-02, 2006.

15. Hadi Soesastro, An ASEAN Economic Community and ASEAN +3: How do they Fit Together?, AJRC Pacific Economic Papers NO.338, 2003.

16. Hadi Soesastro, Building an East Asian Community: through Trade and Investment Integration, CSIS Working Paper Series 047, 2003.4.

17. Hadi Soesastro, Challenges to APEC Trade Policy: The Doha Development Agenda and RTAs/FTAs, CSIS Working Paper Series 069, 2003.5.

18. Harm Zebregs, Intraregional Trade in Emerging Asia, IMF Policy Discuss Paper 04-01, 2004.4.

19. Ha Seong Song, China-Korea Economic Relation and Regional Integration in East Asia, Kyonggi University, 2005.11.

20. Inkyo Cheong, East Asia Economic Integration: Recent Development of FTAs and Policy Implications, KIEP Policy Analyses 02-02, 2002.12.

21. Jane Drake-Brockman, "Regional Economic Integration in East Asia", the Australia National University, 2002.

22. Jeffrey J. Schott & Ben Goodrich, Economic Integration in Northeast Asia, Presented at the 2001 KIEP/KEI/CKS Conference on the Challenges of Reconciliation and Reform in Korea, Los Angeles, California.

23. Jin-Young Chung, South Korea and the Future of East Asian Regionalism: Which

Path Ahead? Kyung Hee University, 2006.11.

24. J. Meade, *The Theory of Customs Unions*, Amsterdam: North-Holland, 1955.

25. Jo-Ann Crawford & Roberto V. Fiorentino, The Changing Landscape of Regional Trade Agreements, 2005.

26. Josef T. Yap, Economic Integration and Regional Cooperation in East Asia: A Pragmatic View, PIDS Discussion Paper Series No. 2005-32, 2005.12.

27. J. Viner, The Customs Union Issue, New York: The Carnegie Endowment for International Peace, 1953.

28. Jong-Il Choe, An impact of economic integration through trade: on Business Cycles for 10 East Asia countries, 2001.8.

29. Kawai, Masahiro and Shujiro Urata, 2002, "Trade and Foreign Direct Investment in East Asia", Paper presented to Conference on Linkages in East Asia: Implications for Currency Regimes and Policy Dialogue, Seoul, September.

30. Khairy Tourk, The Political Economy of East Asia Economic Integration, 2004.9.

31. Kozo Kiyota, An Analysis of the Potential Economic Effects of Bilateral、Regional and Multilateral Free Trade, 2006.6.

32. Krugman, Paul, Regionalism and Multilateralism: Analytical Notes, in J. de Melo and A. Panagariya(eds), *New Dimensions in Regional Integration*, Cambridge University Press, Cambridge UK, PP.58-79,1993.

33. Kwanho Shin and Yunjong Wang, Monetary integration ahead of trade integration in East Asia?, Discussion Paper No. 572, the Institute of Social and Economic Research, Osaka University.

34. Kwanho Shin and Yunjong Wang, Trade integration and business cycle synchronization in East Asia, the institute of social and economic research, Osaka university, Japan, 2003.3.

35. Kyoji Fukao & Hikari Ishido & Keiko Ito, Vertical intra-industry trade and foreign Direct Investment in East Asia, 2003.9.

36. Kyung Tae Lee & Inkyo Cheong, Is APEC Moving Towards the Bogor Goal?, KEIP Working Paper 01-03, 2001.8.

37. Lardy, Nicholas R., Integrating China into the Global Economy. Washington D. C: Brookings Institution Press, 2002.

38. Lee Chang Jae, Rationale for Enhancing Northeast Asian Economic Cooperation

and Some Possible Options, in Strengthening Economic Cooperation in Northeast Asia, Kim Yoon Hyung and Chang Jae Lee, eds. Korea Institute for International Economic Policy, 2004.

39. Levy, Philip I., 1997, Political-Economic Analysis on Free-Trade Agreements, *American Economic Review*, Vol. 87(4), pp. 506—519.

40. Lu Feng, "Free Trade Area:Awakening regionalism in East Asia", CCER working Paper, No. E2003010.

41. Magnus Blomstrom & Ari Kokko, Regional integration and foreign direct investment, NBER working paper 6019, April 1997.

42. Mary Hallward-Driemeier & Giuseppe Iarossi & Kenneth L. Sokoloff, Exports and Manufacturing Productivity in East Asia: A Comparative Analysis with firm-level data, NBER working paper 8891, 2002.4.

43. M. E. Porter, *Competitive Advantage*, New York Free Press, 1985.

44. Mitsuyo Ando & Fukunari Kimura, The formation of international production and distribution networks in East Asia, NBER working paper 10167. 2003.9.

45. Ng,F. & A. Yeats, 2003, "Major Trade Trends in East Asia:What are Their Implication for Regional Cooperation and Growth?", Policy Research Working Paper 3084, World Bank, Washington, D. C.

46. Osamu Watanabe, Economic Integration in East Asia and the Roles of ASEAN and Japan, Opening Remarks at the Seminar on "A New Stage of East Asian Economic Integration" in Singapore, 2006.6.

47. Park, Y. I. (2000), Japan's role in Asian crisis and its leadership in forming East Asian Economic cooperation, *Journal of International Trade and Industry Studies*, Korea, Vol. 5,25—29.

48. Palmer N, *New Regionalism in Asia and the Pacific*, Lexington Books, Lexington, 1991.

49. Pangestu, Mari & Sudarshan Gooptu, New Regionalism: Options for China and East Asia, in Krumm Kathie and Homid Kharas, eds., East Asia Integration:A Trade Policy Agenda for Shared Growth, the World Bank, 2003.

50. Paul R. Krugman & Maurice Obstfeld, International Economics: theory and policy (Sixth Edition), 2004.7.

51. Peter Drysdale, Regional Cooperation in East Asia and FTA Strategies, AJRC Pa-

cific Economic Paper No. 344, 2005.

52. Philippa Dee, East Asian Economic Integration and its Impact on Future Growth, AJRC Pacific Economic Paper No. 350, 2005.

53. Philippa Dee, Multinational Corporations and Pacific Regionalism, paper prepared to PAFTAD 31, 2006.5.

54. Philomena Murray, Should Asia Emulate Europe? Australia National University, 2005.2.

55. R. E. Baldwin & A. J. Venable, Regional Economic Integration, in G. M. Grossman and K. Rogoff eds., Handbook of International Economics, pp. 1597—1644.

56. Richard E. Baldwin & Anthony J. Venables, Regional Economic Integration, Handbook of International Economics, Edited by G. Grossman and K. Rogoff, 1995.

57. R. G. Lipsey, The Theory of Customs Unions: A General Survey, Economic Journal, September 1961 pp. 498—513, Reprinted in R. E. Caves and H. G. Johnson, Readings in International Economics (Homewood, Ill. : Irwin, 1968), pp. 261—278.

58. Richard E. Baldwin, The Spoke Trap: Hub and Spoke Bilateralism in East Asia, KIEP CNAEC Research Series 04-02, 2004.12.

59. Richard Pomfret, Sequencing trade and monetary integration: issues and application to Asia, 2004.12.

60. Richard Stubbs, ASEAN Plus Three: Emerging East Asia Regionalism?, 2002.5.

61. Robert Boyer, European Monetary Union and its implication for Asia, France, 2005.2.

62. Sakakibara, Eisuke and Sharon Yamakawa, Market-driven Regional Integration in East Asia, Paper presented at the workshop at "Regional Economic Integration in a Global Framework", Beijing, 2004.9.

63. Sandor Boyson, Eras of Enterprise Globalization: from Vertical Integration to Virtualization & Beyond, University of Maryland College Park, May 22, 2006.

64. Scollay, Robert & John P. Gilbert, 2001, New Regional Trading Arrangements in the Asia Pacific, Washington D. C. , IIE.

65. Shott Jeffrey J. & Ben Goodrich, Reflections on Economic Integration in Northeast Asia, in Strengthening Economic Cooperation in Northeast Asia, in Kim Yoon Hyung and Chang Jae Lee, eds. , Korea Institute for International Economic Policy, 2004.

66. Shujiro Urata & Kozo Kiyota, The impacts of an East Asia FTA on foreign trade in East Asia, NBER working paper 10173, 2003.12.

67. Shujiro Urata, the Creation of Regional Production Network in Asia-Pacific: the case of Japanese Multinational Corporations, draft prepared to PAFTAD 31, 2006.6.

68. Soon-Chan Park & Hongshik Lee & Mikyung Yun, Geographic Concentration and Industry Characteristics: An Empirical Investigation of East Asia, KIEP Working Paper 04-12, 2004.12.

69. Urata, Shujiro, the Shift from market-led to institution-led regional Economic Integration in East Asia in the late 1990s, RIETI Discussion Paper Series 04-E-012, 2004.

70. Urata Shujiro, Towards an East Asia Free Frade Area, Policy Insights, OECD Development Center, 2004.

71. Wilson, John S., Catherine Mann, 2002. "Trade Facilitation: A Development Perspective in the Asia Pacific Region." Working Paper presented to APEC, World Bank, Washington D.C.

72. Yamazawa, Kataro, 2001, "Approaches to Regional Economic Co-operation in Asia and Future prospects", Presented at the International Conference on Regional Economic Co-operation in Asia: Challenges for Europe, Organized by the Vienna Institute for International Economic Studies, Vienna, October.

73. Young-Han Kim, The Optimal path of regional economic integration between asymmetric countries in the North East Asia, 2005.

74. Yoon Hyung Kim & Chang Jae Lee, Strengthening Economic Cooperation in Northeast Asia, KIEP Conference Proceedings 04-01, 2004.9.

75. Yoon Hyung Kim & Chang Jae Lee, Northeast Asian FTA (conference proceedings 04-01), 2004.9.

76. Yose Rizal Damuri & Raymond Atje & Arya B. Gaduh, Integration and Trade Specialization in East Asia, CSIS Working Paper Series, 2006.3.

77. Young-il Park, The Changing Pattern of Intra-regional Trade in Northeast Asia, School of International Trade and Regional Studies, Inha University, Incheon, Korea 2004.

78. Yuen H., Is Asia an Optimum Currency Area: Shocking Aspect of Output Fluctuations in East Asia, National University of Singapore, 2000.

79. Yunjong Wang, Financial Cooperation and Integration in East Asia, *Journal of Asian Economics*, 2004.9.

80. Yusuf,Shahid, M. Anjum Altar, Kaoru Nabeshima, eds., 2003, *Global Production Networking and Technological Change in East Asia*, Washington D. C. World Bank and Oxford University Press.

81. Zhang Jianping, Analysis on the Issues of and Prospects for a China-Korea FTA, KIEP CNAEC Research Series 06-04, 2006.11.

82. Zhi Wang & Edward G. Schuh, the Emergence of a Greater China and its Impact on World Trade: a CGE Analysis, *Journal of Comparative Economics* 30,531—566, 2002.4.

# 图表索引

| 表 1-1 | 当代国际分工格局 | 027 |
| 表 2-1 | 世界部分国家和地区的关税水平变化情况 | 056 |
| 表 2-2 | 东亚部分国家简单平均关税税率 | 057 |
| 表 2-3 | 东亚部分国家 1990—2005 年吸收 FDI 数量 | 058 |
| 表 2-4 | 日本 90 年代前对东亚地区的对外直接投资 | 062 |
| 表 2-5 | 90 年代日本对东亚地区的直接投资 | 062 |
| 表 2-6 | 日本 2000 年后对外直接投资流向 | 063 |
| 表 2-7 | 日本与"亚洲四小"对东盟四国的投资 | 064 |
| 表 2-8 | 日本制造业企业海外分支机构数量 | 067 |
| 表 2-9 | 东亚国家(地区)零部件出口及其对出口增长的贡献 | 068 |
| 表 2-10 | 东亚地区的制成品贸易流向 | 068 |
| 表 2-11 | 东亚地区的零部件贸易流向 | 069 |
| 表 2-12 | 东亚地区人均 GDP 年增长率(%) | 080 |
| 表 2-13 | 东亚各国贸易依存度(%) | 082 |
| 表 2-14 | 东亚经济体经济波动的相关系数(1994—2005) | 084 |
| 表 2-15 | 相关系数(1994 年第 1 季度—1997 年第 3 季度) | 084 |
| 表 2-16 | 相关系数(1997 年第 4 季度—1998 年第 4 季度) | 084 |
| 表 2-17 | 1 相关系数(1999 年第 1 季度—2005 年第 3 季度) | 085 |
| 表 2-18 | 世界上最积极的 20 个区域经济一体化参与国 | 089 |
| 表 2-19 | 日本区域贸易安排政策转变的背景:动因比较 | 094 |
| 表 2-20 | 东亚部分国家与世界的实际 GDP 年增长率 | 097 |
| 表 2-21 | 东亚国家与组织已签署和正处于谈判中的自由贸易协议 | 097 |

| 表 2-22 | 传统自由贸易安排与新自由贸易安排的主要条款对比 | 100 |
| --- | --- | --- |
| 表 3-1 | 东亚 13 个国家 2005 年部分经济指标 | 115 |
| 表 3-2 | 东亚主要国家 2005 年货物贸易出口额、名义 GDP 和出口依存度 | 116 |
| 表 3-3 | 中、日、韩与东盟 2005 年双边货物贸易额 | 117 |
| 表 3-4 | 世界部分地区的区域内贸易比重% | 118 |
| 表 3-5 | 区域贸易集团的区内商品出口额占其出口总额的百分比 | 118 |
| 表 3-6 | 东亚各国的主要出口市场（2002） | 119 |
| 表 3-7 | 中、日、韩、东盟之间的贸易强度 | 120 |
| 表 3-8 | 美、加、墨与英、德、法、意之间的贸易强度 | 121 |
| 表 3-9 | 中、日、韩、东盟之间的贸易结合度 | 122 |
| 表 3-10 | 东亚主要国家 2005 年的显性比较优势（RCA）指数 | 125 |
| 表 3-11 | 欧盟与东亚区域内各种贸易形态的比较 | 126 |
| 表 3-12 | 东亚国家及新兴东亚与其他组织的产业内贸易指数（G-L 指数） | 127 |
| 表 3-13 | 中国与日本、韩国及东盟六国的贸易潜力 | 132 |
| 表 3-14 | 东盟单独建立 FTA 基础上中日韩不同形式 FTA 的宏观经济影响 | 136 |
| 表 3-15 | "10+3"自由贸易区的宏观经济影响 | 136 |
| 表 3-16 | 中日韩自由贸易协定 CGE 模型模拟结果 | 137 |
| 表 3-17 | "10+1"与"10+3"自由贸易区福利效应比较：2010 年 | 138 |
| 表 3-18 | 部分区域集团内部成员之间的经济差异 | 144 |
| 表 3-19 | 东亚与其他区域内部人均 GDP(PPP $)差距比较 | 144 |
| 表 3-20 | 东亚 13 国的语言、宗教、货币和政体形式 | 146 |
| 表 3-21 | 中国与东盟部分国家的未加权贸易相似性指数（SITC 三位数） | 147 |
| 表 3-22 | 2005 年东盟与中国前 6 个最主要的出口市场及各市场所占比例 | 147 |
| 表 3-23 | 中国与东盟各国 1995—2005 年吸收外资的数量 | 148 |

| 表 3-24 | 东盟外资主要来源国及其数量 | 149 |
|---|---|---|
| 表 4-1 | 欧洲联盟 1960—1980 年内部贸易的发展 | 164 |
| 表 4-2 | NAFTA 的贸易效应：贸易创造与贸易转移（千美元） | 170 |
| 表 4-3 | APEC 成员国宏观经济数据一览表 | 177 |
| 表 4-4 | 欧盟与 APEC 推进方式对比 | 178 |
| 表 4-5 | APEC 经济技术合作活动项目分类 | 178 |
| 表 5-1 | 中国历年进口关税算术平均税率 | 200 |
| 表 5-2 | 日本部分农产品 2004 年的关税税率 | 203 |
| 表 5-3 | 三种 10+1 对中日韩宏观经济影响 | 204 |
| 表 5-4 | 中韩近几年双边货物贸易 | 205 |
| 表 5-5 | 日韩 FTA 关税削减的静态效果 | 209 |
| 表 5-6 | 日韩 FTA 关税削减的动态效果 | 209 |
| 表 5-7 | 中日之间的贸易情况 | 211 |
| 表 5-1 | 中、日、韩三国经济的重要性 | 213 |
| 表 6-8 | 中国历年进口关税算术平均税率 | 223 |
| 表 6-1 | 2005 年中华自由贸易区的经济指标 | 227 |
| 表 6-2 | 中国 2001—2006 年已实施和正处于谈判中的 FTA | 233 |
| 表 6-3 | 各种 FTA 对中国经济的影响 | 234 |

| 图 1-1 | 微笑曲线图示 | 028 |
|---|---|---|
| 图 1-2 | 关税同盟的贸易创造效应 | 032 |
| 图 1-3 | 关税同盟的贸易转移效应 | 033 |
| 图 1-4 | 自由贸易区对单一成员国的影响 | 038 |
| 图 1-5 | 自由贸易区(a)与关税同盟(b)的比较—1 | 039 |
| 图 1-6 | 自由贸易区(a)与关税同盟(b)的比较—2 | 041 |
| 图 2-1 | 丰田汽车公司在东盟 5 国形成的生产网络 | 066 |
| 图 2-2 | 部分日资企业实行的中日之间的价值链功能分工 | 072 |
| 图 5-1 | 东亚双边自由贸易区的轮轴—辐条结构图 | 192 |
| 图 5-2 | 关税削减囚徒困境模型 | 196 |